创设幕府

源赖朝通过在镰仓创设幕府，实现了武士参政的构想。从此，武士作为统治阶级，正式登上了历史舞台。

传源赖朝像 （神护寺藏）

御家人制度的确立

不同于古代国家的组织框架概念，源赖朝确立了“御家人制度”这种新的社会组织框架。在御家人制度下，那些直接与镰仓幕府的将军缔结主从关系的武士被称为“御家人”，将军允许御家人持有领地，并会酌情赐予其新的领地。但与此相应的，御家人必须履行义务，即在战时参军，为将军效力。

◄ 御家人仁田忠常（月冈芳年绘，洛杉矶郡艺术博物馆藏）

▼ 鹤冈八幡宫的流镝马神事，镰仓时代的御家人擅长骑射（Ryosuke Yagi 提供图片）

► 御家人熊谷直实（出自《一之谷之战屏风图》）

鹤冈八幡宫的舞殿 （Urashimataro 提供图片）

鹤冈八幡宫的舞殿和本宫 （Ocdp 提供图片）

镰仓都市的形成

镰仓南面是海，三面环山，两条东西向的道路和三条南北向的道路自古以来就是主干道。源赖朝入住镰仓后，镰仓逐步形成目前的格局：从由比滨至材木座海岸一带，向平原部的东北山脉方向延伸，直至最深处鹤冈八幡宫的位置，从鹤冈出发直通海边的若宫大路是城市的中轴线。

镰仓的航拍图，南面是相模湾，北、东、西三面环山（日本国土交通省提供图片）

新佛教的兴起

“镰仓新佛教”指的是净土宗、净土真宗、日莲宗、临济宗、曹洞宗等各宗。新佛教倾向于救赎个人，信徒更专注今世作为，修行方法也大为简化。

描绘的是净土开宗的一幕 （出自《法然上人行状绘图》）

日莲宗始祖日莲亲笔书写的十界曼荼罗 （镰仓妙本寺藏）

贵族社会的衰退

承久之乱后，人们痛感天皇与京都朝廷已经没有政治责任感可言了，天皇不过是一枚可以交由政治势力随意取舍的棋子。京都朝廷完全失去兵权，贵族也不再拥有维持公共秩序的警备力量。

◀ 后堀河天皇像，承久之乱发生后，为排斥参与讨幕的后鸟羽天皇的血统，镰仓幕府批准茂仁亲王继位，茂仁亲王即后来的后堀河天皇（出自《天子摄关御影》，藤原为信绘）

京都仙洞御所 （np&djjewell 提供图片）

讲谈社
日本的历史

05

HISTORY
OF JAPAN

源赖朝与幕府初创

镰仓时代

[日] 山本幸司 著 杨朝桂 译

文匯出版社

新经典文化股份有限公司
www.readinglife.com
出　品

講談社・日本の歴史05

頼朝の天下草創

“横看成岭侧成峰”

——日本人书写的日本历史

2014 年，理想国出版十卷本的“讲谈社·中国的历史”中文版，引起中国读者广泛关注：有人敬佩成立已达百年的讲谈社打造学术精品的底蕴与担当，有人惊叹日本史学家对中国历史理解的深度与广度。

阅读过这套丛书的读者，体味到“从周边看中国”的观念刺激与知识冲击，继而衍生出对日本历史的好奇与兴趣。如今，新经典文化推出十卷本的“讲谈社·日本的历史”，既与前述“讲谈社·中国的历史”成双，也契合了中国读者积聚多年的阅读趣味和需要。

放眼国际史学界，“日本历史”是重要的热点之一。从东方视角观之，因独特的地缘及紧密的文化纽带，日本史与周边国家的历史互相交织，自然而然成为各国观照自身的镜鉴；以西方立场视之，从古代神秘的“黄金岛”传说到现代经济腾飞的神话，无不触发西方人的探秘欲望与破译冲动。因此，日本历史研究的热潮，无论在东方还是西方均经久不衰。

以中国为例，从 3 世纪末的《三国志》到 20 世纪初的《清史稿》，历代正史专设日本传凡十七篇，时间跨度超过一千五百年，是研究日本历史不可或缺的原始史料群。加之，日本古代多以汉文撰写史书，依托此种得天独厚的史料解读优势，以周一良等主编的“中日文化交流史大系”为标志，中国史学家的研究在中日关系史及中日文化交流史领域别开生面，颇有建树。然而，中国史学家少有人通晓日本古代“和文”系统文献，如古代的宣命体、中世的武士文书、近世的候文等，因其解读难度大，所以迄今尚无一部获得公认的日本史丛书问世。

再举欧洲的例子，在英语读书界最受追捧的无疑是马里乌斯·B. 詹森（Marius B. Jansen）等人主编的“剑桥日本史”（*The Cambridge History of Japan*）。这套集多国史学精锐撰写的六卷本，在西方史学理论框架下梳理日本历史脉络，无论其宏观视域还是研究方法，尤其是对政治史、社会史的叙述视角，都有颇多可取之处。然而，西方史学家的短板也同样存在。如第四卷至第六卷叙述近现代四百余年历史，而远古至中世数千年历史仅占全套书一半篇幅，薄古厚今的倾向明显；又如第一卷《古代日本》（*Ancient Japan*）拘泥于“成文史”的史观，将叙述重点置于弥生晚期以后，对日本历史黎明期的无土器时代、绳纹时代一笔带过。

总之，中国的日本史研究与欧美的日本史研究，属于“旁观者”书写的日本历史，虽各有建树，但存在不足。那么，作为“当事人”的日本史学家，他们书写的日本历史，又会具有什么特色呢？正如苏轼《题西林壁》中的诗句："横看成岭侧成峰，远近高低各不同。"面对名为"日本历史"的"山"，倘若从中国望去是"峰"，站在西方看到的是"岭"，那么映现在立足于本土的日本史学家眼中的，又是何种"山容"呢？

大凡了解日本图书现状的读者都知道，历史题材受到的关注从未减弱。这方面笔者有亲身体验，但凡关涉圣德太子、鉴真、阿倍仲麻吕、最澄、圆仁等历史人物，每次演讲的听众动辄数百上千，报纸专栏、杂志特辑、系列丛书等的稿约应接不暇。正因为有众多历史爱好者旺盛的需求，日本大型出版社均有底气倾力打造标志性的日本历史丛书。此次新经典文化译介的"讲谈社·日本的历史"，便是代表日本史学界水准的学术精品。

该丛书原版共二十六卷，中文版萃取其中十卷，大致展示弥生时代至明治时期约两千年的日本历史进程。大而观之，第一卷《王权的诞生》叙述弥生时代至古坟时代，第二卷《从大王到天皇》聚焦古坟时代至飞鸟时代，第三卷《律令国家的转变》起自奈良时代、迄于平安时代前期，第四卷《武士的成长与院政》重点置于平安时代后期，第五卷《源赖朝与幕府初创》大抵等同镰仓时代断代史，第六卷《〈太平记〉的时代》跨越南北朝时代与室町时代，第七卷《织丰政权与江户幕府》聚焦战国时代，第八卷《天下泰平》侧重于江户时代前期，第九卷《开国与幕末变革》框定江户时代后期，第十卷《维新的构想与开展》铺叙明治维新时期迈入近代化的进程。

前述中国学者周一良等主编的“中日文化交流史大系”与美国学者詹森等主编的“剑桥日本史”，邀约各领域专家共同执笔，因而能确保历史脉络的连贯性及叙述层面的完整性。与此相较，中文版“讲谈社·日本的历史”各卷均为单人独著，各卷时段难免偶有重叠，每位著者叙述重点不一，但这将最大限度发挥著者“术业有专攻”的优势。日本史学界专业壁垒森严，史学家大多博通不足而深耕有余，浸淫擅长领域，积淀十分深厚，对相关史料掌控无遗，对学界动态紧追不懈，这既是日本史学界的严谨风格，也是这套丛书的一大看点。

这套丛书呈现的是日本人书写日本历史的成果，既不是从中国侧视的“峰”，亦非西方人横看的“岭”，置身此山的日本人，虽然未必能俯瞰延绵起伏的山脉，纵览云雾缭绕的山势，但可以肯定的是，他们作为“当事人”，比任何“旁观者”更能对溪流的叮咚、山谷的微风、草木的枯荣感同身受。比如在第二卷《从大王到天皇》中，“治天下大王”的“治”字读作“治（シラス）”久成定论，著者则将其训读为“治（オサム）”，二者间微乎其微的差异，绝非外国学者所能体味。而著者对此的解读是：前者“强调统治者拥有绝对性的统治权”，后者“强调互酬性……的统治权”，从而定性大王具有“以人身依附关系为纽带的原始性统治权”，区别于具有“以绝对君权和国家机器为后盾的强制性统治权”的天皇。关于大王称号的前缀“天下”，在著者细致入微的考证下，此“天下”与中国语境中蕴含“德治”与“天命”要素的“天下”观迥异，是指在众神群居的“高天原”之下，王权中心的所在地，与排斥“天命”且“万世一系”的天皇观一脉相承。诸如此类，抽丝剥茧地推演日本历史的内在机理，是该丛书的又一大亮点。

相对于其他学科，日本史学界给人的印象较为刻板、固守传统，连臭名昭著的“皇国史观”也尚存一席之地，右翼学者炒作的新历史教科书便属此类。然而，“讲谈社·日本的历史”带给我们的是开放式、客观性、国际化的史学新风。还是以第二卷《从大王到天皇》为例，朝鲜半岛南部曾有一个小国林立的地区，名为加罗，日本史书《日本书纪》称该地为“任那”，大和朝廷在那里设有“日本府”。长期以来，日本史学界偏信《日本书纪》，认为任那是大和朝廷的屯仓，也有朝鲜学者愤而反驳此观点，双方论战火药味甚浓。本卷著者持论公允，指出加罗地区虽然存在倭人势力，但尚未沦为日本的殖民地，而“任那”一词暴露了“日本古代国家的政治立场”，所以史学家不应使用该词。在墨守成规的日本史学界，这些看似微弱的声音，实如惊天霹雷，让我们看到现代日本史学家的良知与果敢，值得我们赞赏。

前面说过日本史学家“博通不足而深耕有余”的特点，穷尽史料、追根问底是其优势，局限性则体现在研究古代史的绝不涉猎中世史、近世史，攻日本史的鲜少涉足中国史、朝鲜史，总体而言多在日本框架下研究日本史。然而，“讲谈社·日本的历史”向读者呈现出些许不落窠臼的气象，从“从世界史和现代角度看王权诞生”（第一卷）、“东亚世界中的倭国”（第二卷）、“国际秩序构想的转变”（第三卷）等章节标题可见，一些著者不再局限于在日本列岛之内观照日本历史，而是从东亚乃至世界的联系中洞察日本历史的脉搏，剖析文明发展的机制。虽然上述气象还比较微弱，但也是这套丛书令人耳目一新之处。

《题西林壁》下联有云：“不识庐山真面目，只缘身在此山中。”置身此山的日本史学家，能够在至近距离凝视日本历史之“山”，可以鼻闻花草之芬芳，耳听虫鸟之啼鸣，眼观云雾之聚散，手触泉水之冷暖——一切都是那么自然、真实、细腻、神奇，深耕之下或许还能发现地下的根须、山中的矿石、溪流的水源，这是日本史学家与生俱来、得天独厚的优势。但正因为置身此山，未必能看清庐山真容。比如日本古代历史以“和汉”两条主脉交织而成，近代以来则形成“和洋”交叠的结构，而这套丛书呈现的基本上是“和”之一脉，甚至对国外同行的研究成果也有所忽略。然瑕不掩瑜，此不赘言。

临近尾声，笔者突然想起禅僧青原惟信的珠玑之语：参禅之初，看山是山；禅有悟时，看山不是山；禅中彻悟，看山仍是山。这说的是参禅的三重境界，化用到本文主题，中国人侧观、西方人横看、日本人仰视的“山”，属于第一境界；领悟到山有岭峰之姿、高低之相、远近之别，大抵迈入第二境界。何谓第三境界呢？或许等我们凝聚众人之眼，阅遍千姿万态，才能彻悟“山”之真容吧！

最后附言几句：大概因为笔者是“讲谈社·中国的历史”日文原版的作者之一，又曾强烈建议早日推出“讲谈社·日本的历史”中文版，这两套精品丛书的策划人杨晓燕女士嘱我写一篇序言。自忖国内日本史专家人才济济，还轮不到笔者这般资历尚浅、学养未丰之辈担纲作序。但念及“讲谈社·日本的历史”足可填补国内日本史学界的一块空白，身为行内一员有责任和义务为之推介，故不揣浅薄，勉草一文塞责。是为序。

浙江大学日本文化研究所

王勇

辛丑槐月吉日

写于武林桃花源

前言

小说家太宰治在其名为《右大臣实朝》的作品中，假借源实朝对《平家物语》的评论，写下了“平家，光辉一片”“光辉，莫非灭亡之兆？无论人抑或家族，若处黑暗中，尚不会灭亡”。

太宰治在此所言“光辉”，是指一种体制崩溃后，新的体制尚未建立时的真空状态。这种真空状态不受任何制约，犹如湛蓝天空般自由光明。1942 年年末太宰治创作此部作品时，太平洋战争正如火如荼地展开。可以说，太宰治所言之“光辉”，是相对于战争体制下强烈的“闭塞感”“窒息感”而言的“光辉”。太宰治是假托古代末期的《平家物语》这一舞台，倾诉其对“战败”带来的解放的渴望。中途岛的败北虽然令人感到前景黯淡，但是对于大多数人而言，太平洋战争的结局仍不过是一个未知数。在 1942 年年末的微妙时期，太宰治发出如此感慨，表明他已预感到日本即将迎来战败的未来。

出生于战败翌年即 1946 年的笔者，对太平洋战争战败所带来的那种“光辉”感，亦有些微体会，这样的经历也或多或少影响了笔者的人生。

如同太平洋战争战败时期的日本那般，镰仓时代初期至中期的日本也同样经历了秩序的混乱与崩溃，而新的政治体制正恰巧在这段古代末期的“光辉”时代中诞生。本书旨在以简明易懂的方式为读者呈现上述时代完整的风貌。

若想要了解上述时代的特征，就必须了解该时代最重要的人物——源赖朝的行动与思想。而了解源赖朝的行动与思想则需要进行大量的推测，这项工作是十分冒险的。但如若撇开源赖朝不谈，那么该时代的特点将无法清晰呈现在读者眼前。

源赖朝的生活史大致可以分为两大部分：十三岁之前的京都生活以及流放伊豆后的东国[1]生活。源赖朝有着与京都朝廷紧密相连的被称为“武士栋梁”的清和源氏[2]嫡系血统，再加上流放前他一直在京都过着贵族一样的生活，因此人们多用“贵种（拥有高贵血统的人）”来形容源赖朝。

虽然作为清和源氏嫡系在京都度过的生活只有短短十来年，但这段日子却对源赖朝此后的人生产生了不小的影响。无论是和歌等方面的文化素养，还是对从京都奔赴东国的人的宠用，抑或对京都事物的关心，源赖朝的举手投足间皆是京都风采。当然，同东国当地武士一起度过的青壮年时代也铸就了源赖朝后半段的人生。从上述两点看，源赖朝身上兼具京都贵族

---

1 东国，原指除北陆外的近畿以东诸国，平安时代指箱根、足柄、碓冰以东地区。

2 清和源氏，是日本古代皇族赐姓贵族源氏的一支，因其祖先可追溯到清和天皇而得名。作为武士阶级的领导者而广为人知。在平安时代，清和源氏出了许多著名的武将，从而奠定了清和源氏在武家中的声望。

的特征与东国武士的特征。

源赖朝的贵种身份使其游离于东国之外，因此源赖朝的高瞻远瞩亦非当地武士能够企及。另一方面，由于了解东国当地武士的需求，源赖朝又能赢得众人的爱戴，聚集起一定的威望，拥有统领东国的资格。

据藤原（九条）兼实之弟慈圆所著《愚管抄》记载，东国的实力派武士上总介广常之所以会被源赖朝所杀，是因为他曾向源赖朝表示行事无须顾忌京都。但事实上，持该想法的人远不止上总介广常一人。源赖朝死后，掌握幕府实权的北条氏即便到了镰仓时代中期也没能摆脱东国当地武士固有的思维格局。但是，源赖朝却有所不同，他的关注点不只局限在东国，西国[1]乃至整个日本也尽在他的视野之中，而这正是源赖朝独有的特质。

自大和朝廷建立以来，东国一直都是向朝廷供给军事力量的基地。东国也因此被赋予了一种特殊的性格。那群被称作"东国武士"的人，恰巧便是此种历史背景的产物。他们虽偶尔会在平将门之乱[2]等一系列叛乱中成为中心力量，但就大趋势而言，在以京都朝廷为中心的历史中他们仍不过是一介配角。直到作为组织者的源赖朝出现，这些"东国武士"才真正成了崭新历史舞台上的主角，而这也正是镰仓幕府建立的历史意义所在。

---

1 西国，日本近畿以西地区，尤指九州地区。

2 平将门之乱，平安中期发生在关东的内乱。

不过，如果只是想实现东国武士的夙愿，那么具备全国性的视野并非必要条件。东国拥有相对独立的权限，他们的愿望完全可以自行实现。

日本的东与西完全是两个性质迥然不同的世界，在同一政权下使用同一原理统一二者，可谓十分困难。事实上，针对统治西国的问题，源赖朝在同朝廷周旋、交涉的过程中已做出了大幅的让步。而这在历史中呈现出的结果就是，幕府的统治领域主要以东国为中心。源赖朝死后，幕府在政治上表现出了以东国为中心的自我局限性。在承久之乱与蒙古袭来两个划时代性的事件之后，幕府才真正将统治西国的计划付诸实践。

话虽如此，源赖朝的构想显然包含走出东国、建立全国性政权的志向。可以说，只有源赖朝才能完成统一东国与西国的艰巨任务。

在古代末期的动乱中，源赖朝正式登上历史舞台的时间是治承四年（1180）八月。彼时，源赖朝决意发动武装起义讨伐平氏，火攻山木兼隆的府邸。

那时，源赖朝以后白河上皇的皇子、郁郁不得志的以仁王下发的令旨为正当化依据，意图举兵推翻平氏。以仁王在讨伐平氏之前，曾下发所谓的以仁王令旨，敦促各地举兵。虽说该令旨是源赖朝举兵的依据，但它并未表明非得让源赖朝掌握政权。接受令旨的是“东海、东山、北陆三道诸国源氏并群兵等所”，既非仅针对源赖朝，亦非对源赖朝有特殊对待。在古代国家解体、群雄割据的状态下，除源赖朝之外，人人皆有掌控政权的可能，如先于源赖朝攻入京都的源（木曾）义仲、作为使者颁布令旨的源行家、背叛源赖朝的佐竹秀义、清和源氏的望族武田氏等，候补者不胜枚举。

那么在这样的时代背景下，源赖朝克敌制胜的条件是什么呢？

在客观条件方面，源赖朝武装起义的据点是拥有最强军事实力的东国。凭此，源赖朝扼住了交通要道东海道沿线。那么，在主观条件方面，又是什么促使源赖朝最终能够登上霸主之位呢？这就要从源赖朝是一个怎样的人说起了，本书即由此展开。

目 录

第一章

开创幕府

第一节 | 源赖朝其人

流放生活中的收获

较之被各种传说美化的弟弟源义经，大多数人应该并不喜欢其兄长源赖朝。就杀害源义经一事而言，源赖朝可谓是大家公认的残忍暴戾之人。即便是军记物语[1]，也没怎么留下源赖朝在源平之争中大获全胜的精彩画面。源赖朝更多给人一种常居后方、发号施令的印象。加之神护寺珍藏的传源赖朝像端正肃穆、令人难以接近，这更加深了人们对源赖朝的上述印象。那么抛开这些表象，源赖朝到底是一个怎样的人呢？

源赖朝生于久安三年（1147）。1160 年因其父源义朝在平治之乱中败北，源赖朝被流放伊豆。直至治承四年（1180）举兵为止，源赖朝度过了近二十年的流放生活。虽是赫赫有名的镰仓幕府开创者，但源赖朝实际掌权的时间不过十余年，其流放生涯带来的巨大空白期多为世人所忽视。源赖朝离世于正治元年（1199），比起掌权期，其一生的雌伏期似乎更为漫长。

1160 年 3 月，在平清盛义母池禅尼的祈求下，源赖朝得

1 军记物语，是日本古典文学的分类之一。以历史上的战争为题材的文艺作品，最有名的是《平家物语》。

面对池禅尼的赖朝 热泪盈眶的源赖朝向帘后的池禅尼诉说，在其祈求下得以保命之事（《平治物语绘卷》，个人藏，中央公论新社提供图片）

蛭小岛 1160 年 3 月源赖朝被流放至此，流放生活长达约二十年（静冈县伊豆之国市）

以保全性命，转而被流放到伊豆蛭小岛，在北条氏等一众武士的监视下过着流放生活。

据说源赖朝在伊豆的流放生活相当自由，并无不便之处。但是，就整个日本的国家规模而言，源赖朝流放前居住的平安京规模宏大，在当时算得上是屈指可数的世界性大都市。因此，都鄙之差应该超乎想象。

源赖朝是土生土长的平安京人。与早年便在东国生活、狩猎、打仗的兄长“恶源太义平”（源义平）不同，源赖朝身上有一种京城的贵族气韵。这种贵族气韵的证明便是，直至晚年源赖朝仍然偏爱具有京都风采、浸润京都文化的人与物。

想必唯有“孤独”一词，可以诠释源赖朝流放生涯最大的痛苦。在东国社会，大大小小的武士集团总爱互相帮助，并采取集体行动。在这种情况下，流放时已有十四岁的源赖朝，不可能体味不到孤独的滋味。

但是，正是由于战胜了这份孤独，源赖朝才具备了日后成为政治家必不可少的素养。其中，最为重要的便是，时机来临前那股卧薪尝胆般的忍耐力。至于源赖朝身上其他的品性特质，也大多脱胎自其流放生涯：孤独之人内心深藏的亲和力、人情味，以及在不同集团的夹缝间生存之人所拥有的凝聚、涣散人心的政治手腕和具备上述一切能力的前提——对人的判断力，以及假他人之力运筹帷幄的协调能力，等等。

温情之人

如前文所述，源赖朝通过消灭以胞弟源义经、源范赖、叔父源行家为首的清和源氏势力，巩固了自身的地位，也因此给人留下了薄情寡义的印象。但是，从其生涯中的几段逸事看，源赖朝非但不是一个无情无义之徒，有时候倒更像是一个心软脆弱之人。例如，前往参拜伊豆权现的途中，每每看到在石桥山之战中身先士卒、壮烈牺牲的佐奈田与一、丰三等人的墓，源赖朝总会涔然落泪，甚至为此改变参拜路线。又或者父亲源义朝的乳母前来镰仓时，二人追忆往昔，不禁潸然泪下。上述的桩桩件件皆向世人展现出源赖朝多愁善感且不为人知的一面。

源赖朝像 （鹤冈八幡宫藏）

不仅如此，源赖朝对那些曾经在流放时代关照过自己的人，以及源义朝的故交，皆以热情相待。

说起报恩，对源赖朝而言，还有一个不得不提之人，那便是替其求情的池禅尼之子、平清盛的异母弟平赖盛。在平氏抛弃都城、逃往西海之时，平赖盛并未一同前往，他转而奔赴镰仓，受到了源赖朝热情的款待。或许是因为平赖盛与源赖朝之间的这层特殊关系，其后，平赖盛一族得以继续保留原有领地，并得到了源赖朝的百般庇护。不仅如此，曾在源赖朝流放时为其送上随从的长田资经的子孙、每月遣使探望的源赖朝亡母之弟祐范等热田大宫司家之人，以及在源赖朝流放之际曾同丈夫一道前往武藏国探视赖朝的乳母比企尼，这些人的滴水之恩，源赖朝皆在日后以涌泉相报。

但是，源赖朝却只有在不危及自己性命、地位的女性、僧侣甚至是被孤立的武士等人面前，才会流露出上述情深意切、心软脆弱的一面。而这也表明源赖朝实则是一个克己的、不会过于感情用事的人。

这一点我们在山内经俊的例子中即可窥见一二。山内经俊在石桥山之战中隶属于大庭景亲一方，由于与源赖朝对战，最后遭到斩杀。源赖朝的乳母，即山内经俊年迈的母亲，乞求源赖朝放过山内经俊的性命。源赖朝不发一言，只命手下将自己在石桥山之战中穿戴的铠甲呈递给乳母看。那件铠甲的袖子上遗留的箭头处，刻着山内经俊的名字。山内经俊之母看罢，自知挽救无望，只得黯然离去。如若这一传闻属实，从乳母乞命到保留铠甲，这些态度都表明源赖朝并非心慈手软之人。无论何时，他都不会忘记操控人际关系，毕竟这是政治活动的原点所在。

对待源氏一门

从政治角度看，也有一些人需要源赖朝严苛以待。

首先是同族的清和源氏一门。寿永三年即元历元年（1184）七月，伊贺国守护大内惟义遭到平家一族袭击，其家臣大都惨遭杀害。为此，大内惟义与平家交战，杀死平家九十余人，大获全胜。但当大内惟义向源赖朝求赏时，源赖朝却回信谴责称："攻打谋逆者固然可嘉，但身为一国守护，家臣却遭谋逆之徒杀害，你本人亦难辞其咎。此事本应由我来判定赏罚，汝却斗胆请求赏赐，莫不荒唐？"

大内惟义本属继承新罗三郎义光血脉一支的源氏一族。源赖朝对同一支系的望族甲斐源氏，尤其是甲斐源氏中的武田氏一门，可谓甚为苛刻。武田氏一门中从属于源赖朝的有武田信义及其子一条中赖、板垣兼信、武田有义、伊泽信光等人。

在惟义事件发生前的 1184 年 3 月，奔赴西海的板垣兼信派遣信使向源赖朝禀报，土肥实平打着源赖朝特命的旗号，不与板垣兼信商议，便独自处理诸事并部署士兵。故此，板垣兼信请求源赖朝赐予其“上级”手谕，却遭源赖朝冷言回绝：“不论门第，不问出身。”源赖朝的言下之意是，不论是哪族或哪门，也不区分是否为家臣，土肥实平是自己认定的具有管理才干之人，所以才将西国事务托付于他，至于板垣兼信，尔等只需在战场上拼命厮杀即可。

除了武田信义之弟加贺美远光，以及武田信义的小儿子伊泽信光，源赖朝自很早以前开始便已对武田信义的嫡系怀有警惕之心。文治元年（1185）正月，源赖朝在给身处西海的源范赖的信中写道：“甲斐诸位殿下之中，伊泽信光殿下与加贺美远光殿下尤为值得怜爱。加贺美太郎（武田信义）虽为加贺美二郎（加贺美远光）之兄，却追随平家和木曾（源义仲），其心不善……”

单从出身看，武田信义等武田一族对源赖朝应该具有同族意识。毕竟他们认为，较之其他东国武士，自己理应享有截然不同的待遇。板垣兼信的行动背后亦透露出这一点。但在源赖朝看来，这样的同族意识只会给自己的地位带来威胁，而板垣兼信等人却从未意识到这一点。正是板垣兼信如此迟钝的感觉，才招致了 1184 年 6 月发生的诛杀一条忠赖事件。

传源赖朝坐像（东京国立博物馆藏）

有说法称，一条忠赖向来居功骄恣，图谋“扰乱社会”，源赖朝对此有所察觉，欲将其诛杀。实施刺杀计划之夜，源赖朝、一条忠赖及数位宿老[1]列席，待到敬酒之际，刺杀行动展开。行刺之人原本是工藤祐经，但由于他行动迟缓，小山田有重起身握住了工藤祐经的长柄酒壶，小山田有重之子稻毛重成和榛谷重朝亦手持美酒与菜肴上前，就在一条忠赖放松警惕之时，天野远景拔刀刺杀了他。在这起事件中，我们已不可知一条忠赖的企图与行动，但重要的是，一条忠赖居功自傲、飞扬跋扈之势，恐怕多起源于上述所言之同族意识及其结党营私的思想。而仅是这样的意识与思想便足以使其遭到诛杀。

关于武田有义，《吾妻镜》文治四年（1188）三月十五日条有如下记载：这一日，《大般若经》的供养仪式将在鹤冈八幡宫举行，在动身赶赴该活动前，源赖朝命令武田有义佩剑随其一同前往。可武田有义却磨磨蹭蹭、嘟嘟囔囔，显得相当不情愿。武田有义早年在京都时，曾因平重盛持剑随从的形象名噪京中。源赖朝认为，比起不属于同门的平重盛，自己乃同门

1 宿老，武家的重臣。

之统帅，武田有义自当给予自己更多的重视。但武田有义的此番表现，实在令源赖朝大为恼怒，于是源赖朝下令让结城朝光取代武田有义持剑同行。而武田有义没能陪同源赖朝出席活动，便逃之夭夭了。

武田有义之所以不愿意为源赖朝持剑，显然心存抵触，他可不想将自己臣服于同门源赖朝之事昭告天下。不过武田有义的这一心思倒全在源赖朝的掌控之中，所以源赖朝才会故意命武田有义携剑随行，因为这样源赖朝便可拿武田有义的扭捏作态，甚至武田有义对平重盛的态度相要挟。而源赖朝之所以能做出如此预判，则是因为他能缜密洞悉他人的行为并大量收集、掌控身边人的信息及动向。

不过，源赖朝也并不只在一味压制同族意识。另一方面，他也想向外界呈现出一种优待同族的姿态。

举例而言，一条忠赖被诛杀之前，源赖朝写信给后白河院[1]近臣高阶泰经，拜托他授予源赖朝之弟源范赖、源赖政之子源广纲、平贺义信等人国守官职。一条忠赖事件告一段落后，源范赖、源广纲、平贺义信三人分别被任命为三河守、骏河守和武藏守。源赖朝在邀请三人饮酒时披露了此事，众人皆喜。一条忠赖一旦被杀，其血族武田一门自不待言，其他清和源氏必然也会忧心自己的将来，有的人恐怕还会陷入疑神疑鬼

1 院，日本上皇、法皇等的住所，转义指其人。

的状态。如果对这样的情况置之不理，那么不和谐的声音及真正的阴谋将有可能出现在源赖朝身边。因此，源赖朝通过赏赐官职对外传达，余下同族与一条忠赖明显有别。

弟弟们

源赖朝如此深远的政治谋略，并非人人都能心领神会。尤其讽刺的是，就这一点而言，在血缘上与源赖朝关系最为亲近的源范赖与源义经，恰巧最是迟钝，或许正因为他们是近亲的缘故吧。同时，这也是最终导致骨肉相残悲剧的根源所在。

毋庸置疑，源赖朝很可能会被自己的直系所取代，但是面对源范赖与源义经，源赖朝远比其他任何一门更强调嫡庶有别。对此，两位弟弟，尤其是源义经似乎并不能理解源赖朝的此种态度。这一点在源平交战胜负未定之际，便已有征兆。在鹤冈若宫宝殿的上梁仪式之前，源赖朝命源义经去牵用来赏赐工匠的马，源义经并不情愿。于是，源赖朝认为源义经嫌弃职位卑贱所以才不愿牵马，因而再三传令，源义经这才急忙离座，牵了两匹马过来。

与武田有义相同，在公开仪式的场合，源赖朝更加夸示这种差别。而且，就像源赖朝故意要使源范赖与源义经竞争那般，源义经期望源赖朝向朝廷举荐自己以获取官职，但是却遭到了拒绝。源赖朝先推举了源范赖。这愈加点燃了源义经的好胜心，使他更加执着于官职。最终，在没有获得源赖朝允许的情况下，后白河院直接将源义经任命为左卫门少尉。为此，源赖朝怒不可遏，甚至一度将源义经排斥在平氏追讨军的阵容之外。即便后来，源义经重归平氏追讨军，并打败了平氏，源赖朝的怒气也依然没有完全消退。源义经历尽艰辛押解平宗盛父子返回镰仓。源赖朝却下令禁止源义经进入镰仓城，使其只得黯然折返。著名的《腰越状》正写于此时。在《腰越状》中，源义经恳请源赖朝念其功绩，原谅其行为。但源义经似乎并未理解源赖朝谴责自己的真实用意。

传源赖朝像 （神护寺收藏）

源义经为讨伐平氏立下汗马功劳，源赖朝却将源义经逼入绝境，使其在奥州藤原氏处悲壮地了结此生。后世之人多认为源赖朝这样的态度实在太过绝情。但是，站在源赖朝的立场看，源义经不尊重自己制定的军职，怠慢对镰仓的报告，甚至在得到后白河天皇的重用后，未经许可便擅自就任官职，如此行为终将招致保元之乱般一族分裂、同族相争的失败结局。

坛浦之战前，源义经与梶原景时就是否在船头立橹一事产生了纷争，这就是广为流传的“逆橹事件”。据说，梶原景时为此憎恨源义经，甚至还向源赖朝诽谤了源义经。无论“逆橹事件”真相如何，源义经与源赖朝对骨肉之情的认识，显然迥然不同。也就是说，或早或晚，源义经都无法逃脱同样的命运。

另一方面，源范赖从源义经与源赖朝的对立中吸取了教训，他辞去好不容易当上的三河守一职，行事也变得分外低调。但是，建久四年（1193）八月，源范赖还是因为叛逆之嫌，接受了源赖朝的讯问。尽管源范赖献上了起请文[1]，但却反因措辞不当遭到了源赖朝的责难。后来，源范赖悄悄派遣家仆藏在源赖朝寝所的地板下却不幸暴露，受此影响，源范赖被发配至伊豆后遭到诛杀。

据《保历间记》记载，这一事件最初因同年五月曾我兄弟（曾我祐成、曾我时致）在富士野的猎场杀死工藤祐经复仇而起，传言源赖朝在事件中受到攻击，这一消息传至身处镰仓的源赖朝妻子北条政子处，北条政子为此悲痛欲绝。留守镰仓的源范赖见状，便安慰北条政子说："有我范赖在无须担忧。"孰料这无心之言反倒成为源范赖欲图攫取天下的证据。当然，这一传说真假不明，而且给人一种故意找碴儿的感觉。不过，如果传言属实，那源范赖的确过于放松警惕了。毕竟这句话无疑非常刺激源赖朝。

后世之人一直认为源赖朝是一个冷酷无情的人，但笔者认为，源赖朝的残酷不应被视为其自然感情的流露。当然，在孤独不安的生涯中，源赖朝的性格之中难免会有猜疑心倍增的一

1 起请文，向神佛起誓的誓愿书。

面。但是，通过上述事例我们可以发现，只有当源赖朝心中不可逾越的原则受到触犯之时，这种冷酷无情才会显现。

第二节　源赖朝的原则

嫡庶之别与源氏的历史

这里所说的源赖朝的原则，即必须明确源氏一门直系与旁系的区别及源赖朝与近亲之间的嫡庶之别。贯彻这一原则即意味着，威胁源赖朝嫡系地位的竞争者将不会出现，而这一原则在现实之中的化身即是源赖朝对包括亲兄弟在内的清和源氏一门所持的态度。

从源赖义至其子源义家那代人起，源赖朝的家族迎来全盛期，而后逐渐没落。源赖朝恐是从其家族史中意识到了上述原则的重要性。

源义家因享有八幡太郎的威名而备受赞誉，他以源赖义后继者的身份确立了源氏武门本流的地位。但是另一方面，源赖义却与其同母弟贺茂次郎义纲相互对立、斗争。与此同时，源赖义的另一位同母弟新罗三郎义光则在以常陆为中心，不断培植势

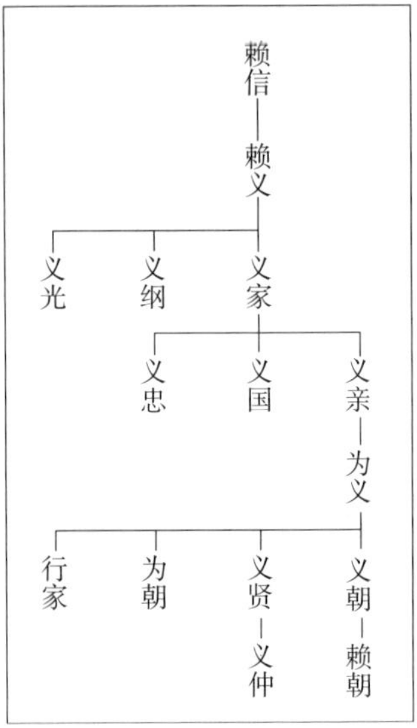

清和源氏谱系略图①

力。在这种状况下，源氏一族内部已然没有和谐可言。最终，源义家的嫡子源义亲在西国发动暴乱，杀害了政府官吏。另一方面，盘踞东国下野的三子源义国则同其叔父源义光为争权夺利而战。

把这一切全看在眼中的源义家，最终撒手人寰。桓武平氏平正盛将其取而代之。平正盛一举打败了源义亲。平氏和源氏成为武家的两大势力，并肩而立。

源义亲遭到讨伐后，源义家的四子源义忠承继清和源氏嫡系。源义忠甚至还收养了源义亲之子源为义作养子。但是后来，源义忠不知被何人所杀，其叔父源义纲被怀疑为凶手。随后，年仅十四岁的源为义受命，前去抓捕源义纲。源氏内部接连不断上演骨肉相残的悲剧，这使得源氏的势力和社会评价每况愈下。此后，源为义嫡子源义朝为挽回源氏较之平氏的弱势局面，在保元之乱中，断绝父兄关系，追随后白河天皇，以求权势。后在平治之乱中，源义朝败于平清盛，一时之间，源氏的势力几乎被全部扫清。

在这样的家族历史之上，源赖朝最害怕的便是一族的内部分裂。为将可能的对抗者排除在外，冷酷无情的决断势在必行，亦属无可奈何。况且，正如前述所言，源赖朝举兵的依据是接到了以仁王的令旨，但接到令旨之人并非源赖朝一人，因此源赖朝也并非从最初起便一直处于优势地位。

源赖朝讨伐了常陆国的志田义广、佐竹义政、佐竹秀义，以及一条忠赖等同族。最后，就连源义经、源范赖都死于他之手，即便是同时代之人恐怕也难以在感情上接受源赖朝的行为。为此，甚至有人直接向源赖朝表达过意见。佐竹义政的家臣批判源赖朝在还未完成讨伐平家的大业时就开始专注于消灭同族，岩濑与一太郎抗议源赖朝忘记了要巩固源氏一门的核心，南都僧侣及周防得业圣弘等人则大为批判源赖朝不念及源义经战功而采取过于苛刻的态度。不过，面对这些非难之人，源赖朝并不自辩清白，亦没有处罚他们，反而给予了他们奖赏。这表明源赖朝充分知悉其本人讨伐同族之冷酷无情，但是他又坚信只有这样做才能巩固和稳定政权。在这一点上，果敢的源赖朝远超重视亲情优柔寡断的晚年源义家。

公平原则

在团结东国武士之时，源赖朝遵循的另一项原则即是“不论门第，不问出身”的公平原则。这是源赖朝统治东国武士联合政权的必要条件。源赖朝举兵之初近侧只有几位亲信，对于远离亲戚、同族的源赖朝而言，除了依靠祖辈在东国树立的威望以集结周边的武士集团，他再无其他手段可以招揽兵力。在这种状况下，如果偏袒某一特定集团只会招致其他集团的反感。在这一点上，源氏一门亦不例外。

不过，源赖朝当时亲缘关系浅薄，这反倒能使他在做出政治裁决时，不必被迫拥护某一特定集团的利益，从而陷入危险。我们从和田义盛、三浦义村等人的事例中，亦可窥见这种优势的一二。

建保元年（1213）三月，和田义盛前往镰仓，为因涉嫌谋反被捕的族人求情。随后，其子和田义直、和田义重等人得到赦免。不过，尽管和田义盛再三求情，但谋反的主谋和田胤长却因为纠集、领导了同族的九十八人，而无法获得赦免。于是，和田义盛在镰仓发动暴乱，但却以失败告终。不过，虽说是失败了，但就当时东国武士的社会风气而言，作为一族之长，无论身处何种事态都要以一族之利益与安危为先，稍有懈怠，是会遭到责难的。因此，和田义盛的行为无可厚非。

与和田义盛相反，三浦义村在此次战斗中并没有站在同族和田义盛的一侧，而是追随了北条义时。在此后的承久之乱中，三浦义村之弟三浦胤义加入了后鸟羽院一方，并力邀三浦义村同往，三浦义村亦没有随从。对此，千叶胤纲以一句“三浦狗咬朋友”痛骂了舍弃和田氏的三浦义村。正如战败后的三浦胤义向兄长大呼的“孑然一身浪迹天涯又何妨”透露的那般，三浦义村的社会风评并不是很好。当时的武士社会，风气普遍如此。

如果源赖朝早年被家族所累，那么他能否成为一名公正的裁决者就有些令人怀疑了。源赖朝是在机缘巧合之下成为清和源氏核心的，其直系亲属全在京都，且几乎都死在了保元平治之乱中。正是这些偶然因素，使得源赖朝这位“镰仓将军”得以脱离亲族的束缚与羁绊，行事更为自由。

源赖朝内心其实十分在意周边武士之间的力量是否均衡。养和元年（1181）六月他到三浦半岛避暑一事便很好地证明了这点。当时，源赖朝与三浦一族等当地有威望的武士们共享了酒宴。席间，冈崎义实希望得到源赖朝的礼服，于是始终把这件事挂在嘴边。对此，上总介广常十分嫉妒，二人争吵起来。对此，源赖朝并未偏袒任何一方，他始终一言不发。佐原义连闻讯赶来，劝阻了二人，这才把事件平息下来。其实，源赖朝之所以不明确表态，是因为他不想与冈崎义实或上总介广常中的任何一人为敌，这也是源赖朝从他当时的立场出发所做出的决定。源赖朝要在武士们势力均衡的基础之上维系自己的权力，这也暴露了其危如累卵的处境。但是，从中我们可以窥见，作为一名会把人际关系放置在天平两端权衡比重，并对其实施精准操控的领导者，源赖朝的平衡感是出类拔萃的。

源赖朝之所以会公平地对待东国武士，是因为他希望尽可能多地笼络东国武士，以扩充自己的阵营。但是另一方面，源赖朝又希望培植自己的核心团队，强化其忠诚心，以及由此产生的向心力。源赖朝计划培植核心集团的其中一步，即重用其妻北条政子娘家——北条氏的势力。

北条氏的籍贯不明，杉桥隆夫等人从近年来的研究中推测，北条时政家可能是拥有伊豆介地位的伊豆国在厅官人[1]一族的支流。

北条时政一家因为北条政子的缘故，得以在源赖朝身边效力。据《吾妻镜》记载，从某一时期起，北条一门所受之待遇，便开始同源赖朝手下其他武士所受的待遇大不相同了。不仅北条时政、北条义时受到重用，就连北条泰时等人也是从幼年时起便被寄予厚望。可以说，源赖朝对北条氏一门的重用，亦成为源赖朝死后幕府实质上转变为北条政权的原因之一。

当然，也有人认为这些表现源赖朝关照北条氏的记载，是后世为了正统化北条氏政权而特意杜撰的。不过，在源赖朝身边，除北条氏之外，源赖朝可以依靠的集团寥寥无几，也是不争的事实。因此，对于源赖朝而言，在没有一兵一卒的情况下要想揭竿而起，除了依靠北条氏，似乎更无其他的选择。与其偏重源氏一门，倒不如重用名声并不显赫亦非武士集团首领的北条氏，这样做还可以避免破坏周边武士集团相互之间的平衡。

1 在厅官人，平安中期至镰仓时代的下级官吏，多为地方豪族，平安后期武士化。

重视情报

武田有义不愿为源赖朝持剑，于是源赖朝将武田有义在京都忠于平氏之事和盘托出，以此为证责难于他。源赖朝之所以能够这么做，必定是因为源赖朝处汇集有大量关于人心向背的情报。这些无形的情报对他而言，是一种有力的武器，它们在很大程度上弥补了武器方面的不足。

据说源赖朝乳母的外甥三善康信每隔十天便会派遣使者向源赖朝报告京都的状况。三善康信后来归入源赖朝麾下，成为第一代幕府问注所的执事、参与构建幕府基础的重要人物。如若上述传说属实，那么源赖朝对京都政界的情况恐怕早已了如指掌了。

此外，源赖朝与京都之间的情报渠道并不只有三善康信一人。治承四年（1180）末斋院次官中原亲能在京都的前中纳言源雅赖家中遭到追捕，但最终巧妙逃脱。中原亲能之所以会遭到追捕，正是因为其儿时长于相模国，与源赖朝是多年的莫逆之交。中原亲能是中原广季之子，他后来因担任镰仓幕府草创期的官僚而广为人知。中原亲能在相模国长大并与源赖朝亲近之事，虽已无从考据，但从源赖朝举旗之后中原亲能的行动中，我们仍能找出他与源赖朝保持联系的蛛丝马迹。像这样的有才之人能作为源赖朝幕后的左膀右臂身处京都，必定能为源赖朝带去大量充足、可靠的情报。

除此之外，源赖朝还有很多从事情报搜集工作的耳目。其中包括身为武士、代表源赖朝发言的梶原景时，以及与源赖朝有直接联系的非武士身份的下级官吏，有时他们甚至可以行使超越御家人[1]的临时权力。

源赖朝通过多种渠道综合得到的情报，大可判断全国的情势，小可知悉御家人的动向。尤其是在人物评价方面，源赖朝深刻的洞察力令人惊叹。

寿永四年即文治元年（1185）四月，一部分御家人擅自接受朝廷所赐官职。对此，源赖朝大怒并禁止他们进入墨俣河以东地区。当时，源赖朝对这些御家人都做了简短的评价。我们从中即可窥见源赖朝敏锐的观察力，如“鼠目”“公鸭嗓”“一撮毛”“极尽吹嘘之能事”“死鱼眼”“肥嘟嘟”，等等。这些突出了每个人特征的评价，即便未曾谋面之人也可以据此得出如亲眼所见般的印象。1185 年 1 月，源赖朝写信给身处西海的源范赖，书信中源赖朝提到“平宗盛是极胆小之人，绝对不会自残，要活捉将他带回京都”。果不其然，平宗盛虽欲投海自尽，但还未游远就被救了起来并被俘虏。可以说，这一切不出源赖朝所料。

以上这些事例表明，源赖朝对个人信息掌握得既充分又准

---

1 御家人，“家人”最初是贵族及武士首领对部下武士的称谓，而当镰仓幕府成立后，与幕府将军有关的事物往往被敬称为“御”，故有“御家人”一词，意指直属于幕府将军的武士，这里指与源赖朝直接保持主从关系的武士。

确。不过，与其说源赖朝对世间之事感兴趣，毋宁说他的人生经验即是从这些有价值的情报中所获教训的累积。

基于自己对他人的准确判断，源赖朝会对逆反之人给予严厉打击。与此同时，对于有利用价值之人，源赖朝则会表现出无微不至的关怀。例如，起义之初攻打山木时，源赖朝将工藤茂光、土肥实平、冈崎义实、宇佐美祐茂、天野远景、佐佐木盛纲、加藤次景廉等麾下武士，分别召唤至僻静场所，与他们商议作战事宜，并告知其要对他人保密，自己只信赖对方一人。源赖朝向每个人如此诚恳地告白，使大家都误认为自己受到了源赖朝的特别器重，于是众人士气皆涨。这种巧妙的鼓舞手段，无疑展现出源赖朝对于人的超凡洞察力。

至此，或许仍不够丰满，但在某种程度上，读者应对源赖朝这一历史人物已有了些许印象。接下来，就请读者们保留这一印象，继续更深一层地了解源赖朝的事迹并思考镰仓幕府的历史意义吧。

第三节 平氏灭亡

幕府是何时成立的

在此我想谈一谈镰仓时代的起始时期。镰仓时代这一称号毋庸置疑得名于源赖朝创建的幕府的所在地——镰仓。但是，关于镰仓幕府成立时期的划分至今仍众说纷纭，没有定论。就目前已有的观点而言，可按年代顺序整理如下：

① 治承四年（1180）十月至十二月，源赖朝定居镰仓，成为东国实际的统治者。

② 寿永二年（1183）十月，源赖朝接受宣旨，其在东国的国衙在厅统治权得到承认。

③ 寿永三年即元历元年（1184）十月，设置幕府机构公文所、问注所。

④ 元历二年即文治元年（1185）十一月，设置守护、地头。

⑤ 文治六年即建九元年（1190）十一月，源赖朝被任命为右近卫大将。

⑥ 建久三年（1192）七月，源赖朝被任命为征夷大将军。

关于镰仓幕府成立时期的划分，之所以会存在上述六种观点，是因为每种观点在研究幕府时，着眼点各有不同。

其中，重视“幕府”语源的观点认为，“幕府”一词的本义是指近卫大将的居所或军事远征中将军的幕舍。所以，这一观点认为，幕府成立于源赖朝被任命为右近卫大将或征夷大将军之时。上述⑤⑥即属于这种观点。与此相对的，如果着眼在源赖朝政权的建立，即统治权力的形成这一点上，则会出现另一种新的观点。而这种新的观点又可分为：以东国统治权为中心的观点，以及包含西国统治权的观点。上述①②③属于前者，④则属于后者。而属于前者的三者，又因为它们各自所认知的权力确立标志的不同而各有分化。其中，最实际的是①，最具形式性的是③。而①②③④中，只有④着眼于源赖朝的权力不仅限于东国，而且包含西国，甚至有向全国扩张之势。

上述六种观点中，②或④最为普遍，但不论哪一种观点，其实它们都与究竟何为幕府权力的问题相关，而这样的问题并非单从定义即可判断孰是孰非。在上述观点中，笔者认为较为妥当的是，把在东国实际建立起幕府权力作为标志的观点。治承四年（1180）年末，北关东等地尚存在不稳定因素。因此，从这一点看，还是以寿永二年（1183）作为划分镰仓幕府成立时期的标准，更为清晰明了。

举兵

1180 年 8 月，源赖朝决心在伊豆国举兵讨伐平氏。虽说他在石桥山之战中吃了败仗，但经过横跨房总半岛集结了千叶常胤、上总介广常等豪族后，源赖朝决心再次进军相模国。千叶常胤劝源赖朝说，现在的居所“既非要害之地，亦非前人留下的古迹”，我们应火速攻打相模国的镰仓。源赖朝接受了该建议，于10月6日进入镰仓临时府邸。

千叶常胤之所以这样劝说源赖朝，是因为早在11世纪前半清和源氏与镰仓便已开始联合。那时，源赖朝的先祖源赖信、源赖义父子成功镇压了平忠常之乱，当时在镰仓拥有府邸的平直方十分欣赏源赖义的武勇。于是，平直方便将女儿嫁给源赖义，并将镰仓的府邸一并赠予他。尔后，镰仓源氏代代相传，源赖朝的父亲源义朝曾将镰仓作为大本营，策划了侵入伊势神宫领地的大庭御厨等事件。而源赖朝也正得益于源赖义至源义朝之间历代源氏与东国武士间培养出的亲密关系，最终才能举兵成功。

同年10月，京都方面为讨伐源赖朝远征而来的平维盛大将及其所率官兵，与源赖朝在富士川展开战斗。在这次战斗中，因对源赖朝强大的势力心生畏惧，京都方面军将水鸟齐飞发出的振翅声误以为是敌军来袭，在几乎未战的情况下，便已溃不成军狼狈逃回京都。此时，就是否应该乘胜追击直指京都，源赖朝表现得犹豫不决。

那时，源赖朝曾一度命令士兵进攻。但源赖朝身边的千叶常胤、三浦义澄、上总介广常等宿老及实力派武士则认为，在东国仍有以常陆国的佐竹义政为代表的未归顺势力，且其人数众多。他们劝阻源赖朝，应当先平定东国，然后再进行西征。源赖朝听从了这一建议。于是，他将安田义定和武田义信分别派至远江国和骏河国。由此可见，源赖朝并未打算舍弃镰仓，将大本营转移至京都。是否追击败走的平氏大军从而进攻京都，是关乎战术追击的问题，与政权所在地无关。

正如前文所述，源赖朝对京都一直保有亲近感，这一点是毋庸置疑的。但就此时而言，源赖朝应该并不打算将政权的根据地转移至京都。在平治之乱中经历惨败的源赖朝，应该已经深深地感到，没有东国武力助力下的源氏该有多么脆弱。在此基础上，京都乃是靠粮食产地补给维持生活的消费型城市，大军在此驻留原本就是不可能之事。三年后，先于源赖朝进入京都的源义仲在没有解决补给问题的情况下就贸然进军京都，这一行为必然招致掠夺四起，并成为京都人憎恶源义仲军队的一个主要原因。另一方面，在京都期间，由于源赖朝大军的进攻，源义仲的军队失去了根据地，最终源义仲军队只剩寥寥无几的兵卒，惨遭灭亡。在目睹源义仲的悲惨结局后，源赖朝更加意识到把根据地移至京都之事断然不可行。

治承五年即养和元年（1181）八月，源赖朝向后白河院提出与平氏和解的请求，但其前提条件是，源氏以镰仓为根据地统治东国，平氏则以京都为根据地统治西国。不仅如此，政权的中枢还须设在镰仓，而非古都京都。这一条件表明源赖朝政权主要代表东国武士阶层的利益。而后，源赖朝坐镇镰仓，通过命令源范赖、源义经等人担任代官[1]指挥东国军队，讨伐源义仲以及逃往西海的平氏。寿永四年即文治元年（1185）八月末，源赖朝将在京都狱门附近找到的父亲源义朝的首级带回镰仓，葬于南御堂（胜长寿院）。安葬父亲的遗骨也是在为自己的墓地选址。由此可见，源赖朝已明确表示将镰仓定为根据地的意向。

最高权力者后白河院

在此，我们还须讲述一下源赖朝与京都朝廷，特别是源赖朝与后白河院之间的关系。

源赖朝在伊豆起义之后，京都方面对于源赖朝的评价，毫无疑问已打上了叛逆者的标签。即便是在后来同源赖朝结盟的藤原兼实看来，这一情况亦不例外。例如，藤原兼实 1180 年 9 月在他的日记《玉叶》中，将源赖朝称为“叛贼义朝之子”，并写道“多年来，他一直待在流放地伊豆国，近来他变得穷凶极恶，甚至杀害官吏占领了伊豆、骏河”以及“关东的党徒”（治承五年二月二十六日），等等。

直到 1181 年 4 月前后，听闻源赖朝表示“并无谋反之心，只是想帮助朝廷讨伐敌人罢了”，藤原兼实的内心才开始产生微

1 代官，日本中世以后代行主君官职之人的总称。

妙的变化。但是，这种微妙的变化仍然没有使藤原兼实对源赖朝的评价有明显改观。那时，源义仲的士兵在京都所做的野蛮行为，使得京都上下对源赖朝皆怀有一种期待。但即便在这样的情况下，藤原兼实也仍然怀疑源赖朝的秉性和行为。直至寿永二年（1183）前后，藤原兼实才在他的日记中写道：“赖朝的容颜威风严肃，性情秉烈，明察秋毫，是非分明”，这才算是给予了源赖朝肯定。

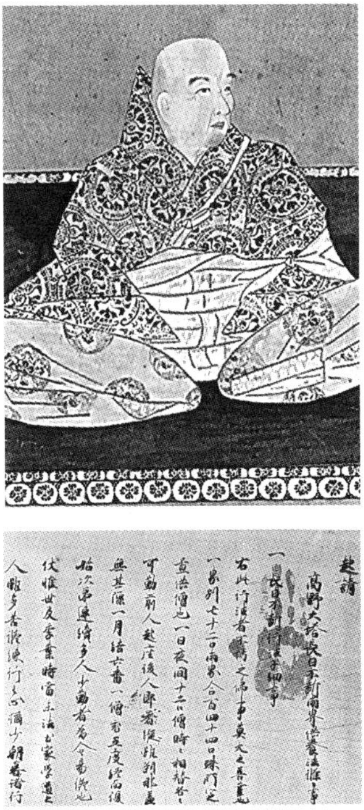

后白河院像与起请文　在京都朝廷中拥有绝对权力的后白河院，同源赖朝方面与源义仲方面都保持着关系（上图为日本宫内厅侍从职藏，下图为金刚峰寺藏）

这一时期，京都朝廷的最高权力者是后白河院。后白河院因为与平清盛之间互相倾轧，治承三年（1179）被平清盛发动军事政变幽禁在鸟羽殿，剥夺了实权。但是，翌年以仁王举兵，在全国一片混乱的状况下，平清盛解除了对后白河院的幽禁，同时要求后白河院重新实行院政。1181年1月后白河院再次实行院政。此后，其统治地位变得不可动摇。

后白河院虽是统治者，但其权力并不以直接的武力为基础，而是来源于其能够赋予某种统治合法的地位。换言之，后白河院的权力在于承认实际统治者的地位。对并不拥有武装力量的后白河院而言，只有辨清各时期势力的此消彼长，令其相互牵制，才能选择对自己更加有利的道路。这一态度乍一看似乎像是一种随波逐流的机会主义，但如若深入剖析后白河院的内心，便会发现这是他维护自己利益的一贯政策。在后白河院看来，所有人都只不过是工具，他毫不关心除自身以外的任何一个人的命运和遭遇。可以说，后白河院有着专制君主特有的心理。

因平清盛的屈服，重新执掌政权的后白河院一方面重用宠臣摄政藤原（近卫）基通及其侧近的院近臣势力，另一方面利用院宣[1]这一武器，操控平氏、源义仲、源义经、源赖朝等人，通过不断推出新的策略，以确保朝廷的权益不受侵害。

源义仲的自我毁灭

1183 年 7 月，源义仲、源行家进京后，后白河院颁布了追讨平氏的院宣，并将被没收的一百四十处平氏领地赐予源义仲，九十余处赐予源行家。8 月，后鸟羽天皇取代了与平氏一起逃往西海的安德天皇，正式即位。因此，安德天皇丧失了正统天皇的地位。先于源赖朝进京，似乎已在武士争霸战中取得

1 院宣，根据上皇或法皇的命令，由院厅的官员颁布的公文。类似于天皇的诏敕。

有利地位的源义仲，却没能成功追击平氏势力，加之京都市内源义仲军队的荒蛮行为，最终遭到了后白河院及院近臣等上下几乎整个京都的憎恶，顿时陷入孤立无援的状态之中。

另一方面，为牵制源义仲，后白河院方面开始对源赖朝实行融和策略，1183 年 10 月颁布寿永二年十月宣旨。此院宣的内容是：东海道、东山道的国衙领地及庄园年贡，应按照先例献给国司和庄园领主，如有不从者，朝廷将命源赖朝处置。一般认为，源赖朝在东国的行政权至此得到正式认可。

除此以外，朝廷将不再视源赖朝为叛贼，并决定重新恢复其流放前所拥有的从五位下的官职，另一方面，源赖朝也将举兵以来一直使用的年号从“治承”改为“寿永”，以此来彰显其承认朝廷统治体制的姿态。不过，此时朝廷给予源赖朝行政权的范围尚不包括源义仲的势力范围北陆道。由此可知，后白河院意图平衡源赖朝、源义仲二人之间的天平。

就在后白河院开始明显偏袒源赖朝之时，源义仲在与平氏的水岛之战中败北。一时间，源义仲受到了平氏与源赖朝的双重夹击。焦虑万分的源义仲最终只得被迫武力袭击了后白河院的法住寺御所，并罢免了摄政基通及一众近侍之臣。然而，翌年寿永三年即元历元年（1184）一月，源义仲却在与源赖朝派遣的军队交战败北后身亡。由于源义仲的自我毁灭，后白河院的天平自然开始向源赖朝倾斜，这一次他颁布院宣命源赖朝负责追讨平氏。

不过，后白河院曾在源义仲败死前，赐予其征夷大将军之位，但当源赖朝提出请求，希望后白河院赐予其相同地位时，却遭到了拒绝。这种差别对待显示了后白河院对前途暗淡的源义仲及今后势力愈加强大的源赖朝截然不同的警惕心理。征夷大将军是日本古代国家为了征讨奥羽地区虾夷而设置的官职，它象征着获此官职之人拥有统治东国军队的地位。后白河院拒绝向源赖朝授予这一官职。这表明对后白河院而言，通过寿永二年十月宣旨赐予源赖朝行政权，只不过是一时的权宜之计。那时，奥羽地区尚不属于源赖朝的统领范围。由此可见，后白河院显然不想认可源赖朝具有统治奥羽地区的正当性。

1184 年 2 月，朝廷一方面宣旨禁止诸国对公田、庄园征收军粮，另一方面又于次年 3 月赐给了源赖朝五百余处被没收的平氏领地。征收军粮关乎朝廷对地方行政权的掌控，相反赐封领地，特别是原属平氏的领地，则是一种国家体制下对私有形式的继承。赐封领地虽与根本性的国家变革无关，但在朝廷的默许下它依然存在。

另一方面，为了牵制后白河院，源赖朝在京都朝廷方面也保有联合势力。在这其中，源赖朝愈发依赖的是藤原兼实。同样，藤原兼实方面对源赖朝的评价也在不断升高。该时期的藤原兼实被后白河院疏远，后白河院与摄政藤原基通不仅在政治上有所勾结，而且他们私下也存在着不正当的男色关系。倘若没有源赖朝作后盾，藤原兼实恐怕难以跟藤原基通对抗。事实上，

1184年3月源赖朝就曾向后白河院推荐藤原兼实担任摄政、氏长者，藤原兼实则表示后白河院一直偏爱藤原基通，即便源赖朝推荐自己也不过是枉费心思。果不其然，源赖朝的推荐最终未能实现。此外，藤原基通在争取获得源赖朝信任的同时，也中伤过藤原兼实。不仅是藤原基通，继平氏逃往西海，源义仲遭到讨伐之后，源赖朝成为无与伦比的实力派。在其身边，为使自己处于更有利的地位，后白河院、前关白藤原基房、院近臣高阶泰经等人皆在不断谋划，想同源赖朝暗通款曲。

但是，源赖朝根据一众京都投奔者的意见，坚持采取依靠藤原兼实的方针。虽然依据藤原兼实自己记录的可信度不高的文字看，源赖朝之所以信任藤原兼实，是因为藤原兼实从未主动联系过源赖朝。源赖朝是一个对人心向背极度敏感的人，他能易如反掌地窥见那些突然接近自己、阿谀奉承之人的内心。因此，源赖朝给予不想主动同自己保持联络的藤原兼实以高度评价，倒也不是没有可能。

源义经与源赖朝

寿永四年即文治元年（1185）三月，源义经等人率领源赖朝大军在坛浦之战中一举击溃平氏，治承寿永之乱从此落下帷幕。

至此，天下似乎一片太平，但很快新的问题却又接踵而至。在追讨平氏的过程中屡立战功的源义经，因多有独断专行之处，在没有获得源赖朝允许的情况下，就擅自接受了朝廷任命的官职。这成功惹怒了源赖朝，于是源赖朝下令禁止源义经踏入镰仓。在这样的情况下，源义经只得滞留京都。源义经的叔父源行家也遭遇了同样的情况。而这一切的背后是后白河院为使源赖朝与源义经不睦，而故意宠爱源义经的计谋。后白河院为了防止源赖朝的势力强大到侵犯朝廷利益的程度，沿袭了自己对待武士阶层的一贯策略。

另一方面，在奥州地区，以潜在势力夸示天下的镇守府将军藤原秀衡，嘉应二年（1170）时依然健在。平氏灭亡之后，能够与源赖朝势均力敌之人唯有藤原秀衡了。治承五年即养和元年（1181）八月，为了从背后给自东国逼近的源氏致命一击，藤原秀衡被安排为陆奥守。他对源赖朝而言是一股来自背后的威胁，平氏希望以此向源赖朝施加压力。

1185 年 10 月，源赖朝派遣土佐房昌俊等人袭击位于京都的源义经居馆，结果却被源义经的军队及闻讯赶来的源行家击退。至此，源赖朝与源义经、源行家正式决裂。源义经、源行家向后白河院求旨，他们欲集结畿内近国兵力讨伐源赖朝。但令人意外的是，他们不仅没有获得他人支持，反而有人想倒过来讨伐源义经以此来向源赖朝邀功。正如平氏、源义仲等人曾经计划的那样，那时源义经与源行家似乎有在认真商议要拥护以后白河院及公卿为中心的政权并共赴西海的计划。但是，该计划却遭到了后白河院的反对，从而未能实现。最终在 11 月，源义经只带领了少量的士兵乘船从摄津的大物浦出发。

而后，高阶泰经派遣的使者抵达镰仓，他带来了一封书信，信中将源行家、源义经的谋反行为称作“天魔所为”，并解释说由于源行家、源义经威胁后白河院，若不降旨便在宫中自杀，为了避免发生此等惨剧，后白河院才被迫颁发敕准，但这一切皆非后白河院之本意。不过在这期间，为了防止源赖朝势力的日益壮大，后白河院不断离间源义经与源赖朝之心，早已明明白白、路人皆知。因此，源赖朝自然不可能接受这种解释。他驳斥道，天魔乃是为了佛法而给人与人之间的关系带来烦恼之物，他是降服了众多朝敌并将政权归还后白河院的忠义之士，后白河院为何要违心颁布院宣，对待自己就如同对待叛逆者一样？源赖朝还愤怒地表示，搜捕源行家、源义经耗费巨大，若因此导致诸国凋敝，百姓伤亡，日本第一罪人非后白河院莫属。随即源赖朝派遣北条时政率领一千骑兵进京，且以搜捕源义经、源行家为由，在诸国设置总追捕使、地头，并强迫朝廷对此予以认可。至于其具体内容，笔者将在后文详细阐述。

此外，就在这样的大背景下，1185年年末，源赖朝向后白河院申请处置拥护源行家、源义经的诸侍臣。在藤原兼实、德大寺实定之下，设置议奏公卿，藤原兼实担任摄政与关白，高阶泰经及与讨伐宣旨有关的一众官吏或流放或被撤销官职。这一申请中所显示出的人事安排动向即追随后白河院的势力遭到了彻底的驱逐。源赖朝巧妙地利用了后白河院降旨源义经、源行家追讨自己的这一失误，大刀阔斧地改革了朝廷。

在此期间，众公卿之中，藤原兼实因反对后白河院向源义经、源行家颁布追讨源赖朝的院宣而深获源赖朝的信任。数年后，藤原兼实由于本应继承家业的儿子藤原良通早逝，悲痛欲绝，决意隐退。源赖朝却对藤原兼实一再挽留。由此可见，源赖朝对藤原兼实有着很高的评价。

不过后来，源赖朝对朝廷的态度也并非一贯强硬。就在设置守护、地头职位后的第二年即1186年的1月至6月间，源赖朝先是停止征收高野山领的军粮并撤销了该地的地头，之后亦不再向诸国庄园征收军粮。此外，北条时政辞去七国地头的职务，其他三十七国及镇西九国的地头也被取消。可以说，源赖朝的诸项措施几乎将自己迄今为止所获之权益全部如数奉还。虽然目前我们尚不可知北条时政辞去地头的那七国的具体名称，但我们可以确定的是，上述三十七国指的是山城、大和、和泉、河内、摄津、伊贺、伊势、尾张、近江、美浓、飞驒、丹波、丹后、但马、因幡、伯耆、出云、石见、播磨、美作、备前、备后、备中、安艺、周防、长门、纪伊、若狭、越前、加贺、能登、越中、淡路、伊豫、赞岐、阿波、土佐等。可以说，整个西国全部包含在内。换言之，以西国为中心，源赖朝做出了大幅的让步。

我们已无从知晓在这一时期源赖朝为何采取了退让的政策，

不过在源赖朝的这一态度背后，恐怕仍有他警惕源义经的考量。要知道源赖朝是一个十分谨慎的人，如果单是不具备直属军力的源义经个人，其威胁甚微。但如今刚刚扳倒平氏，各地依然残存着反对源赖朝的势力，稍有不慎，源义经完全有可能去联合那些力量。一旦源义经与奥州的藤原秀衡结成同盟，那势必将给源赖朝带来巨大的威胁。此外，如果后白河院转而支持那些反源赖朝势力，那么事态将变得更加危险和难以控制。因此，在这一时期，源赖朝对后白河院表示退让也是理所当然。况且，源赖朝通过抓住后白河院的失误，趁机设置了总追捕使、地头之后，再做出某种程度的让步，实则也非真正意义上的退让。

第四节　奥州合战

藤原秀衡之死

北条时政进京后，院厅转而发出了追讨源义经、源行家的院宣，源行家在和泉国遭到追杀，源义经也下落不明。鞍马山、比叡山以及南都、吉野等地均传来源义经潜伏于此的消息。文治三年（1187）五月，有传言称源义经在美作的山寺遭到杀害。然而实际上，大约同年二月前后，源义经一行人便已乔装打扮成在山中修行的僧侣及幼童，赶往藤原秀衡之处。据藤原兼实的日记《玉叶》记载，早在1185年10月之际，便已流出源义经已和藤原秀衡联手的传闻，从源义经在藤原秀衡之处度过了幼年时光的经历看，如此结局亦是必然。

那时，源赖朝与藤原秀衡也并非毫无联系。1186年4月藤原秀衡寄了一封信至身居镰仓的源赖朝处，他在信中表示，希望源赖朝能将自己送到镰仓的马匹和钱物转送京都。藤原秀衡之所以会这样做，是因为在此之前，源赖朝曾写过一封信给他。在信中，源赖朝称藤原秀衡为“奥六郡之主”，称自己是“东海道总官”，更表示双方本应亲密往来，奈何路途遥远，无法实现心中所愿，藤原秀衡处的贡马及贡金理应由自己监督转送至京都。从源赖朝的号召中，我们不难窥见其对藤原秀衡保有的慎重姿态。到了1186年5月，如藤原秀衡信中所言，三匹马和三个大箱子被送至源赖朝处，后经源赖朝转送抵达京都。

翌年即1187年，源赖朝又想出了新的方法来刺激藤原秀衡。他向后白河院提出申请，请求派遣使节前往奥州，向藤原秀衡索要三万两沙金用来给东大寺大佛镀金。后白河院依照源赖朝之意实施了该计谋。但是，藤原秀衡方面却冷淡无情地回绝道，三万两沙金的要求不但前所未闻、相当过分，而且近年来因为大批商人前往奥州买卖沙金，奥州的沙金几乎已被掘空，若要遵照旨意奉送沙金，恐难从命。从中可见，藤原秀衡十分自信。

然而不幸的是，1187 年 10 月 29 日源义经的后盾藤原秀衡于陆奥国平泉馆离世。藤原秀衡生前曾向其嫡子藤原泰衡及其异母兄西木户（藤原）国衡留下遗言，望其奉源义经为主，三人同心协力共同治理国家。

源赖朝仿佛一直在等待这一时刻的到来，藤原秀衡死后，他不再对奥州采取缓和姿态，就连对朝廷的态度也变得强硬起来。几个月后的文治四年（1188）二月，据出羽国传来的消息，源赖朝确定源义经身居奥州。与此同时，源赖朝以禁止地头不法行为是私人请求而非朝廷命令为由，拒绝了诸位朝廷官吏的请求。在得知了源义经的行踪后，朝廷立刻向藤原秀衡的继任者藤原泰衡等人宣旨，命令他们奉旨讨伐源义经。但藤原泰衡对此并未作答。鉴于源赖朝之请求，数月后，朝廷再次派遣使节前往奥州下令追捕源义经。

翌年三月，藤原泰衡遵旨追捕源义经的书信被送至源赖朝处，但源赖朝认为藤原泰衡并不可信，于是源赖朝向朝廷提出讨伐藤原泰衡的请求。对此，朝廷征询镰仓方面是否应该再次遣使宣旨并等待回音，以及源赖朝打算何时出兵讨伐。源赖朝回信表示无须等待藤原泰衡的回复，应该尽快出兵讨伐，自己将于六月上旬鹤冈八幡宫举行的亡母塔供养后即刻出发。

另一方面，迫于源赖朝方面的压力，闰四月末，藤原泰衡突袭源义经居住的衣川馆，将其杀害。六月，藤原泰衡派遣使节将浸泡在美酒中的源义经首级送往镰仓，供源赖朝核查鉴定。

本队千骑，翻越白河关

五月末，源义经被杀的消息传至京都，朝廷方面认为，事已至此便已无须再向藤原泰衡追责。但是，早在二月，源赖朝便已在全国范围内大规模动员，为追讨藤原泰衡做准备，故源赖朝明确表示出欲强行出兵的意愿。六月二十五日，源赖朝再次请求朝廷宣旨出兵追讨藤原泰衡。二十七日，诸国约千骑士兵抵达镰仓。由于此时朝廷尚未给出允诺，源赖朝十分犹豫不决，于是他将熟悉兵法掌故的大庭景能唤至身旁。大庭景能表示，“军队听从将军之令，而非天子之诏”，既然已经向朝廷禀明出兵事宜，那么无须等待回复亦可出兵。源赖朝听罢，痛下决心。七月十六日，从京都守护源赖朝之妹婿一条能保处派出的使节后藤基清前来通报：经再三商议，朝廷最终宣旨称，尽管源义经已死，但追讨奥州实乃天下大事，今年暂缓。源赖朝听闻此言极度愤慨，再次表明自己已集中将士，必须即刻出兵。

七月十七日，源赖朝做了出兵奥州的部署，最终决定分兵三路。首先，东海道大将军千叶常胤与八田知家分别率领各自的族人及常陆、下总两国的一众武士，经由宇太、行方，穿越岩城、岩崎，在渡过阿武隈川后汇合。北陆道大将军比企能员、宇佐美实政等人负责带领上野国高山、小林、大胡、佐贯等地的武士，自越后国前往出羽国念珠关外同敌人交战。源赖朝则亲自率领正面进攻部队，走中路进军奥州。畠山重忠在正面进攻部队中担任先锋。最终，在未获朝廷准许的前提下，比企能员于七月十八日率先出发。翌日，源赖朝方面的主力部队也从镰仓北上。据传言称，源赖朝方面共计有二十八万余骑兵兵力参加奥州合战，但是也有别的说法称兵力不过三四万，实际数量不详。无论如何，结束古代末期战乱的最后一场大战——奥州合战，由此拉开了序幕。

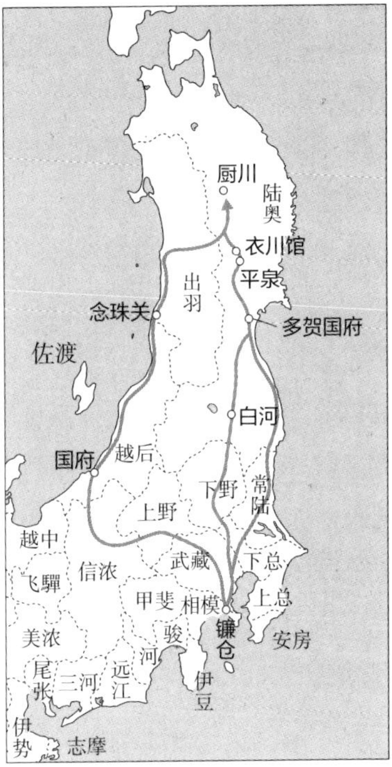

源赖朝出兵奥州的路线（1189年）

源赖朝率领的千骑主力部队经过宇都宫、新渡户，于二十九日穿越白河关。

另一方面，藤原泰衡一方将大本营设在国见宿，并在阿津贺志山上修筑了城墙，挖掘了五丈深的护城河，阿武隈川的河水被引入其中。藤原泰衡的异母兄西木户国衡担任指挥，据说军队有两万人左右。除此之外，苅田郡还设有城郭，名取、广濑两条河流也形成了天然的屏障。八月七日，源赖朝的主力部队抵达阿津贺志山附近的国见。源赖朝一方的先锋畠山重忠所率领的八十名壮汉，迅速填平了藤原泰衡一方在阿津贺志山挖好的防御工事，藤原泰衡一方的防备大为削弱。

八月八日，对阵双方开始了远距离的弓箭战。八月九日、十日战斗进入白热化阶段。最终，藤原泰衡一方败北，西木户国衡败逃。听闻阿津贺志山战败消息的藤原泰衡亦向北方逃窜。不久之后，和田义盛追上西木户国衡，西木户国衡战败身亡。藤原泰衡则继续向北逃亡。八月十三日，源赖朝的追兵进入多贺的国府。在途经玉造郡之后，源赖朝方面军于八月二十二日进入平泉城。由于藤原泰衡在逃走时点燃了平泉馆，所以当源赖朝赶到平泉之时，平泉已化为灰烬。藏起来的藤原泰衡向源赖朝投降，但却遭到拒绝。于是，藤原泰衡打算继续逃往夷狄岛，他带领数千部下在比内郡贽栅歇脚，却于九月三日被守卫在此的部下河田次郎所杀。九月六日，藤原泰衡的首级被送至志和郡的阵冈，源赖朝将该首级悬挂示众。由此，战争宣告结束。

而后，源赖朝在平泉论功行赏。善后工作完成后，源赖朝于十月二十四日返回镰仓。

即便奥州合战中的出羽、陆奥也算是“屡次实施新制皆不了了之且固守古风，毫无新式礼仪的夷狄之地”。统治者似乎对出羽、陆奥给予了特别的对待，使得该地区在后来走上了一条相对独特的历史发展之路。

遵循前九年之役的先例

单从事件经过上审视奥州合战，似乎奥州一方十分不堪一击，这不禁令人联想或许是源赖朝投入了过量的兵力。然而就结果而言，当时的奥州对镰仓方面来说无疑是不容小觑的强敌。即便在奥州合战结束数月后，镰仓方面也仍旧花费了大量的时间来镇压奥州藤原氏旧臣大河兼任发起的叛乱。由此可见，源赖朝对于奥州合战所做的准备也并非过于夸张。只能说藤原泰衡一方分散兵力的战术布局确实有点不太明智。

而且，在奥州合战之前，源义经被杀害前后，围绕藤原秀衡的儿子国衡、泰衡、忠衡、高衡、通衡、赖衡，在二月和六月间，分别爆发了藤原赖衡和藤原忠衡为藤原泰衡所杀之事件。究其原因，大概是围绕如何对待源义经的问题，平泉内部发生了分裂，因此众人难以齐心协力对抗源赖朝。

奥州合战的一个谜团是，源赖朝似乎有意识地要让奥州合战的发展过程朝前九年之役的过程靠拢。所谓前九年之役，即源赖朝的先祖源赖义、源义家父子，高举源氏武士之名，讨伐安倍氏的战争。川合康先生依照记载有前九年之役发展经过的《陆奥话记》，按时间顺序在《吾妻镜》中抽取了奥州合战的相关记述，并通过罗列、比对这些记述发现，奥州合战在军旗设计、藤原泰衡枭首之法，甚至战事终结日期等诸多方面，确实带有前九年之役的影子。

那么，源赖朝为何如此关注前九年之役呢？有两件兵器作为源氏一门的家门象征代代流传。它们分别是一件名为“源太产衣”的铠甲，和一把名为“髭切”的太刀。前者以源义家的幼名“源太”冠名，为源义家两岁觐见小一条院时所佩之物。后者则是前九年之役时，源义家用来斩断活捉敌军首级的武器。这两件家门象征之物皆源于义家，而非赖义。照这么说来，作为前九年之役后续发展的后三年之役，不是应该更吸引源赖朝吗？毕竟后三年之役的主角才是源义家本人。

不过，从战争的经过看，前九年之役虽名为“九年”，但实则却是一场耗时十二年的苦战。较之借助清原武则之力才勉强平定的前九年之役，虽不知真相究竟如何，但根据源义家在战场上的表现——他让勇猛善战和怯懦畏敌的士兵分别列队以调动他们的士气，即“刚臆之座”的故事，以及源义家随大江匡房学习到的军事知识——观察天上飞翔的大雁，如行列混乱，地上必有伏兵，等等。充满了武士勇猛传说的后三年之役，恐怕更适合加以宣传吧。

可是话虽如此，源赖朝为何没有选择关注源义家，反而更想靠近其上一代的源赖义呢？究其原因，与其说是作为武门之祖，源赖义与源义家有着不同的定位，毋宁说这是源赖义唱主角的前九年之役和源义家挑大梁的后三年之役的意义不同决定的。

从根本上说，其区别在于公战与私战的不同。前九年之役的结果是朝廷作为赏赐，分别任命源赖义、源义家、清原武则担任伊豫守、出羽守和镇守府将军。而后三年之役实际上打了五年，它甚至被称为“义家合战”（《后二条师通记》），朝廷也将其视为私战，并未加以赏赐。所以，源义家只得用自家家财褒赏随从武士，该故事在日本可谓流传甚广。

前九年之役不仅没有诸国提供军队及兵粮援助，而且在“朝议纷纭”的情况下，是源赖义靠着自己的判断才最终得以战斗到底。在取得了安倍贞任、藤原经清等人的首级后，源赖义将其带回京都，这才获得了恩赏。从结果论的视角看，恩赏与否一事明示了战争性质的公私之别。与此相对，在后三年之役中，平定战乱的源义家在获得追讨的太政官公文后，原计划将首级送往京都，却因此战被视为私战，最终未获奖赏。得来不易的首级最终遭到丢弃，源义家也无功而返。白河院不仅未对源义家的胜利论功行赏，甚至还废除了其陆奥守的官职。其后，白河院亦未再赏赐源义家新的官职。此等做法完全可以被视作是按惩罚论处。据说源义家为提高源氏在东国武士阶层间的声望，曾使用私财赏赐武士。若以此为前提来看，源赖朝关注后三年之役也在情理之中，但他最终却还是选择了学习和模仿前九年之役的情况，笔者认为这显然是考虑到了朝廷对公战认定的情况。

加之，后三年之役结束后，诸国仰慕源义家的声望，为他捐赠了大量的庄园和田地。宽治五年（1091）六月，朝廷颁布措施，禁止诸国向源义家捐赠田地。在此基础之上，白河院因惧怕源氏的势力日益壮大，便有意识地采取了培植对立势力的措施。结果该事态致使源义家一门内部分裂，桓武平氏勃兴，甚至接连牵出了源氏嫡系没落等的一连串事态。

如果从上述观点出发，尽管源义家的武勇广泛流传，但实际上清和源氏最兴盛的时期却仍是源赖义那一代。正如前文所述，源赖朝是极为担心家族内部分裂的，这是他从自家的家族史中汲取到的经验。因此，较之被认定为私战的后三年之役，源赖朝理所应当更加尊崇令源氏势力、威望大增的前九年之役。

对“公战”的执着

正如前述源赖朝召见大庭景能出谋划策的片段所示，源赖朝在征讨奥州之际，始终都在忧虑自己是否能够获得征讨的宣旨。换言之，在源赖朝看来，能否获得宣旨是判断征讨性质属公战或私战的唯一标准。

在出兵之际，源赖朝因大庭景能的建言坚定了心志。除无须等待院宣外，大庭景能还表示，藤原泰衡既已继承源氏家臣之位，那么即便没有获得朝廷的许可，源赖朝亦可直接对其施以制裁。或许在那时，源赖朝判断院厅将不会下达院宣，故此决意打一场私战。奥州合战结束后，源赖朝分别于八月二十三日和九月八日向一条能保和吉田（藤原）经房送信，在写给吉田经房的信中，源赖朝表示："按理说在九月三日收到藤原泰衡被杀的消息之后，我便应该即刻将藤原泰衡的首级送往京都。但无奈路途遥远，藤原泰衡系我'世代相传之家臣'，并非尊贵之人，故并未将其首级送往京都。"

然而，与源赖朝的这封书信擦肩而过的，却是院厅于七月十九日下达的同意征讨的院宣，该院宣于九月九日最终抵达源赖朝处。由此，源赖朝有机会再度举起曾经一度放弃的"公战"旗帜。所以，源赖朝于九月十八日再次写信给吉田经房，向其征询是否应当将俘虏送往京都的意见。在回到镰仓后，源赖朝立刻召见了大江广元，让他向吉田经房、一条能保等人遣送消息。十一月三日，一条能保的信使抵达镰仓，在赏赐征讨战功之际，关于俘虏处置及奖赏之事的院宣亦同时抵达。为此，源赖朝大喜。在此期间，源赖朝恐怕一直顾忌着朝廷的动向。

即便朝廷的态度突然有了一个一百八十度的大转变，但其实源赖朝希望的只是尽可能避免让奥州合战重蹈后三年之役的覆辙，以免奥州合战被认定为私战而遭到朝廷的抛弃。其背后隐藏的是源赖朝以前九年之役为范式完善统治体制，意图再次构建源氏全盛期的思想。当再次获得公战的认可后，源赖朝想要的不再只是单纯的奖赏，他的态度变得强硬起来，获取陆奥、出羽两国的统治权成为源赖朝的新目标。十一月，源赖朝派遣大江广元前往京都，谢绝了朝廷颁发的追讨藤原泰衡的奖赏。紧接着十二月，源赖朝又再次谢绝了奖赏，但与此同时，他向朝廷提出了统领陆奥、出羽两国的要求。

其实围绕官方认可奥州合战的问题，后白河院与源赖朝一直在暗中相互角力。本来后白河院在知晓源赖朝与源义经不睦的基础上，还一味宠爱源义经，就并非出自单纯的好恶。后白河院只不过是惧怕源赖朝的势力过于强大，故此才会有意培养与其相对抗的势力。当源义经逃亡至奥州的藤原秀衡处藏匿后，后白河院始终对出兵奥州之事采取消极的态度。对此，即便源赖朝曾分别于文治五年（1189）三月、闰四月及六月，三次遣使请求朝廷出兵，后白河院亦不曾表示允诺。所以，事态最后不得不以源赖朝方面强制出兵，后白河院方面追认许可的形式告终。

后白河院为何会在给予奥州合战公战地位的事情上犹豫不决呢？其实这与后白河院庇护源义经是同样的道理，后白河院想要保住奥州的藤原氏势力，以此来牵制源赖朝。源赖朝一旦征服奥州，整个日本将很有可能会被分为东西两个部分。换言之，源赖朝征服奥州一事将会招致国家的分裂。此外，对于后白河院来说，金、鹫毛、马、布等奥州丰富的特产自然也极具诱惑力。为了将这些资源收入囊中，命令源赖朝征服奥州实在绝非上策。况且，对后白河院而言，院厅与朝廷的得失是要远高于其个人利害的。

除后白河院外，其他贵族似乎毫不关心奥州合战甚或奥州本身。例如，藤原兼实对奥州合战的胜利仅做了“天下大庆”的简单记述，《百炼抄》中也只有赞颂源赖朝不费吹灰之力便大获全胜的“兵谋所致，古今无双”的记载。不过，后白河院对事关朝廷利害得失之事十分敏感，他深刻地意识到对当时的京都朝廷而言，奥州的经济意义极为重要。如果从源氏和后白河院围绕奥州暗自角力的视角看，源赖朝与后白河院之间的对立，几乎是源义家与白河院之间对立关系的一种历史再现。

既然源赖朝能从自家的历史中吸取经验与教训，那么面对后三年之役，后白河院同样持有自己独到的见解。笔者之所以这样认为，是因为有记录称，承安元年（1171）后白河院曾命静贤法印制作了共计四卷的《后三年之役绘卷》，即现存《后三年之役绘卷》的原型。虽然我们已无从知晓后白河院命人制作绘卷的缘由，但可以确信的是，通过分析后三年之役的情况，后白河院收获颇丰。

综上所述，此次的奥州合战究竟遵循了前九年之役的先例，还是重蹈了后三年之役的覆辙，这与后白河院和源赖朝之间激烈交锋的结果有关。尽管源赖朝通过强行出兵一度占据了优势地位，但后白河院至死也没有授予源赖朝征夷大将军的称号，因为该称号能够从名义上证明其所有者在军事上具有统治奥州的合法性。可以说，后白河院通过这种形式彻底贯彻了自己的原则。

第二章

源赖朝的构想

第一节 | 投向西国的视线

源赖朝进京

处理完奥州合战战后事宜的源赖朝，总算于建久元年（1190）十一月七日回到了京都。进入京都这天，源赖朝既未携带弓箭，也未身穿盔甲，就像是在昭告世人自己已平定天下一般，源赖朝大摇大摆地骑马进入了京都，直奔位于六波罗的新府邸。以后白河院为首，京城里的达官贵人汇聚一堂，只为一览源赖朝的风姿。

随后，十一月九日夜，源赖朝先后参见了后白河院和后鸟羽天皇，并被任命为权大纳言。十一月二十四日，源赖朝又被任命为右近卫大将。十二月四日，源赖朝同时辞去权大纳言与右近卫大将之职。据说源赖朝辞任的理由是，这两项官职并未给他带来什么特别的收获，“朝廷警卫责任人”的名头反倒更加使他困扰不堪。另一方面，凭借前右近卫大将的头衔，源赖朝也足以对其手下的武士行使权威了。在此权威的基础上，源赖朝于次年正月开设了政所[1]，与此同时源赖朝将授予武士的文书从御判下文更换为政所下文。

---

1 政所，政务机关。

据藤原兼实的记述称，由于该时期源赖朝对后白河院心存顾忌，所以对待过去曾与自己步调一致的藤原兼实，源赖朝表现得十分疏远。这也透露出该时期藤原兼实在朝廷内部仍处于被孤立状态的情况。源赖朝曾对藤原兼实表示："如今法皇统治天下，天皇就如同皇太子一般。正因为一切皆在法皇的掌控之中，我们才无法依照自己的意愿顺利行事，一旦后白河法皇驾崩，后鸟羽天皇亲政，政治必将回归正轨。"

有了源赖朝这个后盾，藤原兼实在朝中也渐渐巩固了自己的地位，但建久二年（1191）七月，藤原兼实却因为受到后白河院的怀疑，而不得不做陈情和申辩。该事件始于一份在后白河院院中发现的落书[1]。据该落书的记述，由于后白河院未将摄关家领地给予藤原兼实，而是给了藤原基通，藤原兼实的两个家司——藤原光长与藤原赖辅便觉得十分愤怒，他们诅咒后白河院，甚至纠集一众武士企图谋反，更向关东方面通报了后白河院的过失。该事件虽真假难辨，但毋庸置疑这一事件重击了后白河院及其周围势力。

该事件过后没多久，后白河院因患痢疾而郁郁寡欢，终于建久三年（1192）三月十三日在六条殿与世长辞。在此之前，因为害怕受到在保元之乱中去世的崇德上皇和死于西海的安德天皇的怨灵纠缠，后白河院行事皆遵照巫女的指示，为了祈求

1 落书，批评讽刺政治、世态、个人等的匿名文章。

病愈，他甚至向日吉社献上了十纵列阵势的东游歌舞。后白河院驾崩后，以源赖朝势力为后盾的藤原兼实，进一步完善了朝廷的行政体制。另一方面，后白河院的一众近臣在得知后白河院大限将至之后，便开始围绕源通亲（土御门）与后白河院的宠妃丹后局（高阶荣子），权衡利弊、思考站队的问题。与此同时，这些近臣还争先恐后地修建了新的庄园，只可惜有源赖朝撑腰的藤原兼实坚决果断地下令废除了这类庄园，近臣势力遭到打击。

1192年7月，源赖朝将后白河院一直不肯授予他的征夷大将军之位收入囊中。后白河院虽曾授予源义仲征夷大将军的称号，但当源赖朝表示自己也想获得该称号时，却遭到了后白河院的果断拒绝。尽管源赖朝已拥有了梦寐以求的征夷大将军称号，但他还是在建久四年（1193）到建久七年（1196）之间的这段时期，具体而言可能是建久六年（1195）因重建东大寺大佛殿一事进京之时，辞去了征夷大将军一职。源赖朝的这一举动乍一看的确令人难以理解。不过，如果说源赖朝当初想要获得征夷大将军的称号，就是为了借此排除后白河院的干涉，以确保自己在东国以东地区保有独立的统治权，那么此时的源赖朝已经拥有了包括奥州在内的东国统治权，且一直警惕源赖朝会集权统治东国的后白河院也已不在人世。在此时间节点上，源赖朝似乎的确没有必要再执着于征夷大将军的头衔了。

在上一章中，我们提到过，就在设置守护、地头的第二年，源赖朝方面的举措频频展现出一种妥协的姿态。而这种妥协的姿态主要针对西国。源赖朝之所以会对西国做出让步，是因为为了讨伐眼前的敌人——奥州藤原氏，源赖朝不得不优先考虑稳住东国的统治。但是现如今奥州已尽在掌握，后白河院也已辞世，源赖朝的视线便无须再仅限于包括奥州在内的东国，而是可以转去强化曾在妥协中日益缩小的西国统治权。因而在这一时期，征夷大将军的称号所带来的区域限制性反倒成为一种障碍。

强化对西国的统治

在该阶段，随着后白河院这一最大制约因素的瓦解，源赖朝制定的政策展现出了一种新的积极性。

据田中稔先生的研究介绍，1192 年 6 月源赖朝下令给美浓国国中的御家人，要求他们在守护的监督之下履行大番役[1]之职责，对于那些不认为自己是御家人的武士，则须弄清其身份。就这样，美浓国完成了判定御家人的工作。各国守护敦促御家人履行职责的时期各有不同，但大致都始于 1190 年，所以在时期上美浓国并无特别之处，但美浓国之所以受到关注，

1 大番役，镰仓时代御家人的一种执勤义务，主要承担皇宫、将军御所的警卫工作。

是因为美浓国乃是后白河院的知行国[1]。与美浓国不同，丹波、若狭、但马、和泉等西国诸国，都大致要等到1192年以后才会实行御家人的联名报告制。如果综合考虑丹波亦属后白河院知行国的因素，那么上述地区实行御家人的联名报告制的缘由，应该多与后白河院的离世有关。换言之，尽管在后白河院的要求下备后国大田庄曾一度不再设置地头，但是到了1196年，地头又还是被重新设置了。同样也是在1196年，若狭忠季在从未设置过守护的若狭国开始担任守护。此外，萨摩、大隅实行御家人的联名报告制，日向、萨摩、大隅、肥后、肥前、筑后、筑前、丰前、丰后制作大田文[2]等的时期，也都在1196年之后。

总而言之，建久年间[3]是设置和重新设置守护、确定守护职权、完善御家人制度等行政举措得以进一步发展的具有划时代意义的时期，这些举措大体上集中实施于后白河院离世以后的阶段，且它们存在地域性差异。换言之，它们的实施是以西国为中心展开的。

就在后白河院驾崩七年之后，源赖朝亦于正治元年（1199）年初与世长辞。源赖朝最终的构想虽已不为人知，但

1 知行国，为皇族、贵族、寺院、神社等划定的特定的国，其所有人拥有国司任免权且能从该国获取收益。

2 大田文，镰仓时代记录每国田地面积、领属关系等内容的土地登记册。

3 建久年间，即1190年4月11日至1199年4月27日。

是根据列举出的种种政策，我们可以推断，源赖朝在后白河院去世之后的目标，应该是强化其对西国的统治。

基于这一目标，源赖朝与藤原兼实渐行渐远的原因自然也就不言而喻了。换言之，源赖朝并不在意朝廷内部的势力如何分布，他在意的只是哪一股势力与后白河院呈对峙之势。源赖朝之所以选择与藤原兼实合作，只不过是因为藤原兼实是唯一一位能在朝廷内部与后白河院对抗之人。因此，在后白河院死后，藤原兼实的利用价值便随之减少了。日后，源赖朝愈发冷淡地对待藤原兼实更是不足为怪。

况且，在强化西国统治的问题上，源赖朝在与藤原兼实的历次合作中始终扮演着引领者的角色，在源赖朝崭新的构想中，不只是旧后白河院的近臣势力，就连藤原兼实也成了一种障碍。也就是说，较之只关注私利的近臣势力，认真守护朝廷利益的藤原兼实实则更加碍事。这恐怕是藤原兼实被源赖朝疏远的真正原因。

建久七年政变

建久七年（1196）冬，朝廷内部爆发了一场政变。在这场政变中，藤原兼实被押入九条殿，藤原基通梅开二度成为关白与氏长者，藤原兼实的女儿中宫任子（宜秋门院）则被赶出了皇宫。据藤原兼实之弟慈圆留下的文字记载称，这一

慈圆 藤原兼实之弟，在兄长失势后，辞去天台座主之职，著有《愚管抄》，也是有名的和歌歌人（出自《新三十六歌仙图帖》，东京国立博物馆藏）

事件起源于源赖朝欲将自己的女儿送入宫中，于是接近源通亲一事。源通亲、梶井宫承仁法亲王及丹后局等人借此机会在源赖朝和后鸟羽天皇面前坚持不同的主张，合谋拉藤原兼实下马。受此事影响，慈圆也辞去了天台座主[1]之职。在这桩被称作“建久七年政变”的事件中，有传言称藤原兼实周围之人皆遭源赖朝迫害。但实际上源赖朝对此并未采取积极的行动。这只不过是因为藤原兼实与源赖朝一度疏远，藤原兼实的地位开始变得并不牢固，在这样的情况下，藤原兼实才让自己的政敌源通亲钻了空子。

一般认为正如慈圆所述，源赖朝欲将长女大姬送进后鸟羽天皇的后宫一事，致使源赖朝与藤原兼实相互疏远。1195 年，为了供养东大寺的大佛，源赖朝偕夫人北条政子与长女大姬奔赴京都。此时，源赖朝最希望的便是将大姬送入后鸟羽天皇的后宫。为此，源赖朝拜见了丹后局，并向其送上了礼物，还提议说要恢复其庄园，源赖朝恳请丹后局给予帮助。大姬入宫一

1 天台座主，比叡山延历寺的最高僧职，统辖整个天台宗宗门。

事使得源赖朝与源通亲构筑起了新的合作关系，但是另一方面，这致使源赖朝与已把女儿任子送入宫的藤原兼实产生了竞争，因而两者之间的关系愈加冷淡。

大姬入宫之事在 1191 年便已传得沸沸扬扬，藤原兼实自己亦有所耳闻源赖朝的女儿将会于同年 10 月入宫，虽说在该时期这一传言已得到证实，但仅凭此，两人之间的关系还不至于极速地恶化。此外，也有人推测说，源赖朝企图通过送大姬入宫来拥立大姬生下的皇子为关东之主。若果真如此，那么源赖朝行事的出发点将与那些作为天皇外戚的贵族入宫掌权的目的相悖，所以只要藤原兼实不加以妨碍，源赖朝方面并没有理由有意排挤他。事实上，后来当后鸟羽天皇让位给土御门天皇时还发生了一些问题，《玉叶》的记载显示，即便在那时源赖朝与藤原兼实之间也仍然保持着沟通、联络。因此，促成这场政变爆发的真正原因，是否如前所述，即在后白河院离世后，源赖朝开始依照自己构想的路线行事，他既不过多关注朝廷的意见，亦不再关心朝廷内部势力的分布。

然而不幸的是，大姬还未进宫，便在建久八年（1197）去世了。同年，一条能保过世。第二年，一条能保之子一条高能亡故。至此，源赖朝在朝廷内部的代言人基本上已不存在了。这意味着接下来的朝中形势将难以传至源赖朝耳中。而此时，源通亲盘算着让自己的养女所生之子一宫（后来的土御门天皇）继承天皇之位，尽管源赖朝并不认同幼小的天皇，但是鉴于后鸟羽天皇送来了言辞恳切的纶旨，使者大江公朝也赶赴镰仓特意说明情况，源赖朝最终还是不情不愿地承认了土御门天皇即位一事。不论实情究竟如何，至少在形式上，此事在事前并未决定将由哪位皇子继承大统，一宫是在获得源赖朝的认可后，最终通过抽签和占卜的方式才被选为皇统继承人的。这意味着出于势力的变化，在皇位继承问题上，幕府方面的意见已变得不容忽视。另一方面，源赖朝方面也未在事前有所察知，或许源赖朝会因为自己没有坚决表示反对而后悔吧。在这一问题上，比起由谁来继承皇位，源赖朝显然更担心院政这种双重权力卷土重来。

统治全国的构想

在这一时期，无论源赖朝有着怎样的构想，这些构想都在尚未付诸实现的情况下，随着源赖朝的去世石沉大海了。不过，只要关注建久年间的政治历程，我们还是能够看到，为了确立东国以东地区的统治权，源赖朝过去曾一度推后了建立全国性政权的计划，而在这一时期源赖朝似乎又重启了该计划。往大处说，建立全国性政权就是要在地域上统一东国与西国；而从社会层面看，建立全国性政权就是要确立武士阶层的统治地位。而建立全国性政权将会遇到的一个障碍，毋庸置疑便是贵族、寺社势力等以朝廷为中心的旧统治阶级的负隅顽抗。尽管后白河院死后，这些旧势力失去了最大的靠山，但若是院政复活，那么新的障碍也必将接踵而至。出于对此种形势的担忧，源赖朝于1198年再次赶赴京都，为使朝廷修改政治路线，竭力奔走。

可若是从建立全国性政权的观点出发，较之对付京都朝廷，对源赖朝而言，如何克服其立足点——东国武士集团自身的制约性，恐怕才是更为棘手的问题。而东国武士集团的制约性，具体体现在以下两个方面：

其一，即《愚管抄》中记载的上总介广常所流露出的东国割据主义："朝廷中尽是不堪之事，若是坂东亦如此，那么将由谁来统领大局？"

其二，源赖朝以自己被任命为征夷大将军之事和自己开设将军家政所之事为契机，计划收回过去在发放领地时下发的御判下文和奉书，并将其更换为政所下文。千叶常胤却对此表示抗议，他认为未经源赖朝盖上花押的政所下文难以成为后代证明的凭据。正如此事所示，东国武士集团的制约性亦表现在他们对源赖朝的忠诚上。

对于前者，如前文所述，主张东国割据主义的上总介广常遭到了梶原景时的诛杀。该事件也象征性地透露出源赖朝坚决否定割据主义的态度。虽然该思想在此之后仍根深蒂固，但至少源赖朝这一代在原则上否定过割据主义。而关于后者，正如下一节内容将会介绍的，源赖朝所建立的御家人制，实则已经能显示出一种将忠心转换为抽象原理的趋势。

但是，若是想要政策向东国的御家人并不期望的两个方向推进，那么权力势必得由东国御家人的联合政权进一步集中至幕府将军的手中。在这一点上，梶原景时可谓核心人物，他愿意支持源赖朝的政策并一直致力于推动其政策向前发展。

亲信，梶原景时

在这里我们有必要重新探讨一下梶原景时这位源赖朝身边的实力派人物。尽管他频繁在军记物语和日记文学中登场，但他却从未受到过重视，那么梶原景时在源赖朝的政权中究竟发挥着怎样的作用呢？

三浦氏－大庭氏是扎根坂东的桓武平氏的一个分支，梶原氏承继的正是其谱系。梶原氏是在后三年之役中留下英名的镰仓权五郎景政（景正）的后代，其姓氏中的“镰仓”应该是指今镰仓市梶原一带。梶原景时留给众人的普遍印象是，他是一位向源赖朝进谗言从而导致源义经惨死的阴谋家。人们对梶原景时之所以有如此恶劣的评价，多半是因为他们受到了军记物语中记载的围绕梶原景时与源义经爆发的“逆橹[1]”之争的影响。据《源平盛衰记》记载，元历二年即文治元年

1 逆橹，为便于船向后划行，把橹安装在船的前部。

（1185）年初，为了攻打盘踞屋岛的平氏军，源义经曾召开会议商讨军事部署。在会议上，梶原景时提议在船头安装逆橹，这样就可以使船自由进退。源义经断然拒绝了这项提议。他认为事先便准备好逃亡的军队岂能打出胜仗。梶原景时则反唇相讥道："只有鲁莽的猪头武士才只会攻打敌军，不懂首尾相顾。"对此，源义经也不甘示弱，他表示如果不想死，那最好从一开始就不要上战场，如若梶原景时是大将军，那梶原景时要设置千百个逆橹，自己也都绝无二言，但自己的船绝不安装逆橹。综上所述，源义经令梶原景时在众人面前十分难堪。因此，梶原景时十分痛恨源义经，他甚至向源赖朝进言称，平家灭亡之后源义经将成为最大的威胁。这也使得源赖朝开始对源义经怀有戒心。

《吾妻镜》中也有记载称，梶原景时曾向源赖朝派遣信使，汇报西海合战的情况，并借此机会向源赖朝控诉源义经专横，及表达想要早日返回镰仓的愿望。由此可见，源义经与梶原景时之间的确存在争执，但与其说这是因为二人性格不合，毋宁说这是由于两人所处立场不同所致。梶原景时方面希望以源赖朝为中心，强化将军权力。而源义经方面则因为自己与源赖朝的兄弟关系而更为强调自己的相对独立性。

接下来，我们将进一步推断，在强化将军权力的道路上，梶原景时是否发挥过关键的作用。在《吾妻镜》中，梶原景时作为源赖朝的亲信所发挥的作用，具体可以分成以下几类：①收集情报、传达情报、担当使节、与人交涉，②担任源赖朝的随身警卫、随从，③担当军奉行[1]、军目付[2]、诸国守护，④履行警察、检察之职，⑤担当带有家司职责的杂事奉行，⑥除此以外的其他。由此可见，梶原景时的任务多种多样，他几乎参加了幕府各种主要活动的策划。除此之外，梶原景时还是一个“巧言善辩”之人。他不仅擅长辩论，而且极具吟咏和歌方面的天赋。正因如此，梶原景时颇得源赖朝的宠信，他亦忠心耿耿地跟随了源赖朝一生。综上所示，梶原景时可谓源赖朝的第一亲信。

虽然在正统的史料中，梶原景时在幕府的地位一直处于北条氏、三浦氏及千叶氏等实力派豪族之下，但实际上其地位仍是相当高的。

关于梶原景时追随源赖朝的契机，无论是《吾妻镜》还是军记物语，二者皆有大致相同的描述。据说源赖朝在石桥山之战中败北，当他逃进椙山时，平家一方大庭景亲麾下的梶原景时便故意将他放走了。这段故事在军记物语中甚是有名：源赖朝藏身于一棵大树的树洞中，梶原景时看见了源赖朝，却佯装不见，仍放他逃走了。不过，《吾妻镜》却记载

1 军奉行，镰仓和室町时代于战争发生时临时设置的掌管一切军事指挥权的官职，类似于现代的总参谋长。

2 军目付，相当于军阵监督员，负责监督全军将士的行动，纠察违章违纪，同时也会记功。

称，治承五年即养和元年（1181）正月十一日，梶原景时正式归顺源赖朝，前一年的年末，土肥实平带着梶原景时初次拜见了源赖朝，梶原景时虽不擅文笔，但却尤擅辩论，因此深得源赖朝的喜爱。除此之外，《吾妻镜》几乎并未提及上述救命之事，在这一点上其内容稍显矛盾，令人存疑。另一方面，在《愚管抄》中，有“治承四年，（赖朝）举兵，梶原平三景时、土肥次郎实平、伊豆之岳丈北条四郎时政，皆欲征服东国”的记载，由此可见在源赖朝举旗之初，梶原景时便已参与到源赖朝的军事策划中。较之《吾妻镜》，笔者认为《愚管抄》的记载倒是更为可信。

《沙石集》虽然承袭了前人的史料，但却仍向外界表明了梶原景时的地位。据说《沙石集》的作者无住乃是梶原景时的子孙，想必正因如此，《沙石集》才会围绕梶原一族记载了若干事情。梶原景时遭到斩杀后，为了追悼梶原景时，其妻在荣西的劝解下建造了一座塔。从中我们了解到，梶原景时之妻拥有领地，能够建造寺塔。因而，我们间接推测出梶原景时在当时应该拥有庞大的实力。与此同时，令人瞩目的是，荣西说：“故大将军指挥千军万马，虽说人必然一死，但此乃景时计谋也。”随后梶原景时之妻答道：“我侍奉梶原大人亦该同罪。”从这两人的言谈之中，我们能够窥见在当时的镰仓幕府政治中，梶原景时应该手握相当大的权力。

无须赘言亦可知，梶原景时个人并不拥有这样的权力，这样的权力皆源自其作为源赖朝的亲信所拥有的地位。不过，难道不正是梶原景时在大力强化此权力的根源——将军权力吗？

超越东国武士的思想

大量事例表明，梶原景时曾多次主动救助与帮扶战争中的俘虏。其中最典型的便是《诹访大明神绘词》中关于诹访下宫神官金刺盛澄的故事。金刺盛澄与源义仲的交情极为深厚，源义仲死后，金刺盛澄被源赖朝定为死罪，并由梶原景时负责看守。梶原景时向源赖朝建议说："金刺盛澄乃骑马射箭的名家，若不留用而直接将其处死，实在可惜。"但源赖朝并未听取其建议。于是梶原景时再次进言，建议源赖朝召见金刺盛澄，先观其技艺，再杀其不迟。源赖朝这才改变了主意。于是源赖朝悄悄准备了一匹桀骜不驯、极其顽劣的马，当金刺盛澄前来觐见时，源赖朝命令金刺盛澄骑上这匹马表演射靶，尽管如此金刺盛澄仍完美地射中了全部八个靶子。此后，源赖朝又命令金刺盛澄再去射击从靶上掉下的已被射碎的残片，金刺盛澄仍箭无虚发。紧接着源赖朝再出一难题，他让金刺盛澄射穿刚竖起的扦子，金刺盛澄表示拒绝，但经梶原景时从中斡旋，金刺盛澄再次登场，最终他成功射穿了所有的扦子。亲眼见到如此神技后，源赖朝赦免了金刺盛澄。此外，梶原景时还向源赖朝申请，饶恕其余六十余名源义仲的同党，后来这六十余人也全部获得了赦免，最终他们得以与金刺盛澄一起返乡。

在梶原景时遭到追讨时，作为其同党被捕的胜木（香月）则宗原本也是平家一方的武士。胜木则宗生于筑前鞍手郡，是曾经活跃在平家一方的山鹿秀远的亲戚，传言称他曾与源范赖一同远征西海，随后为梶原景时所降，于是便跟从梶原景时来到镰仓。

除了金刺盛澄、胜木则宗之外，《武藤系图》中记载的武藤资赖在奥州合战中被准许从军；《吾妻镜》中记载的源义仲的家臣皆河权六太郎被赦免；《古今著闻集》中记载的都筑平太经家和渡边源次番的故事，都让我们了解到梶原景时不仅会看守俘虏，还会尽力救助和征用俘虏。

在这些俘虏中，城长茂与本吉高衡二人非常值得关注。

越后的城长茂是一员猛将，平氏与藤原秀衡曾一同拉拢城长茂并希望他能从背后给源赖朝一记重击。不过作为平家麾下的一员，平家败于源义仲之后，城长茂就遭到了源赖朝的囚禁，梶原景时负责看守城长茂。在源赖朝准备发起奥州合战之际，梶原景时向源赖朝提议，允许城长茂从军。在该提议获得源赖朝许可后，城长茂便高举自家军旗冲锋陷阵，据说在奥州附近的新渡户驿站，其随从已达二百余人。不知是不是城长茂想要报答梶原景时的恩情，在梶原景时死去近一年后的建仁元年（1201）正月，城长茂率兵包围了小山朝政位于京都的住所，并闯入仙洞御所[1]要求降宣旨追讨镰仓幕府，但却并未得到敕许，于是城长茂逃之夭夭，行踪不明。由于该事件与梶原景时的事件属于同种性质，故而城长茂的行为似乎继承了梶原景时的遗志。城长茂与其党羽被捕后皆遭诛杀，该事件的影响逐渐波及越后，受其影响城资盛发动叛乱，直到五月上旬遭到镇压之前，城资盛方面的势头一直十分强劲。

在这次的事件中，本吉高衡是与城长茂共进退之人。本吉高衡是藤原秀衡的四子，他在奥州合战中被俘，后被发配至相模国。而本吉高衡与梶原景时应该也是从此时起彼此产生了联系。虽说城长茂与本吉高衡在很早以前便很有可能凭借着城氏与奥州藤原氏的关系彼此相熟，但这两人之所以能在此次事件中共同行动，普遍认为其中少不了梶原景时的运作。

梶原景时因其军奉行、军目付等工作，负责看守过诸多俘虏。不过，梶原景时之所以能这样做，应该也与其超越本职工作的主观意愿有关。我们从前文列举出的俘虏名单可知，原本从属于平家一方的武士，大都来自信浓、越后、摄津，或是奥州、九州等地。可以说，他们的籍贯、出身与之前源赖朝军的核心——东国在地武士阶层大为不同。源赖朝借助梶原景时，通过向这些俘虏提供帮助并将其再编为一股军事力量，使其成为源赖朝的直属部队，这样的直属部队与东国武士的性质不

1 仙洞御所，退位的天皇（上皇、法皇）的御所。

同。如果说源赖朝想要建立的是与东国的实力派御家人无关的将军权力，那么掌控此股军事力量，即是源赖朝有能力构建上述将军权力的一个要素。

除此之外，在有关梶原景时的若干传闻中，有的传闻已单纯超越了传闻的性质。例如，前文中已提到的，《愚管抄》中关于上总介广常因做出轻视朝廷的发言而遭到源赖朝诛杀的记述。据说梶原景时在与上总介广常玩双六[1]时，不露声色地越过棋盘杀死了上总介广常，并斩下其首级，将其首级带至源赖朝跟前。尽管我们只能从《愚管抄》获悉上总介广常遭到斩杀的具体情节，但我们不禁想问，源赖朝为什么会将梶原景时选作执行斩杀之人呢？上总介广常是东国的实力派豪族，他曾帮助源赖朝夺取天下，且历史上有不少逸闻都表明上总介广常极具叛逆精神。因此，斩杀这般的上总介广常，其执行者必然得对斩杀行动本身无异议，并能理解源赖朝在这一点上的想法，且能脱离以往东国武士的思想体系。梶原景时只身一人便能轻而易举地完成这项任务，正表明他满足了以上条件。

除此事外，在下一节将会提到的御家人的认定问题上，西国当地武士在加入源赖朝的远征军时，需要凭借梶原景时下达的奉书在日后证明其御家人的身份。由此可知，在西国武士逐渐组织化之际，梶原景时所做的奉行工作，有助于幕府权力在

---

1 双六，一种游戏，在盘上各置十五枚棋子，一方为白，一方为黑，两人通过从筒里摇出的两枚骰子的点数来行棋，全部棋子先进入敌阵一方为胜。

全国范围内生根。

跨越以东国武士集团为基础的出发点，驱散朝廷方面的反抗之声，最终建立起全国性的幕府权力机构，这一切的一切仅凭源赖朝的一己之力难以达成，可就在源赖朝重用梶原景时并开始探索建立全国性政权的路途中，源赖朝却离世了。诚如下一章内容所言，源赖家虽然看似为实现将军集权，承袭了源赖朝的路线，但却因失败告终，至此之后的幕府反而朝着确立东国统治权的方向发展。而且由于该时期决定政治走向的北条政子及北条氏以下的实力派御家人等，皆对东国有着根深蒂固的执念，所以等到幕府再次提出该课题，已是承久之乱、蒙古袭来等事件发生之后了。

第二节 | 御家人制度的确立

从家人到御家人

在源赖朝起义之后，为了尽早统领全国武士，源赖朝摸索着建立了御家人制度。

那么“御家人制度”究竟是什么呢？在御家人制度下，那些直接与镰仓幕府的将军缔结主从关系的武士被称为“御家人”，将军承认（安堵）御家人持有其原有领地（本领），并会赐予其新领地（新恩），但与此同时，御家人需要履行义务，即战争时期必须从军参战，服兵役，或担当将军身边的警卫，或驻守镰仓、京都，并且他们还必须在幕府担任一些日常性职务，为幕府供给钱、粮等财政所需的物资。

在源赖朝确立御家人制度前，人们将效力于贵族或武士的侍从称为“家人”，自平安时代起，“家人”这一称呼便已被广泛使用。通常来说，在身份上“家人”的从属性较强，一旦主人遇事，“家人”便会是与主人同呼吸共命运、不离不弃的存在。

可以说，“主人－家人”之间存在一种家人只忠于一位主人的从属关系，这种从属关系需要依附人际交往。所以在这种关系中，即便家人不能经常侍奉主人左右，他们也仍然需要与主人维持一种相互见面、彼此熟识的社会关系。主人与家人之间通常会举办一种名为“见参”的会面，以及一种需要捧呈“名簿”的仪式。通过这些形式，家人臣属主人的关系得以显现出来。

在武士社会，侍从与主人所结成的关系，除“家人”外，还有另一种名为“家礼”的类型。这两种类型已通过佐藤进一先生的研究得以定型。简单来说，“家礼”对主人的从属程度较低，与此同时也相对较有独立性，例如“家礼”就不需要为主人殉葬。笔者认为，我们将此类侍从视作“门客”应该更为恰当。

据《吾妻镜》的记载，治承四年（1180）十月，机缘巧合之下平知盛身处京都的手下加贺美长清兄弟，为了加入源赖朝一方的势力，以母亲病重为由，向平知盛提出了请假申请却遭到拒绝。不过，就在此时，他们恰好有机会见到平家的侍臣高桥盛纲。加贺美长清向高桥盛纲就请假一事发出感慨。高桥盛纲听罢一脸羞愧，他立即写信给平知盛说，你将源氏之人当作“家礼”差遣已然令人十分顾虑，更别说你还阻拦其回国，想将他们当作“家人”使唤。故此加贺美长清得以回国。这件事充分展现了“家礼”与“家人”的差异。纵使身处同一武士社会，但在独立性这一问题上，家礼与家人还是有很大区别的。

《吾妻镜》养和元年（1181）六月十九日条，记载了下述之事，该事件在讨论独立性问题上极具启发性。某日，为了纳凉，源赖朝去了三浦半岛。在那里，他受到了三浦义澄及其族人的热情款待。上总介广常也在佐贺冈海滨参加了集会。尽管上总介广常的五十余名随从全部在海滩上下马行了跪拜礼，但上总介广常本人却还是只在马上敬了一个礼。于是，佐原（三浦）义连命令上总介广常下马，上总介广常却回答道：“于公于私，我三代皆无此种礼仪。”此事被众人解读为：上总介广常傲岸不羁，根本没把主人放在眼里，也正因如此，寿永二年（1183）十二月诛杀上总介广常一事才显得更具正当性。不过，上总介广常在此表现出的态度并非单纯的傲慢，我们也可以理解为，这是上总介广常不接受其家人身份，无论如何也想要成为家礼的一种意愿的表达。毕竟作为源赖朝的家人，行下马之礼是应尽的义务。另一方面，在源赖朝看来，若是让上总介广常这样的实力派豪族，在自己的根据地东国内获得相对独立的身份，那么在全国范围内推行御家人制度之时，自己岂不是会遭遇巨大的阻碍。所以，即便从这一点看，源赖朝也必须要除掉上总介广常。所以，继 1180 年佐竹秀义败北、1183 年志田义广灭亡之后，上总介广常亦遭到诛杀，凭此东国武士悉数成为源赖朝的家人，源赖朝在东国成功建立了集权统治。

就“御家人”一词的由来而言，在原本是一般名词的“家人”之前，加上一个对其主人表示敬意的“御”字，便形成了现在的“御家人”一词。所以在镰仓幕府的“御家人”这一称呼逐渐普遍化之后，那些无须向镰仓将军表达敬意之人，如南朝重臣北畠亲房等人，便在其著作《神皇正统记》中，就镰仓幕府的实力派武将足利氏简单地写道：“高氏（足利尊氏）等……只位列家人。”也就是说，待到那时已无须再刻意区分是否为镰仓将军的家人。此外，在镰仓幕府成立之前，正如《高野山文书》记载平氏的侍从“召集近国的御家人”那般，为了表达对该家人之主的敬意，有人也会特意将此家人称为“御家人”。

不过，对于处在镰仓幕府统治下的武士而言，“御家人”

这一称呼已由最初的敬称发展成一种指代特殊身份的代称，这种特殊身份不仅与贵族、僧侣、庶民等阶级不同，而且即便是在武士群体中，其身份也不同于那些被称为“非御家人”的武士。

政治构想

镰仓幕府成立之后的“御家人”，其概念、性质与镰仓幕府成立之前的“家人”有很大的不同。如上所述，在“家人”与主君之间存在着一种需要依附人际交往的从属关系，即便“家人”无法经常在主君身旁侍奉，但至少他们也能与主君保持一种相互熟识的关系。而对于“御家人”而言，尽管源赖朝过去也同东国武士一度维持着这种关系，但是当西国武士也被纳入该体系后，这种以面对面社交为基础的社会关系，便愈发淡薄，甚至消失殆尽，主从关系也开始从一种单纯的人际关系转变成一种抽象化的框架概念。此后，不同于古代国家的组织框架概念，家臣的组织框架概念出现了。而源赖朝所创出的这种新的社会组织架构，正是御家人制度。

那么，御家人制度究竟是何时出现的呢？自从《吾妻镜》治承四年（1180）六月二十四日的条项中第一次出现了“御家人”一词后，该词便成了高频词。不过，《吾妻镜》是后世之人编纂的书籍，所以它无法成为我们追溯语源的根据。“御家人”一词初期出现在文中时，其前后表述大致如下：“颁御书召见累代[1]御家人”（治承四年六月二十四日条），“（大庭）景亲乃源家谱代[2]御家人”（治承四年九月三日条）等。正如这些句段所言，一直以来人们都是在谈论与源氏相关的武士时，才会比较常用“御家人”一词。用“家人”一词称呼谱代、累代的御家人符合历史实情。但如果连那些原本便与御家人没有渊源，亦和源赖朝素不相识的武士，也成了“家人”，那么“御家人”的概念实则应该发生了变化。

为了研究该问题，笔者在现存文献中查阅“御家人”一词的始源，结果发现是源赖朝送往“诸国御家人及各关隘、码头、港口负责人处”的袖判下文（《伊豆山文书》），首次提及了“御家人”一词。不过，这一文书的真伪目前尚且存疑，事实上与源赖朝相关的文书本就少有真品，所以其真伪也确有难以认证之处。不过，如果我们暂且搁置对《伊豆山文书》的质疑，那么最早出现“御家人”一词的文段，即是寿永二年（1183）十月十一日幕府承认一位名叫平保行的人具有领地所有权时写入下文[3]的“伊贺国御家人等”。此后，在寿永三年即元历元年（1184）三月一日，即大约是在治承寿永之乱（源平合战）中东国方面开始正式向西国方面扩张之时，源赖朝下达

1 累代，即世代。
2 谱代，即世袭。
3 下文，上级官员下达给下级官员的公文。

给镇西九国[1]居民等的袖判下文中亦写有“尽早成为镰仓将军之御家人，获得领地所有权，各自率领（国内官兵等），讨伐平家贼徒”（《吾妻镜》同日条）。而此处之所以会使用“御家人”一词，应该是因为如前所述般，该时期的东国武士已基本拥有了“家人”的身份。

笔者整理了记有“御家人”一词的相关文书，并依据其所属年代及关联者的居住国信息制成了右页的表格。这些文书的收件人全是西国之人。在该时期，1184 年年初源义仲势力被剿灭。此后，平氏逐渐收复了一之谷范围内的失地，为了讨伐平氏，源赖朝方面军一面稳固畿内周边地区的情况，一面为了第二年二月、三月分别展开的屋岛之战、坛浦之战，努力集结西国兵力。所以，西国武士在该时期会收到如此之多的文书，倒也在情理之中。不过，“御家人”一词只在该时期被频繁使用，似乎也意味着，那些身处远方且无法与源赖朝本人依靠人际交往维持主从关系的武士，在该时期同样亦可收归源赖朝麾下。换言之，源赖朝最初的政治构想成立了。

那么，源赖朝为什么会心生这样的政治构想呢？从当时的局势看，其最主要的原因还是为了便于调遣追讨平氏的军事力量。

1183 年 10 月 14 日，朝廷授予源赖朝东海道和东山道的

1 镇西九国，指九州地区的筑前国、筑后国、肥前国、肥后国、丰前国、丰后国、日向国、萨摩国、大隅国。

记有“御家人”一词的相关文书

1183 年（寿永二年）	10 月 11 日	伊贺国
1184 年（元历元年）	3 月 1 日	镇西九国
		土佐国
	5 月	石见国
	7 月 29 日	土佐国
	8 月 29 日	纪伊国
	9 月 19 日	赞岐国
1185 年（元历二年）	2 月	丰前国
	3 月 13 日	河内国
	3 月 13 日	西海、山阳道诸国
（文治元年）	12 月 6 日	肥前国

军事、行政权，这即是所谓的寿永二年十月宣旨。凭借该宣旨，朝廷实质上已承认源赖朝拥有了统治东国的权力。然而，尽管战争行为本身已依据其后于 1184 年 1 月 26 日收到的讨伐平氏的宣旨而获得合法化，但支援战事所需的调遣军粮、筹措军费的行为却并未获得朝廷的认可。不仅如此，同年 2 月下达的宣旨开始禁止源赖朝从诸国的公田、庄园调遣军粮。取而代之的是，朝廷又于 1185 年 3 月赐予了源赖朝五百余处没收的平氏领地。基于这一系列的措施，再结合前一年的宣旨综合分析可知，朝廷表面上是在命令源赖朝追讨平氏，实则却只是想利用源赖朝麾下的武士，以及源赖朝领地中筹集到的军费来达成朝廷的目的。

如此一来，源赖朝若想动员西国武士，便只能与西国武士缔结私人间的主从关系。换言之，即源赖朝需要通过御家人制度来团结西国武士。由此，源赖朝动员家人参战的情况便会转变成一种武士自愿参加追讨且自愿负担军费的情况。例如，正中元年（1324）十二月二十一日的《广峰神社文书》就记载称："西国之辈，虽未携带本御下文，但以景时奉书，便可为御家人之证明，为常例。"因此，即便并不与源赖朝相熟，但只要能主动向梶原景时等源赖朝方面的外派指挥官请愿，武士便可获得"御家人"的资格。综上所述，通过把直接的人际关系转变成抽象的忠诚概念，御家人制度一跃成为一种能统一全国武士阶层的政治架构。

御家人彼此之间的平等性

关于御家人的政治构想，除了将互不相识的武士组织在一起之外，源赖朝还有另一个构想，即御家人彼此之间要具有平等性。接下来，笔者将介绍一段在奥州合战时期发生的与此相关的逸闻。

文治五年（1189）七月，源赖朝抵达了位于奥州合战必经之路上的下野国古多桥驿站。在下野国宇都宫，源赖朝向神献上了供品并许下心愿，随后回到了住所。此时，一位身着藏青色直垂[1]的人前来拜见源赖朝。正巧站在一旁的小山政光便问源赖朝："此乃何人？"源赖朝答曰："此乃本朝天下无双的勇士熊谷小次郎直家。"小山政光之子结城朝光听罢，继续问道："此人凭何天下无双？"源赖朝答曰："因为在一之谷及其之后的战役中，其与其父熊谷直实几度出生入死。"小山政光闻及此言后大笑："为君舍命本就是勇士之志，您怎能眼中只有熊谷直家呢？"像熊谷直家这样的人，因为没有家臣可供差遣，所以必须得依靠自己立功才能扬名立万，但是像小山政光这样拥有众多家臣的武士，却只需派遣家臣出战便可效忠于主人。不过，在此之后小山政光便命令其子小山朝政、长沼宗政、结城朝光，以及其养子宇都宫赖纲等人：以后必须亲自上战场作战，只有这样才可从宇都宫赖朝处获得无双的勇士称号。据传源赖朝听闻此事十分高兴。

然而，我们真的应该只依据字面意思来理解该故事吗？换言之，笔者认为对于那些在东国武士社会生活了若干年的人而言，上述传闻所想表述的道理在他们看来皆属常识，他们不应该非得等到源赖朝推翻平氏之后，即在那一较晚的时间点上方才幡然醒悟。

《平家物语》中亦有源义经手下的河原太郎、河原次郎兄弟在生田之森合战中打头阵，却因没有得到后援而惨死的故

1 直垂，武家社会常见的男性装束。

事。兄长河原太郎曾向河原次郎感慨："即便大名不亲自动手，亦可通过家臣立功而赢得声誉，但我等如若不亲自动手，则难以扬名天下。"该故事与上述小山政光的故事有共通之处，两者皆将该时期的某种常识表露了出来。

那么，这些故事的重点究竟在哪里呢？笔者认为在小山氏这样的大领主面前夸赞身为御家人的小领主时，源赖朝不可能不明白二者之间的差距。毕竟在现实情境中，大御家人与中小御家人之间的区别大到根本无须经由小山政光指出。但源赖朝却故意无视这样的差距，他将大御家人与中小御家人全部统一至"御家人"这一共通的范畴，并在此基础上描绘出一个御家人的命运共同体——源赖朝政权，这是一个观念上的虚构共同体。随后凭此构想，源赖朝先是集结了一批以东国为主的武士，随后又纠集了一众西国的武士，并使他们参与打倒平家的战争。从此种意义上说，御家人本身也不过是一种构想。因此，当小山政光向儿子们表明，以后必须亲自作战，只有这样才能从源赖朝处获得无双的勇士称号时，小山政光便已中了源赖朝的圈套，使自己与熊谷直家等人处在了相同的境地中。

笠松宏至先生在其《中世的"朋辈"》一文中指出，以镰仓将军和御家人之间主从上下一对一的人际关系为起点，源赖朝设立了御家人制度，在此御家人制度之下，御家人彼此之间存在着一种脱离现实的"御家人皆朋辈"的观念，因此，御家人制度的成立有一根本条件，即御家人彼此之间某种意义上存在平等、对等的关系。

那么，这一观念是如何深入人们的意识之中的呢？熊谷直实的故事恰好能说明这一点。文治三年（1187）八月，正值鹤冈放生会之际，源赖朝举办了一场骑射比武大会，熊谷直实接到命令，要求他负责立靶子。这让熊谷直实非常愤慨，他认为既然御家人皆朋辈，那么射手骑马而立靶人步行的安排，岂不是从一开始就决定了优劣。因此，熊谷直实表示自己恕难从命。对此，源赖朝再三解释说，这样的安排完全是基于个人才能来分配的，与孰优孰劣完全无关，若是非要探究个中缘由，立靶子的任务反倒是更为重要。但是，熊谷直实仍不听劝解。最终，他被源赖朝处罚没收了领地。由此可见，在熊谷直实心中，御家人平等的观念是根深蒂固的。

可以说，就社会层面而言，“除镰仓将军一人之外，御家人众人皆平等、对等”的思想观念体现了镰仓幕府成立的最大意义。如果说镰仓幕府的成立仅仅意味着统治阶层由贵族向武士发生了转变，那么从社会层面上看，其改革的意义几乎微乎其微。不过，事实并非如此。实际上镰仓幕府的成立还表明，具有政治话语权的阶层已有了社会性扩张。

以镰仓将军为支点，大小御家人能够团结在一起，作为一个有凝聚力的群体来维护自己的利益，这就使得以往被单方面统治的武士阶层也拥有了政治上的话语权，他们可以根据情况影响整个国家的政策走向，这就是镰仓幕府成立后带来的最大变化。把武士归为被统治者一方或许会令一些读者感到不可思议，但是如果排除像平氏一门那样已经贵族化的武士，古代国家武士的地位只能算是“在国服从目代（地方官），在庄园效力于预所[1]，被公事杂役缠身”（延庆本《平家物语》）的程度罢了。就社会整体而言，武士阶层登上政治舞台也使得社会阶层的差异进一步缩小了。由此可见，与上一个时代相比，镰仓幕府的成立基本上可以说是一次革命。

率先勾勒出“武士参政形态”并不断推动其向前发展之人，毋庸置疑是镰仓幕府的创设者——源赖朝。幕府是从贵族政治的机构中独立出来的运营机构，源赖朝通过掌控幕府并将其大本营设在镰仓，而使得武士参政的形态付诸实现。如果源赖朝将政权移至京都，自己则在原有的贵族政治机构中任职，那么其政权将与平氏政权并无太多差异。正因为源赖朝将政权设立在了东国这片新天地之中，且东国距离京都路途遥远，所以源赖朝才有空间实现他的构想，而其构想毫无疑问也是源赖朝的根基——东国武士阶层的夙愿。

1 预所，亦称中司。庄园职务之一。

第三节 ｜ 守护、地头的设置

财富再分配的工具——地头制

据新的御家人制度团结武士阶层所遇到的首要问题，即如何用军功回报为其浴血奋战之人。除了提高武士们的政治地位，经济上的财富再分配问题亦是源赖朝不得不着手解决的历史性课题。为了解决该课题，源赖朝实行了地头制。

如前文所述，被源赖朝一怒之下禁止踏入镰仓的源义经，于 1185 年 10 月强行要求后白河院下达追讨源赖朝的宣旨，决意举兵反抗。但由于兵力不足，源义经与叔父源行家只得一起乘船前往西国以期东山再起。

因该宣旨恼怒不已的源赖朝，派给北条时政千名骑兵，命其前往京都。而后，源赖朝对京都方面态度强硬，他以搜查源义经、源行家为由，要求朝廷准许他在诸国任命总追捕使与地头，获得朝廷允诺。在第二次世界大战之前，日本史学界已针对总追捕使或守护、地头的问题积累了大量的研究，但是即使如此，也仍有许多尚未达成共识的地方。限于篇幅，且以笔者的个人之力将难以尽述这些论点。于是，笔者在此仅介绍与当前论述相关的概括性内容。

关于总追捕使，后文将展开叙述。地头则是在诸国的庄园、公领地[1]，维护当地治安、履行警察任务、征收管理年贡、鼓励当地居民务农之人，他们能够获得一定分量的年贡收益。但是，于1185年年末设置的“地头”，却不是后世普及的以庄、乡为单位的地头，有学者认为它是以国为单位的地头。进而，关于一国之地头与总追捕使的关系及其各自的权限，学界呈现出了一种众说纷纭的态势。

在此之后，从被朝廷没收的平氏一门的领地开始，各地庄园、公领地都设置了地头。此外，源赖朝的武士们此前所拥有的领地也获得了认可，他们本人还当上了地头。不仅如此，还有不少以往担任下司、预所等庄园下级管理职位的武士也被委以了地头之职。由此看来，担当地头之人的成分虽各有不一，但能够授予该职务的主体是镰仓幕府才是建立该制度的关键所在。因而，从事该职务就必须效忠其任命者——幕府将军。也就是说，源赖朝可以通过补任地头来赏赐拥护源赖朝政权及为此立下功勋的武士。

这些地头大都被安置在源赖朝获赐的原平氏一门的领地和其他被没收的领地上。与此不同的是，如果要在新的领地上设置地头，那么拥有该领地的贵族与寺院、神社便会被夺走一部分年贡，有的地方还发生过地头压制年贡不交付领主的事件。因此，最开始抗议地头的反对声此起彼伏。但仅从武士夺取庄

1 公领地，公元10世纪以后直至中世，由国司支配管辖的土地，与私领地庄园相对。

园主收益的角度来讨论地头制，似乎仍为时过早。

到了古代末期，由于缺乏人身强制力，寺院、神社、贵族等庄园领主阶层实际上已很难统治当地。在保元平治至治承寿永年间的内乱期，该问题的严重性上升至顶点。在这一时期，地方的年贡及其他贡品难以送达京都，贵族阶层中也出现了贫困现象。《玉叶》中甚至记录了部分贵族亲自前往领地插手庄园管理的片段。在这种情况下，即便因为地头的分成，庄园领主所获利益有所减少，但是由于这样做可以确保获利稳定，所以庄园领主其实并没有太大的损失。相反，从长远来看，地头制反而算得上是一种保护此类庄园主获利的最佳制度。

虽然新建庄园的数量在12世纪以后有所增加，但是想要确保这些庄园每年都能源源不断地进贡，就必须得采取某种形式为其提供保障，而守护地头制正是这样一种保障。

集团统治与守护

与地头同时被设置的还有总追捕使。实际上在这一时期，只有“五畿、山阴、山阳、南海、西海”等地认可总追捕使的统治。根据寿永二年十月宣旨，东国地区已纳入了源赖朝的统治。

一般而言，总追捕使多被理解成是一个过渡性的职位，它为后来幕府制度下的守护一职奠定了基础。然而，与“地头”

一词相同，“守护”一词早在很久以前也已经被使用了，“守护”被用来指代一种军事指挥官，这类军事指挥官主要负责维持东国诸国的治安、调集士兵应对平氏的进攻，以及征收粮草等。

寿永二年十月宣旨以前的守护与总追捕使，和该时期与总追捕使同时设置的一国之地头，以及其后正式成为镰仓幕府官职的守护，并没有十分明确的关联性。除了缺乏史料外，动乱时期的形势变化致使制度本身并不稳定，这也是该结果产生的诸多原因之一。大体上说，直至12世纪90年代，守护才逐渐被制度化。

至于该时期设立的总追捕使到底有多大的权限，该问题至今仍有较大的讨论空间。不过可以肯定的是，总追捕使有权向庄园、公领地征收每反[1]五升的兵粮米[2]，并有权支配诸国的在厅官人、庄园下司和总押领使。不过如前所述，在此后源赖朝当政期间，他并没有行使其所获的全部权力。

其后确立的守护则主要有如下任务：向管辖范围内的地头与御家人传达幕府的命令；肃清国内的犯罪案件，尤其是叛乱事件。除此之外，随着时代的变迁，守护的职责还包括：承制记录国内田地面积、领属关系的大田文，以及处理与寺院、神社、驿路相关的诸事务等。

1 反，日本度量衡制的土地面积单位，1反约为992平方米。
2 兵粮米，为军队征收的稻米。

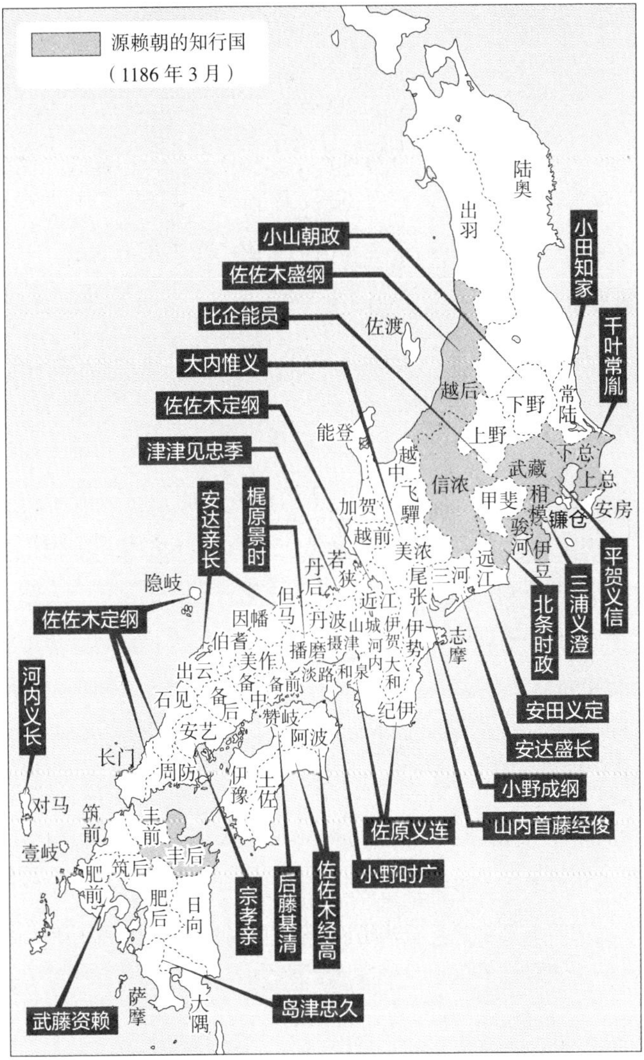
源赖朝的知行国
（1186年3月）
陆奥
出羽
小山朝政
佐佐木盛纲
比企能员
大内惟义
佐佐木定纲
津津见忠季
安达亲长
梶原景时
小田知家
千叶常胤
佐渡
越后
下野
常陆
上野
能登
越中
信浓
武藏
下总
上总
安房
甲斐
相模
镰仓
飞驒
加贺
越前
美浓
骏河
伊豆
若狭
丹后
远江
三河
尾张
近江
但马
隐岐
佐佐木定纲
因幡
丹波
山城
伊贺
伊势
志摩
伯耆
播磨
摄津
河内
大和
美作
出云
备前
淡路
和泉
纪伊
石见
备中
备后
赞岐
安艺
阿波
长门
周防
伊豫
土佐
河内义长
对马
筑前
丰前
丰后
壹岐
筑后
肥前
肥后
日向
萨摩
大隅
北条时政
三浦义澄
平贺义信
安田义定
安达盛长
小野成纲
山内首藤经俊
佐原义连
小野时广
佐佐木经高
后藤基清
宗孝亲
岛津忠久
武藤资赖

镰仓初期的守护统治图

基本上可以说，守护是为了更好地统治地方而建立起的制度。截至设置守护时为止，源赖朝历来统治地方的方式显示，源赖朝存在一种将日本划分为几大地区，在不同地区实施不同政策的意识。这些地区包括：①白河以北的奥羽，②东海道沿线诸国及包括信浓等在内的东国，③北陆道诸国，④京都周边的畿内五国，⑤中国、四国地区，⑥九州等。此外，各地区在设置守护的时间上早晚有别，也体现了统治政策的地区差异。

在这些地区中，东国作为源赖朝的举兵之地和最大的根据地，自然也是最早在行政上整备齐全的地区。治承四年（1180），源赖朝直接利用旧有律令国家的统治机构——国衙机构，以国为单位建立了统治体系。

与此相对的，那些在源赖朝与源义仲及平氏的攻防战中逐渐被收归源赖朝统治的北陆道、中国、四国、北九州地区，却无法以国为单位实行统治。当然这种情况有可能只是暂时性的，此后也有可能会统一成更大的统治单位，总之那时最紧迫的问题即为如何掌控某一地区，因而源赖朝才选择不以国为单位而是以集团为单位，任命其指挥者。这种集团统治的先例是平家在治承寿永之乱中临时设置的总官职。从这一点上看，源赖朝倒是模仿了平家，不过一个新制度的形成通常来说也大都始于模仿，毕竟连平家的总官职也算是一种对天平三年（731）所设之官职的模仿。

在此背景之下，源赖朝任命比企朝宗为北陆道集团的指挥官，且北陆道范围内不设守护。这表明北陆道应该是源义仲与源赖朝过去争夺霸权的焦点。由此可见，掌控区域权力始于集团化的军事统治。

可以说在这一点上，自平氏势力之下夺取而来的中国、四国、九州皆属同种情况。据《吾妻镜》元历元年（1184）二月十八日条的记载，当梶原景时和土肥实平二人被任命为播磨、美作、备前、备中、备后五国的守护之后，即开启了源赖朝统治这些地区的先河。次年五月，源赖朝的弟弟源范赖、源义经又被任命为追讨使。源范赖负责管理九州，源义经负责管理四国。总而言之，这些地区大致由集团进行掌控，特别是九州。文治元年（1185）十二月，天野远景被任命为镇西九国奉行，负责管理九州地区的御家人。因此，较之其他地区，九州地区即便到很久之后仍有很大趋势被当作集团来对待。

而京都周边地区，因为处于朝廷膝下，寺社势力原就十分强大，源赖朝从一开始似乎就没有打算以国为单位控制该地区。可另一方面，该地区是平氏的地盘，又不能在军事上对其置之不顾。于是，驻扎在京都的幕府代表便担负起了监视该集团的重任。中原久经与近藤国平于1185年，下河边行平与千叶常胤于1187年9月分别被派至京都，他们所担任的临时使节，经发展变为京都守护，终于在承久之乱后固定成为六波罗探题[1]这一官职。

另一方面，对于和平氏、源义仲作战的源赖朝而言，奥州藤原氏的统治地——陆奥、出羽两国很有可能成为其身后之患，由于暂且不能对这两国下手，于是源赖朝只得等到奥州合战结束之后再行处置两国。如前文所述，奥州合战之后，源赖朝既不在陆奥、出羽地区急速改革奥州藤原氏的统治机构，也不在该地区设立守护，陆奥、出羽变得犹如殖民地一般。

作为基础的地头一职

源赖朝创立的御家人制度并设置守护、地头的做法，从根本上改变了古代国家的行政体系。此后，尽管日本的南北朝时期曾有过一段反动期，但源赖朝所设定的框架实际上仍然界定了室町幕府至江户幕府建立起的武士政权。

如果说御家人制度是基于人与人之间的关系建立起的制度，那么新设立的守护地头制则应该是基于地区建立起的制度。由此可见，基于人与地域的双重原理，镰仓幕府巩固了统治。不过，其实在继承方式上，守护与地头两种制度大有不同。

无论是认可原有土地，抑或获取新的土地，总之，因为

1 六波罗探题，镰仓幕府官职名，承久之乱后为监察京都的政情、维持治安而设置。

一部分的土地所有权已转移至武士阶层手中，所以地头的宗旨实际上就是一种源赖朝对辅助自己建立政权的武士阶层的恩赏。虽然设置地头还存在其他的具体目的：维护当地治安、充实警察职能、使征收年贡更加顺利等。但不可否认的是，担任地头之人皆为武士，且这些武士尤以从属于镰仓将军的御家人为中心。所以作为恩赏，只要担任地头之人没有因为谋反等其他罪行使得地头一职遭到褫夺，其职位便可世世代代地继承下去。

与此相对的，守护则负责代替源赖朝在军事、行政活动中指挥地方上的御家人。换言之，守护起源于代官一职，它由幕府单方面任命，而且被任命之后，守护一职不可代代传承，虽然后来也出现了特定的某一家多为守护的倾向，但该倾向实际上是有违守护制初衷的。佐藤进一先生的研究显示，从幕府开创时期起，至承久之乱的时期为止，守护基本上是在短时期内，由被任命者轮流担任的，守护作为一种被任命的行政职务，其所具备的本质特征决定了这种情况的出现。

综上所述，守护与地头之间的性质差异，决定了幕府统治的基础始终是地头。

第四节 作为组织的镰仓幕府

简单的机构

镰仓政府的职级是在将军之下设立政所、问注所、侍所等机构，其后又增加了评定众和引付众。从整体上看，镰仓幕府的职级和官制十分精简，其规模与拥有八省百官、外加令外官的律令国家完全无法相提并论。本书尝试使用第 091 页的图表，力图更加直观易懂地比较古代国家的官制与镰仓幕府简单又偶有临时性的官制，图表的上半部分显示的是镰仓幕府的职级，图表的下半部分显示的是古代国家的官制。

最早被记载的幕府机构是治承四年（1180）设置的侍所。侍所内附别当（长官）、所司（次官）等职位，负责统管御家人。寿永三年即元历元年（1184）十月设立的问注所是诉讼机构，尽管问注所下设执事（长官）等职，但由于当时幕府的裁判事务通常都交由将军亲自裁决，所以问注所至多也不过是做一些诉讼准备，抑或负责办理一些相关事务的手续。

与问注所同时期设立的还有公文所，公文所后来又转变成政所。尽管如此，公文所与政所之间的关系却仍然不是十分清晰。在当时，政所主要负责管理名为“关东御领”的将军直辖地及将军一家的日常所需。除此之外，政所还负责处理镰仓的

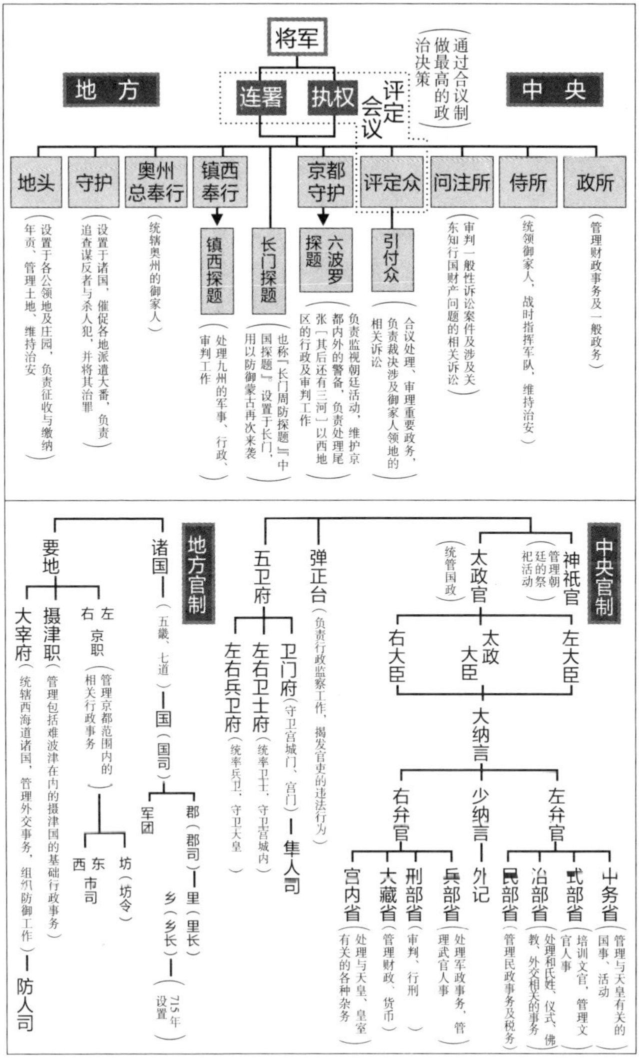

幕府的职级和古代国家的官制

市政工作，管理由将军直接控制的寺院、神社，以及掌管分配御家人领地及承认领地所有权等的相关事务。

如同六波罗探题与镇西探题等外派机构那般，地方职级几乎就是幕府职级的微缩版。除此之外，图表中还列出了守护、地头等职务。

幕府机构之所以如此精简，毫无疑问是因为在新政权建立的初期，人才不足，组织整备不周，这都是新政权出现之时的普遍现象。但归根结底，还是因为幕府本身的性质是战时作为将军大本营的军事性组织。换言之，幕府是一个优先军事与速度的组织。由于源赖朝把提高有效控制作为首要目的来统治各地区。所以如前所述般，不同的地域集团对守护的处理方式也各有不同。除此之外，幕府的统治机构也并不拘泥于名称，源赖朝在考虑到实效性的基础上，直接照搬了古代国家的国衙机构。这种实效、迅捷性的标准体现在幕府事务的各个方面，它们甚至还适用于式目[1]等幕府的法规条款。

任职之人非固定化

在镰仓幕府中就职之人大体上有文人与武将之分。不过，其身份的划分并不是从一开始就确定好的，而是根据需要随

---

1 式目，日本中世的法规条文。

时决定的。事实上，即便是包括北条时政等人在内的京都使节，也是根据需要任命的。代表幕府的京都使节人选要等到承久之乱之后才逐步固定下来。实力派御家人不一定只从事特定职务，在幕府初期，临时受命可谓是一种常态。例如，因谋反或其他罪名需要讨伐某人或对某人行刑时，负责讨伐或行刑的人并不一定是专职人员。源赖朝不依赖特定的人，通常来说他会根据当时的情况在朋辈御家人中择时选择合适的执行者。

其实不仅是负责讨伐之人，前往京都的使节和幕府初期的守护亦是同样，在特定职务供职的人变更频繁，这样的大环境除了会造成人才难觅、草创期充满不安定感的影响外，源赖朝的某种心思亦隐秘其间。换言之，源赖朝十分警惕特定的人长期就任某一特定职位。对职务紧张感的丧失、对特权和利益的麻痹、职务的既得权力化、世袭化等各种现象，全都潜伏着新生组织会遭腐蚀的危险性。若是想要避开这些弊害且令任职之人保持紧张感，非固定化的职务确实更为有利。

此外，一旦任职之人固定下来，御家人之间便会产生优劣之分，而这正有违御家人平等的理念。即便在现实中担任官职的御家人人数十分有限，但由于选拔的基准仅限个人能力，且人选依据有非凡洞察力的优秀领导——源赖朝亲自选拔产生，所以御家人之间很少出现不满的声音。

人际关系的体系

镰仓将军统治御家人，御家人又统治其家臣，像这样的人与人之间的连锁关系构建起了镰仓幕府精简机构的基础。也就是说，这一套人际关系的体系即为镰仓幕府的体制。镰仓幕府的统治领域经承久之乱与蒙古袭来之后，即从原本的东国范围扩张到了全国，其统治机构也随之变得复杂。但是其根基，即将军与御家人之间的关系是并没有发生改变的。

在源赖朝死后，如何填补源赖朝的缺位，成为镰仓幕府面临的最大课题。正是由于幕府的本质在于人际关系体系，因此将军的地位不可空缺。与源赖朝有亲缘关系之人坐上将军之位尚且还说得过去，可一旦其亲缘关系断绝，独霸执权[1]、连署[2]地位的北条氏将变得尤为突出，待到那时，即便多有不悦也不得不接受北条氏政权掌控幕府的事实。不过话虽如此，北条氏却是无法坐上将军之位的。首先，北条氏并非摄关家[3]以及源氏这样的贵族，只不过是东国一介小豪族的北条氏，别说主张合法性了，就连想让周围的武士抛开所谓的同格意识都并非易事。此外，尽管北条氏在镰仓时代逐渐将守护、地头等地域性

---

1 执权，镰仓幕府的政所长官，是辅佐将军、统辖政务的最高官职。

2 连署，镰仓幕府的官职名，负责辅佐执权，参与处理政务，相当于副执权。

3 摄关家，公家的门第之一，指可升任摄政、关白的门第。镰仓时代分为九条、近卫、一条、二条、鹰司五家，因此又称“五摄家”。

统治职务收归己有，使得从这一角度看北条氏手握最高权力，但这种权力实际上却并非以人际关系上的结合为中心。

因此，即便镰仓幕府实质上已归北条氏掌控，但北条氏也不得不打着清和源氏、九条流藤原氏、亲王等象征合法性的旗号，隐藏在历史舞台之后。其实，从镰仓幕府灭亡到江户幕府被推翻的这段时期，无论是武士社会中的执政者，还是图谋夺权之人，皆无人打着镰仓北条氏后裔的名义来宣扬自己的合法性。这一点恰好能间接表明北条氏在观念上所处的地位。不过，后北条氏应该是唯一的例外，因为他们并非想用全国当权者的名义，而是想用武藏、相模统治者的名义来做奠定自身合法性的基础，所以其含义是不同的。

不过，如果北条氏及其周围的武士都无法让北条氏占据政治体系的中心，那么最终的决定权将会在形式上落入将军手中，而当将军没有实质性的执政能力时，将军便需要御家人来加以辅佐。而这便是北条氏占据的执权、连署职位需要做的工作。在将军和其他御家人的关系中，如若辅佐将军的御家人不具有单独辅佐将军的强大实力，那么则须采取多位御家人合议的方式进行辅佐。这便是在北条泰时执政时期设立的镰仓幕府的中心政务组织——评定众。

为了弄清合议制，我们首先须从评定众的构成入手。至少在初期之时，评定众还是能够贯彻御家人彼此平等、相互对等的理念的。镰仓时期的前半，除了实力派御家人之外，评定众中还有不少人是从京都迁至镰仓的官吏后代，以及中小御家人等，可以说各阶层都有不少势力独立于北条氏之外。虽说评定众主要还是由实力派御家人组成，但这并不只是因为实力派御家人家世好，事实上只有那些精通政务的元老及判断能力出众之人才能当选，而且即使当选，如若后期被判断为不适合担任该职，该御家人依旧会遭到罢免。这一原则即便对北条氏也同样适用。而且，鉴于过去并未爆出过评定众与执权激烈对立的事件，这表明评定众作为合议政体的机能实际上发挥了作用。

虽说评定众制是一种合议制，但如果北条氏及偏袒其意向的势力霸占了评定众的人员名额，那么合议制的实质将会遭到破坏。佐藤进一先生指出，自北条时宗担任执权的文永、弘安年间起，年纪轻轻便被任命为评定众的官员呈明显增加的态势。这一情况出现与北条一门独霸上级官职，以及幕府裁决理念的变化联系紧密。可以说，幕府政治发生了质变。

设置评定众之前，在源赖家被剥夺亲裁权[1]一事中，幕府首次出现了政治合议的情况。紧接着，放逐梶原景时的决议也采取了政治合议的形式。据《吾妻镜》记载，在放逐梶原景时之事中，共有六十六名御家人联名上书。总而言之，这是一份联名信，是御家人们团结一致、共同进退的结果。在政治合议

1 亲裁权，将军亲自裁决的权利。

尚未订立规则的形态下，针对讨伐幕府强权者的问题，御家人们以对等的立场共同署名表达自己的意见，由此得以改变将军的态度和看法。这表明御家人参加幕府决策有其实质性的意义。可以说，政治合议也是源赖朝御家人制构想的成果之一。

在上述精简的幕府官职体系中任职之人，其经济来源并不由幕府提供，而基本上通过其领地所得来支付其相关的活动费用。可以说，这是御家人对认可其旧有领地或因功授予其新领地的将军所给予的一种回报。

另一方面，基于行政机构与将军个人密不可分的事实，幕府财政本身要来自领地收入和其他收入。

这些收入如下：

①关东御领，即镰仓将军在直辖庄园取得的收入。

②关东御分国，将军从知行国主[1]处获取的诸国收入。关东御分国的区划虽然随时代的变迁有所变化，但自幕府体制确立的文治年间以后，镰仓幕府辖下的骏河、相模、武藏等东海道诸国与越后通常也包括在关东御分国之中。

③关东御公事，镰仓幕府的御家人所承担的费用。这里包括建造将军住所的费用、修建鹤冈八幡宫的费用，以及举办各种活动的费用等。关东御公事本来属于临时课征的项目，但后来却成为惯例。记载有国内田地面积及其领属关系的大田文，

1 知行国主，拥有一国知行权的实力派贵族及寺院、神社势力。

最终决定赋课的基准。

在古代国家末期，为解决朝廷礼仪活动与建造事业的经费问题，古代国家建立了一种名为“成功”的卖官制度，或是一条叫作“劝进”的民间资金筹集渠道。可以说，这是律令国家原有的财政制度崩盘的直接表现。这也是在此之后出现的镰仓幕府必须建立一套精简体系的原因。

幕府的秩序原理

本书将以源赖朝为中心辐射到的各御家人彼此之间的关系，阐述为理念上的对等关系。尽管在镰仓幕府法中，也有武士与庶人、御家人与非御家人的区别，但在御家人彼此之间却没有像古代国家那样，根据位阶、官职等细微地去区分御家人的不同。我们并不清楚这样的地位差异具体会带来怎样的差别。而且，镰仓幕府的最高决议机关——评定众内部的规定也表示，御家人彼此之间不存在位阶、官职，或是领地规模大小的区别。

总而言之，较之此前京都朝廷的政治形态，幕府体制下从政阶层的内部人员是相对平等的。

不过，无论观念上如何平等，实际状况中也难免会有不平等的事态发生。例如，在仪式的行列、落座等场合，纵使相当不情愿，也不得不进行排序。在这种情况下，如果不依据身份、阶层来排序，那么最合理的排序应该根据生理年龄或是依照资历来排序。所以，宝治二年（1248）正月，幕府便首先根据年龄大小决定了评定众的落座次序。此外，关于镰仓僧侣的规定也主张尊重僧侣的资历，式目第四十条指出，由于僧侣的等级优先于其受戒后的年数，所以产生了德高望重的高僧不被少年无为的小辈尊重的弊害。

这种以年龄和资历来排序的方法，其基础是日本社会自古以来就存在的年龄阶梯制度，它不同于以位阶或以官职为基础的排序原则，能够促进相对平等主义发挥作用。另一方面，优先年龄、资历排序的原则，因符合那些组成幕府的御家人的等级意识而最终被镰仓幕府下的政治社会所接纳。与此同时，作为一个与地方社会紧密联系的政权，采用优先年龄、资历排序的原则，也可以说是镰仓幕府的一个特征。

不过据推测，源赖朝与东国武士在这一点上，似乎存在着微妙的感觉差异。据文治二年（1186）正月的《吾妻镜》记载：这日，在鹤冈参拜之时，跟从源赖朝的御家人分别落座在庭院两侧。其中，千叶胤赖虽然坐在列席靠后的位置，但是因为他与父亲千叶常胤相对而坐，千叶胤赖便由此收获了人们不好的评价。人们的这种评价基于认定长幼顺序的立场。然而，千叶胤赖是因为源赖朝的指令才坐在这一位置上的。千叶常胤虽为父亲，但他官居六位，而千叶胤赖虽是儿子，但他官居五位，其官位由天皇授予，故此需要予以相应的尊重。

由此可见，重视长幼有序的御家人与重视朝廷官位的源赖朝之间存在思想差异。当然，不可否认的是，也有很多御家人憧憬官位，希望有朝一日获取官位。因而，这种思想差异也只能是一种相对的差异，它展现出源赖朝自身贵族与武士两面性中贵族性的一面。

此外，在提到源赖朝与御家人之间的差异时，虚构的“御家人之间彼此平等”的理念会在排序之时不得不被具象化地展现出来。稍显讽刺的是，较之该理念的创造者源赖朝本人，东国的御家人们似乎更加忠于“彼此平等”的理念。

第三章

源赖家、源实朝与北条政子

第一节 | 源赖家的失势与废位

赖朝之死

正治元年（1199）正月十三日，源赖朝在五十三岁之际撒手人寰。一些史料，诸如《吾妻镜》，并未就源赖朝之死做详细记载。不过，综合各方史料判断，源赖朝的死亡日期应该就是这一天。

稻毛重成为了给亡妻祈求冥福，便在相模川上新建了一座桥，供养活动于前一年的10月举行，源赖朝也前去参加。正是在参加完活动回程的路上，源赖朝从马上跌落，之后没过多久便去世了。至于源赖朝为什么会从马上跌落，这究竟只是一场单纯的意外，还是因脑出血般的重病诱发，又或者其背后另有不可告人的内情，我们皆无法给出判断。

总而言之，源赖朝基本上可以被认定为猝然死亡。京都之人那时听闻此消息，无不惊诧。慈圆在《愚管抄》中形容这种状态是“似梦非梦”。在《明月记》的记述中，藤原定家亦曾表示：“想来应是急病突发所致。”由于源赖朝的猝然长逝略有些非比寻常，所以众人都猜测这或许是源赖朝生前所杀之人的怨灵作祟所致。

例如，《保历间记》中就有这么一段记载：在供养活动结束后的归途中，当源赖朝快要抵达八的原时，志田义广、源义经、源行家等人的亡灵现身，并与源赖朝进行了一番对峙，在源赖朝到达稻村崎之时，海面上出现了一个约十岁孩童模样的亡灵，那是安德天皇的亡灵，他大叫："终于让我找到（源赖朝）了。"正是因这些平家之人的怨灵和其他的刀下亡魂，源赖朝回到镰仓之后不久便疾病缠身一命呜呼了。八的原位于今藤泽市辻堂附近的海岸处，这里曾经是被俘虏的平家相关人士往返镰仓的必经之路。同时，此处离腰越（源义经因被源赖朝禁止踏入镰仓，于此处呈递辩解书信）也不远。除此之外，八的原还位于源赖朝的大本营镰仓以西。这些情况完全符合怨灵现身并阻击源赖朝的条件。掌权者身上的不幸之事，皆因其害死之人的怨灵作祟而起，这种思想在当时的社会稀松平常、十分普遍。尤其是在保元、平治至治承、寿永年间，纷争不断，牺牲者众多，这种怨灵作祟的传言一时流传甚广，以至于人们开始认为，治承寿永之乱其实就是崇德上皇、藤原赖长等保元平治之乱中的失败者，在死后堕入魔道，化作怨灵，为祸人间所致。

位于镰仓市西御门的源赖朝墓

哪怕是挺过了战乱年代寿终正寝的后白河院，在死之前也逃不过痢疾和怨灵带来的恐惧，而不得不为崇德上皇、安德天皇这些战争的牺牲者祭祀、祈祷。虽说源赖朝生前也曾竭力安抚过崇德上皇和在奥州合战中丧命之人的亡魂，但在源赖朝死前数年的《吾妻镜》的记载中，各种怨灵作祟的怪谈记录便已经出现了。正是在这样的时代，曾经驱逐平家、肃清源氏一族，杀死自家兄弟的源赖朝的死亡，才难免会被人们议论为与怨灵出没有关。

“人心不安，世人谴责……”

源赖朝死后，其长子源赖家继位。源赖家于正治元年（1199）正月二十日任左中将，于二十六日继任家督，时年十八岁。就在源赖家继任的一两个月间，大批武士涌向京都，整个京都戒备森严。在这个源赖朝亡故的政权交接期，此番措施的目的便是预防有人趁机生事，以图排除不稳定因素防患于未然。事实上，该时期还是爆发了三左卫门之变。曾经追随一条能保、一条高能父子的后藤基清、中原政经、小野义成三人，因愤慨一条家日渐势衰，便想联合起来排挤源通亲。而源通亲因害怕遭遇袭击一直大门不出二门不迈。至于该事件为何会被称为“三左卫门之变”，大抵是当事者三人皆为左卫门尉的缘故。不过，目前该事件仍然真相不明。

源赖家于建仁二年（1202）七月二十三日被正式任命为征

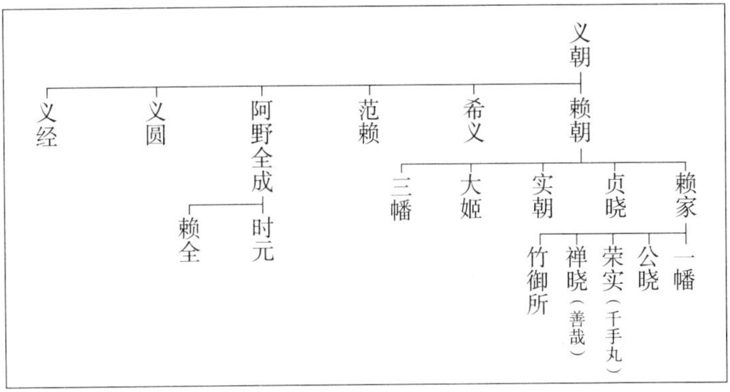

清和源氏谱系略图②

夷大将军。继任家督意味着源赖家已掌握幕府的最高权力，所以将军一职除源赖家外，再无更合适的人选。可以说，此次任命算是一种追认措施。

但遗憾的是，源赖家的政途从一开始便可以预见将是坎坷一片。就在承继家督之后不久的四月，源赖家不再直接裁定诉讼事件，转而改由北条时政、北条义时、大江广元、三善康信、中原亲能、三浦义澄、八田知家、和田义盛、比企能员、安达莲西、足立远元、梶原景时、二阶堂行政十三人，共同商议再做决断，“外人”不可参与诉讼裁决。由于源赖家了承父业为时尚短，此时断言他是否适合担此重任，不免操之过急。因而，此事虽多有唐突之感，但是也不能完全只赖源赖家年纪尚轻，又或者武断地将其视为北条氏为夺权而走的一步棋。

在整件事中，除了源赖家被禁止直接裁决诉讼外，“外人”亦不可参与裁决。也就是说，源赖家身边的小笠原弥太郎、比企三郎、比企弥四郎、中野五郎能成、细野四郎、和田朝盛等人也将无法插足政务。后来，源赖家夺走了安达景盛的小妾。有谗言说安达景盛心生怨恨。于是，源赖家企图讨伐安达景盛，却遭到了北条政子的制止。可以说，这件事将源赖家无道的一面显露出来。

然而实际上，源赖家似乎又并未被剥夺全部的决定权。所以上述《吾妻镜》的内容似乎也存在些许疑点，例如据《吾妻镜》记载，正治二年（1200）五月，源赖家亲自裁决了陆奥新熊野社僧人坊领问题的诉讼，同年六月源赖家又认可了梶原景高的遗孀所拥有的领地所有权。

进而同年十二月，源赖家命令政所统计诸国上交的田地账等账目。在此基础上，源赖家又让大江广元没收治承、养和之后赏赐的超过五百町大小的土地，并将这些土地分给自己没有领地的近侍。但是，这一举措却让当时的宿老们慌了神，得亏三善康信进言，该命令才被转而延缓至来年春天执行。世间评论此事："人心不安，世人谴责，究竟为何。"毕竟这项举措关系到御家人的统治基础——恩给制这一大前提，而且该举措针对的都是源赖朝过去赏赐过的土地，所以那些早在源赖朝执政期便奠定了地位的宿老，自然不可能认可这一决定。虽说从结果上看该举措被延期执行了，但最终多半也不了了之。此外，该举措提及的将土地"重新分配给源赖家的近侍"一项，似乎与前文所述的"禁止源赖家直接裁决诉讼"一事多有关联之处。所以如若情况果真属实，那么“源赖家被禁止直接裁决诉讼”一事，的确存在合理性了。也就是说，《吾妻镜》的记述，确实令人生疑。

源赖家 源赖朝长子，十八岁时继承了家督之位，但由于劣迹斑斑，被认为不适合做幕府将军（建仁寺藏）

至此之后，《吾妻镜》中表露源赖家不适合做将军的故事可谓到处都是，特别是从建仁元年（1201）起，这类叙述尤为突出。例如，源赖家总不参加鹤冈的临时祭与放生会，源赖家不带随从便自己乘着牛车出门，这种标新立异的行为实在令老臣们皱眉不已。此外，《吾妻镜》还记载说，源赖家素来便喜欢狩猎与蹴鞠，甚至过度沉迷其中。例如，源赖家会让同样喜爱狩猎的近侍每日换班给自己的狗喂食。此外，因连日在御所沉湎蹴鞠荒废政务，源赖家还曾多次受到母亲北条政子的劝谏，以下两件事可谓流传甚广：

第一件是新田义重死后没多久的1202年1月末，源赖家打算外出参加蹴鞠大会，北条政子以新田义重乃“源氏老臣，武家栋梁”为由，劝谏源赖家不要此刻出去游玩以免招来流言蜚语。起初源赖家百般不愿，但最后他还是听从了北条政子的话。第二件是同年6月，北条政子到源赖家住的御所观看蹴鞠，谁料却目睹了坐在源赖家身旁旁若无人的壹岐判官平知康。平知康曾为源义仲袭击后白河御所创造条件，他还曾肯定过源义经，这令源赖朝盛怒，向朝廷申请罢免其官职并将其流放。可如今平知康却像个没事人一样深得源赖家的宠爱。这简直有违源赖朝的意志，令北条政子十分不快。

敬神观念的欠缺

上述这些有关源赖家品行不端的故事都有以下三个共同点：①喜欢带着一群吹捧献媚之人沉湎蹴鞠、狩猎与酒宴，②漠不关心政务，③懈怠祭祀、祭神活动。其中，①②即为昏君的共通之处，无论在哪个时代都非常常见。而③则可以说与源赖家身上所发生的悲剧直接相关。对此，《吾妻镜》中有详细的记载，接下来笔者将稍作介绍。

源赖家对祭祀、祭神活动的懈怠，表明他十分缺乏敬仰神明的意识。《吾妻镜》中记载的一系列文章都预示着不祥之事的发生，如：自然或其他异常现象、源赖家身体不适、巫女预言等。与此同时，《吾妻镜》也记载了很多源赖家的不当行为，这一切都是为了说明源赖家是因为忽视要敬畏神明而遭到“天罚”，遂被赶下将军宝座甚至丧命的。

而最能体现这一因果观念的事例，即是建仁三年（1203）七月二十日关于源赖家生大病的记载，该事件后来成为源赖家主动让出地头和总守护职位的契机。据《吾妻镜》记载，源赖家当时突然患病，身心备受煎熬，于是便找人来占卜，占卜的结果显示，这都是因为有“神灵在作祟”。《吾妻镜》并未写明“神灵”究竟为何物，不过同年五月末源赖家一行人前往伊豆狩猎场的两篇记录却似乎与此事有关。

这两篇记录有相似之处。其中一篇在《吾妻镜》的六月一日条，说的是源赖家派和田胤长前去探查名为伊东崎的大山洞，结果发现此洞竟深数十里，且洞内光线昏暗，和田胤长在洞中遇见一大蛇，大蛇欲吞食胤长，故胤长拔剑将蛇斩杀。另一篇记录则在六月三日、六月四日条，说的是源赖家派仁田忠常带着源赖家的宝剑去探查富士山脚下一个有名的人穴[1]。经过一天一夜的探查，仁田忠常回来报告说，人穴中有一条大河，随从四人由于看到了河对岸奇怪的标志而命丧黄泉，而自己因为按照神灵的指示将所携之剑投入河中方才得以保命而归。按照老辈流传下来的说法，这第二篇记录中提到的大河，应该就是浅间大菩萨的居所，人们不可随意观看，因为此种行为极其危险。可以说，此文预示着源赖家将会因天谴而丧命，它并非只是一个惊悚的故事。这篇记录之后，据记载，六月三十日、七月四日、七月九日鹤冈连日皆有怪异现象发生，这些记录也算是对此前的预示进行了侧面的补充说明。

而在上述故事中领受源赖家之命的和田胤长及仁田忠常后

1 人穴，因富士山喷发形成的熔岩洞穴。

来也全都死于非命。和田胤长因挑起和田合战而在流放地被斩首，仁田忠常则因被牵扯进比企氏之乱而莫名其妙地死于非命。虽然这些内容在《吾妻镜》中并没有详细的记载，但我们也可以将其视为神明作祟的结果。

此处所述之“神”有一种自然神的形象，这种神是有东国特色的神，是能与自然界所拥抱的生命形式融为一体的神。《吾妻镜》中有记载称，当时的武士在狩猎之前都会先举办名为“矢口祭”的山神祭祀活动。但这些故事告诉我们，源赖家并没有东国武士那种对自然的敬畏之心，这也更说明了源赖家根本就没有资格成为东国武士的支柱。从这一意义上说，《吾妻镜》以叙事的形式体现了东国御家人的价值观，同时这些价值观也是构建《吾妻镜》的基础所在。

此外，如果追溯源赖家的童年，那么以下这段故事似乎也表现出某种预兆。建久四年（1193）五月，源赖朝在富士山脚下的原野上组织了一次大规模的狩猎，在这次狩猎活动中，源赖家初次展现了他的勇武。当源赖朝看见儿子射中了一只鹿，他顿时欣喜万分。石井进先生认为，正是此次事件让源赖朝确信儿子源赖家正是天赐的武家继承人。另一方面，仁田忠常也在此时射中了一头野猪，同样表现了惊人的勇武，而此后这两人皆死于非命，恐怕也是冥冥中自有定数吧。

祭祀乃是将军之大任。与源赖家相比，源实朝当时更勤勉于鹤冈等地的祭神之事。而在源实朝死后，祭祀活动便转而交

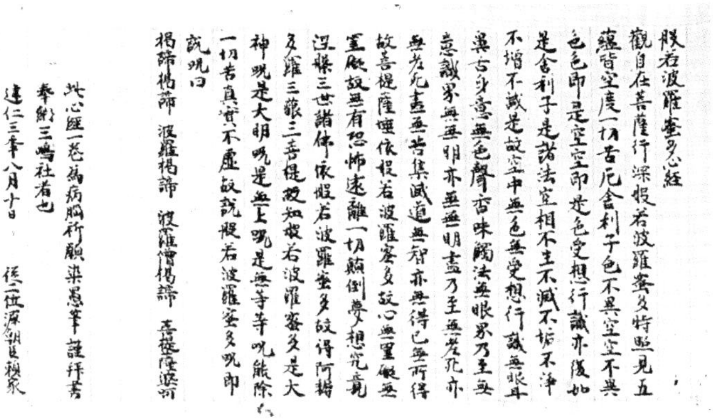
般若波羅蜜多心経
觀自在菩薩行深般若波羅蜜多時照見五
蘊皆空度一切苦厄舍利子色不異空空不異
色色即是空空即是色受想行識亦復如
是舍利子是諸法空相不生不滅不垢不浄
不増不減是故空中無色無受想行識無眼耳
鼻舌身意無色聲香味觸法無眼界乃至無
意識界無無明亦無無明盡乃至無老死亦
無老死盡無苦集滅道無智亦無得以無所得
故菩提薩埵依般若波羅蜜多故心無罣礙無
罣礙故無有恐怖遠離一切顛倒夢想究竟
涅槃三世諸佛依般若波羅蜜多故得阿耨
多羅三藐三菩提故知般若波羅蜜多是大
神呪是大明呪是無上呪是無等等呪能除
一切苦真實不虚故説般若波羅蜜多呪即
説呪曰
揭諦揭諦 波羅揭諦 波羅僧揭諦 菩提薩婆訶
此心經一巻為病悩祈願染愚筆謹拜書
奉納三嶋社者也
建仁三年八月十日 従二位源朝臣頼家

源赖家手抄的《般若心经》 1203 年，突然生病的源赖家为祈求病愈手抄经文（三岛大社藏）

由承袭了源赖家血脉的竹御所分管，而非交由京都钦定的将军藤原赖经掌控，这表明镰仓祭祀原本就应该由源氏之人把控。

因此，就在源赖家开始失去神明庇护，逐渐陷入没落之途时，阿野全成的谋反事件彻底动摇了源赖家的地位。阿野全成是源赖朝同父异母的弟弟。1203 年 5 月，因涉嫌谋反，武田信光生擒了阿野全成，并将其送至宇都宫朝业处看管。其后，阿野全成被流放常陆国，最后却在下野国被八田知家杀死。同年 7 月，京都的御家人也在东山延年寺杀死了阿野全成之子——身处京都的阿野赖全。由于此事缺乏史料记载，所以阿野全成当时是否真的打算造反，目前仍然没有定论。

另一方面，在历经前文所述的种种事态后，身患重病的源赖家于 1203 年 8 月 27 日将关西三十八国的地头之职交给了其弟千幡（即源实朝），同时亦将关东二十八国的地头之职及总守护之职交给了其子一幡。至此，源赖家可以算是把幕府的根基——东国成功交到了儿子一幡手中。对于源赖家所做的两个决策，一幡的外祖父比企能员对源实朝及其拥护者北条氏产生了不满。于是，比企能员便想拉拢源赖家，共同谋划追讨北条氏。只可惜此事还未实行就败露了。1203 年 9 月 2 日，北条时政以供奉佛像之由招徕比企能员，随后将其当场杀害。比企能员死后，剩余的族人躲进了一幡所在的小御所中，他们同北条政子派来的追讨军进行了一番防守战。而后，追讨军一把火点燃了御所，剩余的族人同一幡一道全被烧死了。

之后，源赖家的病情一度有所好转，9 月 5 日他与和田义盛、仁田忠常等人密谋讨伐北条时政，可惜事情败露，计划最终流产。源赖家因病已无力治理家门，于是在 9 月 7 日依从北条政子之命剃度出家了。在此之后的 9 月 10 日，千幡被立为将军，而源赖家则被送往伊豆国的修禅寺，翌年即 1204 年的 7 月 18 日，源赖家离世。

赖家的悲剧

《吾妻镜》并未详细记述源赖家人生的最后时刻，至于一幡是何时被杀死的，源赖家又是以何种状态离世的，目前多方的记录也并不一致。不过综合史实记录和一些故事性内容来看，源赖家并非死于疾病，而是为人所杀。据《愚管抄》的记述称，刺客起初未能一刀了结源赖家，所以改用绳子勒住了源赖家的脖子，一刀阉了他之后才将其杀死，画面可谓十分凄惨。《增镜》则记载，源实朝和北条义时合谋在修禅寺将为治病而去泡温泉的源赖家杀死了。

以上主要是《吾妻镜》记述中将军源赖家灭亡的故事。但是，这些资料尚且不足以判断源赖家的失势是否由缺乏政治资质造成，因而我们还需要解读其背后政治路线的冲突问题。毋庸置疑，源赖家肯定是政治冲突的其中一方，而另一方则是幕府创立时便存在的东国武士集团，他们以北条氏、三浦氏等实力派御家人为首。

除了沉湎于放荡和娱乐的部分，源赖家的行为理解起来其实十分简单，总结起来大概只有两三条要素。首先，在反对源赖家的人看来，源赖家提拔与自己一同行乐的近侍，其实是为了建立起直属于将军的军事力量。而关于源赖家身边的这些近侍，石井进先生指出，在《吾妻镜》中，作为源赖家近侍的中野五郎能成受到了惩罚，可依据其他文献的记载，中野五郎能成在比企氏倒台后，即刻便从北条时政处得到了领地的所有权，此外北条时政之子北条时房其实也一直作为源赖家的亲信在活动……鉴于这些内容在不同文献上的出入，石井进先生对《吾妻镜》的内容提出了质疑。

与此相关的是，梶原景时奉源赖家之命以确保源赖家的近侍在镰仓行动自由，梶原景时此时所负责的工作与其在源赖朝时代所做的工作多有重合，这一点不容忽视。此外，考虑到掌控经济基础是培养直属军队的必要条件，所以在再分配领地时，也难怪源赖家会尽可能地将领地分给自己的近侍了。

总而言之，源赖家那些看似不断重复的愚蠢行为，实际上不过是一种尝试，其目的在于把权力集中在幕府将军手中并建立起一种相对独立于御家人联盟首脑之外的权力。可以说，如果要把东国政权发展为全国性政权，那么控制东国御家人思想一事将变得势在必行，因为这是东国政权发展成全国性政权无法避开的问题。实际上，该问题早在源赖朝时代就已被提出。而正如前章所言，梶原景时正是负责解决该问题之人。不过，对于那时的源赖朝而言，完全脱离其出发点和立足点——控制东国御家人是相当困难的，更别说包括其妻北条政子及北条氏在内的实力派御家人，应该也会对此表示反对。就连源赖朝都没能实现之事，更何况如今年轻的源赖家呢？

源赖家虽然具有作为武者的个人天赋，但当他把这种对自己身体素质的自信，转移到其政治能力方面，这种自信则变得有些过头，甚至招致了悲剧。然而，源赖家如果想要将权力集中在将军一人手中，却选择对自源赖朝执政期起便是将军近侍的梶原景时见死不救，那么源赖家确实铸成了大错。

放逐景时

梶原景时作为源赖朝的近侍，过去曾活跃在诸多方面。但在源赖朝死后，梶原景时的活动范围逐渐缩小，最后他甚至被驱逐出了政权中枢。在源赖朝去世一周年后不久，梶原景时连同族人在孤立无援之下遭到追杀，全军覆灭。下文将根据《吾妻镜》的相关记述，介绍梶原景时从源赖朝过世至全族被灭期间的往事。

首先，如前文所述，正治元年（1199）四月十二日，源赖家不再直接裁定诉讼事件后，诉讼事件转而交由北条时政、北条义时等实力派御家人共同商议决断。那时梶原景时也是裁决团的其中一员。同月二十日，梶原景时与中原仲业等人以奉行身份下达政所命令，该命令规定源赖家及其近臣五人可在镰仓不受限制地自由活动，且其他人不可以对他们有敌对行为。此外，未经允许任何人不可参见源赖家。从内容看，十二日下达的决定似乎是北条氏等实力派御家人为了限制源赖家的权力而使出的一种手段。而与此相对的，二十日的命令则似乎有种强化源赖家近侍权力的意味。在这短暂冲突中，梶原景时对待双方的态度十分模棱两可，这也有可能是此时的梶原景时还在犹豫哪一边才是自己追随的方向。

这之后的八月十六日，正值鹤冈八幡宫照例举办祭祀活动之时，梶原景时与和田义盛等人一起负责八幡宫的安全保卫工作。九月十七日，梶原景时与大江广元一同提醒各国守护切不可怠慢京都大番役的工作。到这一时间节点为止，梶原景时的地位尚且没有发生改变。但是到了同年十月末，骚动便出现了。

十月二十五日，结城朝光在御所悼念源赖朝时表示："忠臣不事二主。"听到此番发言的梶原景时认为，这是结城朝光对源赖家不忠的表现，于是他紧急向源赖家报告了此事。十月二十七日，结城朝光从女房阿波局处得知自己将会面临杀身之祸，随后去找三浦义村商量对策。三浦义村感叹道："文治以来，丧命于梶原景时谗言之下的无辜之人不计其数。"三浦义村认为此事不可小觑，应当去找其他宿老共同商议。十月二十八日，众多实力派御家人在鹤冈的神明前共同起誓对抗梶原景时，中原仲业还宣读了自己写好的诉状，此状共有六十六人署名。和田义盛与三浦义村等人把此状交给大江广元，想拜托他尽快将其呈递给源赖家，可大江广元却因为顾及梶原景时对源赖朝的忠心而变得踌躇不决。十一月十日，和田义盛再次面见大江广元，再次请求他尽快将此状呈给源赖家，于是十一月十二日，大江广元才终于把此状送至源赖家跟前。源赖家看过诉状后，直接将诉状递给梶原景时，命梶原景时禀明情况，可梶原景时却不作任何解释。翌日即十三日，梶原景时带着一家老小回到自己在相模国一宫（今神奈川县寒川町）的领地。十二月九日，梶原景时一度再返镰仓。十二月十八日，梶原景时再遭镰仓方面驱逐，重返一宫，不料却发现自己的房子已被拆除，并被赐给了永福寺的僧人，播磨国的守护也易主成为小山朝政。至此，梶原景时彻底失势。

翌年 1200 年 1 月 20 日，源赖朝的一周年忌刚结束，便有消息称梶原景时带领族人暗中离开了一宫的大本营，人们认为梶原景时此时是想奔赴京都策划谋反，于是幕府方面派出了追讨军。不过在那之前，梶原景时一行人行至骏河国清见关时，同当地武士发生混战，混战中梶原景时、梶原景季、梶原景高、梶原景茂、梶原景国、梶原景宗、梶原景则、梶原景连等一族之人几乎全军覆没。

因受到此事牵连，加藤次景廉、能势高重等人受到处罚。此后，人们逐渐发现该事件的影响实则更为广泛。甲斐国的伊泽信光上报称，有传闻说自己的兄长武田有义要去京都赴梶原景时之约。于是，伊泽信光前去确认该传闻是否属实，却没想到武田有义已经逃走，其住处留下了一封梶原景时写的信，信上称为了立武田有义为大将军并获得朝廷方面的许可招揽九州武士，自己（梶原景时）将前往京都。另一方面，在源赖家身边做事的胜木则宗因被疑为梶原景时的同伙而遭到抓捕。据胜木则宗供述，由于收到了一份命令他统治九州的院宣，所以胜木则宗根据梶原景时的建议写了一封信送去九州，让九州同族尽快前往京都相会，但胜木则宗自己并不知道梶原景时所言是否属实。

从梶原景时遭到放逐的原因，以及后来被赶下台的经过看，《吾妻镜》的记述实在令人难辨真伪，但无论如何，其中最大的问题还是梶原景时为何会落入这般田地。

按照《保历间记》的说法，梶原景时在侍奉源赖朝期间，源赖朝虽不排斥梶原景时的谗言，但他也会有选择性地听取梶原景时的意见。而源赖家则不同，他年纪尚轻，做事也不太三思而行，由于源赖家对梶原景时言听计从，导致多人受害，所以众人才会联名呈交诉状，驱逐梶原景时。不过，书中也解释道，梶原景时在此之后也依然忠于源氏，甚至还计划让武田有义代替源赖家一统天下。不过，与其说是梶原景时自身的原因招致了最终的结局，毋宁说是听取梶原景时进言的源赖朝和源赖家拥有的不同器量造成了最后的结果。另一方面，《玉叶》中则说，因为受到其他武士的嫉妒与憎恶，梶原景时转而跑去跟源赖家打小报告，称这些憎恶他的武士想要拥护源实朝掌权。源赖家听罢便一一向这些武士询问情况，并让他们同梶原景时当面对质，然而在对质过程中，梶原景时哑口无言，只得任由自己虚伪的假面被一层层剥落。因此，梶原景时一族最终被逐出了镰仓。

不过根据这些记载，我们能够确定的是，在被源赖家抛弃后，梶原景时依然想要拥立其他的源氏血脉。既然梶原景时有此打算，那么为了寻求某种合法性的保证，梶原景时一定会试图联络京都朝廷。不过，姑且不论梶原景时谋反的成与败，在此次事件中，源赖家抛弃了谋臣梶原景时，这使得其自身的权威遭到进一步的削弱，甚至在之后被强行罢黜将军职位，甚至被人暗杀。因而，此次事件可以说是该时期政治史的一个转折点。

关于源赖家被暗杀一事，慈圆在《愚管抄》（第六卷）中这样写道：“正治元年……景时离开相模国，在前往京都途中被杀。其子无人逃脱，镰仓真武士梶原均遭难。赖家不觉今日之事终会使自己死于暗杀。”慈圆认为，源赖家的覆灭与梶原一族覆灭有关。这一观点与“镰仓真武士”一起，构成了一种慈圆对梶原景时在政治上所起作用的高度评价。与此同时，该观点亦透露出，梶原景时的灭亡似乎为源赖家、源实朝之死，甚至是北条氏的最终夺权奠定了基础。

梶原景时之所以会在源赖朝死后彻底失势，是因为其权力来自将军的委任，其权力直接建构在将军权力的基础之上，而源赖家继任后，将军权力遭到削弱，梶原景时的权力自然也随之弱化。因此，基于强化将军权力的立场看，梶原景时和源赖家本应该通力合作，但源赖家却并没有理解双方合作的重要性，这才造成了梶原景时的悲剧。

第二节 | 将军源实朝

多舛的开端

当初不听源赖家劝阻，执意出家的千幡，便是源氏第三代，也即源氏最后一代的将军——源实朝。

比企氏之乱后，源实朝曾一度移居北条时政的宅邸，但后来北条政子之妹阿波局告诉源实朝，北条时政的继室牧之方似乎对他怀有恶意，于是源实朝又回到北条政子身边。此事在之后牵扯出牧之方阴谋事件，也让人预见源实朝今后的治世之路必将命途多舛。

按照编年史风格记述，元久元年（1204）二月至四月间，平家余党在伊贺、伊势两国引发了史称“三日平氏之乱”的叛乱；如前文所述，源实朝的兄长源赖家遭到残忍杀害；源赖家的家臣企图谋反之事败露；因牧之方诬告畠山重忠谋反，畠山重忠于元久二年（1205）六月被杀身亡。同年闰七月，牧之方企图立自己的女婿平贺朝雅为将军，因而不断制造阴谋，以失败告终。而后，北条时政前往伊豆北条出家，北条义时接替北条时政担任执权，平贺朝雅在京都伏诛。八月，宇都宫赖纲因被指控为谋反而出家，之后他赶赴镰仓呈上发髻谢罪，获得谅解。

这些阴谋和叛乱，有的情况并不明朗，但是也有像畠山重忠事件那般，发生之时便已被证明清白的例子。但抛开真假不谈，源实朝执政初期的社会的确相当动荡，尤其是平贺朝雅谋反事件。平贺朝雅乃是幕府宿老兼信浓源氏一族重要成员平贺义信之子，他成功镇压过“三日平氏之乱”，是一名卓有功勋的武将。如果由他来代替源实朝就任将军一职，恐怕亦并非无稽之谈。如若北条政子和北条义时没有成功除去北条时政，平贺朝雅谋反事件想必将会是源实朝人生中的一项重大危机。

源实朝（木像） 在人们眼中，源实朝是一个文弱的人，但实际上其政治能力相当优秀（大通寺藏）

然而，尽管这些事似乎给源实朝的前途蒙上了一层阴影，但实际上，源实朝作为幕府将军在幕府内部的地位不仅并未遭到动摇，而且随着源实朝的逐渐成长，他的地位甚至变得越来越稳固，北条政子和北条义时也退居幕后，北条氏和御家人也表现出一种不同于源赖家执政期的恭敬态度。那么这究竟是为什么呢？

迄今为止大多数叙述源实朝的内容大都着墨于其吟咏和歌、蹴鞠等贵族方面的教养，而对源实朝作为政治家，担当幕府将军的一面却给予了较低的评价。就作为武士的素质而

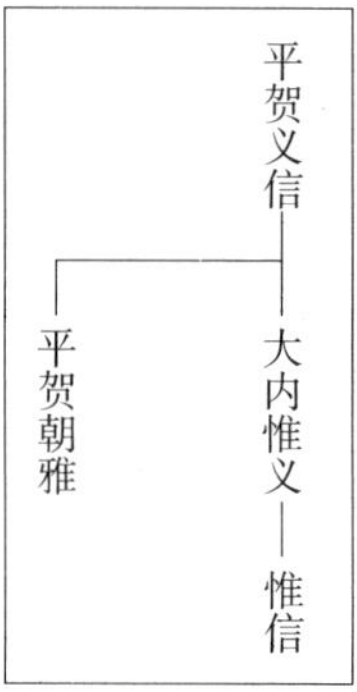

信浓源氏谱系略图

言，源赖家的勇武至少是能够被肯定的，如果《愚管抄》的记述属实，那么即便在源赖家生病之后，他也仍旧保有难以被刺客打倒的战斗力，但面对源实朝，人们的评价更多还是“一个柔弱的人”。

例如，建保元年（1213）九月畠山重忠的小儿子阿阇梨重庆企图谋反，源实朝得到消息后便命长沼宗政去下野国生擒阿阇梨重庆，然而长沼宗政违反了活捉的命令，他直接取阿阇梨重庆的首级回去复命。源实朝看到后，叹曰：“本应捉住他，审问清楚再行裁决。”而长沼宗政方面则认为，阿阇梨重庆的谋反之心毋庸置疑，若是活捉其复命，想必将军会因女子和尼姑等人的影响，原谅阿阇梨重庆，所以这才就地处决了他。较之源赖朝，长沼宗政唾骂源实朝：“终日吟咏和歌、玩乐蹴鞠，此等不务正业，无异于荒废武艺。以女子为重，无武士气概也。”后人亦常常借用此话以印证源实朝的文弱书生形象。

正因为源实朝有这样文弱并憧憬着京都公家文化的一面，从古至今，斋藤茂吉、川田顺、太宰治、小林秀雄、吉本隆明、中野孝次等人，无一不从诗歌文学方面入手讨论源实朝，历史学者对源实朝的论述也几乎没有连贯、完整的形象。

《吾妻镜》承元三年（1209）十一月的记载也写道，北条义时和大江广元向源实朝进言称，当以武艺为重，强化朝廷区域的安保戒备，这才是镰仓幕府维持长治久安的基础，可源实朝却对武艺没有丝毫热情。此外，建保二年（1214）二月的记载表示，源实朝爱好各种技艺，其中最喜和歌与蹴鞠。根据这些内容看来，源实朝应该确实是对“武艺”不怎么上心。

然而，1207 年 8 月 15 日，源实朝准备赶赴鹤冈放生会时，却因随行士兵不足只得延期。到了 8 月 17 日，人数终于凑齐了，可吾妻四郎助光却辩白称，为了此次出行，自己特地准备的铠甲惨遭老鼠啃食，因害怕有失风范，故无法出发。源实朝听罢，狠狠斥责道：“你虽为此次出行特意准备了铠甲，但你可知随行士兵的意义并不在于铠甲有多花哨，而在于担当警卫的职责本身。正是因此，在源赖朝执政时期，只有谱代武士才可担任此职。你既是习武之人，肯定时刻都备有一套铠甲。世间的骚乱往往总在意想不到的时刻发生，可你却放弃祖上流传下来的铠甲而另造新甲，如此说来代代相传的铠甲还有什么意义呢？像你这样每次例行祭祀便要重新打造铠甲，简直有违勤俭节约的宗旨！”在这里，我们看到了源实朝作为武士统帅毅然决然的态度。

一个人是否能够成为统帅，并不取决于其在战场上个人能力的高低，毕竟就连源赖朝也不总是亲自提刀上阵杀敌吧？

关于前述吾妻四郎助光的故事实则还有后话可言，据说举行酒宴的正殿上突然飞来一只苍鹭，深感异样的源实朝命人射下苍鹭，可在场之人却无人会射箭。徘徊在御所周围的吾妻四郎助光，认定这是一个能让将军疏解怒气的好机会，于是便遵照源实朝的命令，射落苍鹭却未伤及其性命。经过此事后，吾妻四郎助光不仅重新返岗，成为源实朝的近侍，还获得了源实朝钦赐的剑。此外，前面提及的长沼宗政，尽管他直言不讳地评判了源实朝，但大约不足一月，长沼宗政还是官复原职了。从这些事例中，我们不难窥见源实朝的器量。

就这些记录而言，源赖家与源实朝之间存在着决定性的差异，这一差异清楚地表明了同时代之人对源实朝这位将军是否合格的评价。而我们所说的这一差异即是，源赖家在当上将军后不久便被禁止亲自裁决，其权力受到了御家人合议制的限制，而源实朝却能在排除宿老干涉的情况下按照自己的意志执行政务。

身为统治者的自觉

据《吾妻镜》记载，1204 年 7 月，爆发了有关安艺国壬生庄地头一职的争论，这是源实朝当上将军后第一次亲自处理政务。源实朝当场做出了决定，北条时政、大江广元等人随侍左右。在现存的有关源实朝的文书中，有一份 1204 年 3 月的下知状（《市河文书》），我们据此推断源实朝很有可能早在《吾妻镜》的上述记录前，便已开始亲自参与诉讼裁决。由此看来，源实朝在从政这件事上，并不像传闻所述那般无能，抑或漠不关心政事。较之源赖家，源实朝至死都保有亲自裁决的权力。

此外，源实朝一旦做出决定，即便是大江广元等幕府建立以来的功臣，抑或其他堪称宿老的重臣，也很难改变其主意。例如建保五年（1217），源实朝在持佛堂供奉文殊菩萨时，曾将自己收藏多年的牛王宝印赠予当时担任首座的寿福寺高僧，大江广元对此想要表示制止，但源实朝却并未听取其意见。

源实朝曾在上任后潜心研究源赖朝执政时期的先例，这一点我们从其就任将军之初命御家人提交源赖朝时代的文书一事便可知。“以古为鉴，可以知兴替”，对于源实朝而言，源赖朝就是其唯一的一面镜子。不知道以源赖朝为镜子的源实朝，在这一时期是否也在以自己的方式追求他的为将之道和为政之道。

此外，源实朝通过和人交涉以实现自身想法的能力也十分突出。例如1217年5月，寿福寺的高僧行勇前来参见源实朝，希望他能裁决一件领地争端的问题。由于这种情况层出不穷，源实朝似乎已对此厌烦不已，于是他命令大江广元转告行勇：“既然身为一介僧侣就不应当过分涉足政事，赶紧断了念想回去专心修行佛道。”然而，虽然当面态度十分严肃，但是三日后，源实朝却亲自前往寿福寺宽慰行勇。这一次，行勇在席间并未提及政治话题，两人专注于“佛法”，相谈甚欢。源实朝这样的做法，既安抚了行勇，亦未丝毫打破自己的原则。

考虑到当时的源实朝不过二十多岁，如此态度想必正是因为源实朝的身上流淌着源赖朝的血脉。但如果我们总是认为，源实朝的行为必定受到了其母北条政子及北条氏的影响，那么我们将会误解源实朝自身具有主体性的一面。

承元三年（1209）十一月，北条义时提出，希望源实朝将伊豆国居民中常年追随自己的有功之人升作武士。源实朝则以“等到他们的子孙继任之时，恐怕早会忘记祖辈缘何成为武士而直接意图成为幕府的御家人”为由，严词拒绝了北条义时。由此可见，源实朝并不是一介傀儡，他的决断会以自己的想法为主。从此时起直至1210年至1219年的建历至建保年间，源实朝在政治方面的积极性越来越高。这种积极性大致表现在两个方面：其一是寻找前人的功绩及前车之鉴，其二是通过这些基础工作所孕育的信念来坚定其决策。

在第一个方面，如上所述源实朝先是收集了源赖朝时代的文书，虽说这只能算是准备性的工作。此时，源实朝还从各方收集到了藤原泰衡的家宝、遗物以供阅览，他甚至还命源仲章记录下中国和日本有名将士的事迹，并让三善康信等人将这些事迹读给自己听。

另一方面，建历元年（1211）五月，甲斐小笠原牧的牧士与奉行三浦义村的代官发生纠纷，源实朝没有庇护较有实力的三浦义村，他承认了牧士的正当性，并罢免三浦义村的奉行一职，转而改由佐原景连担任。翌年五月，北条朝时想要引诱侍奉源实朝妻子的侍女，源实朝得知此事后，下令处罚了北条朝时。从这些事例看，成年之后的源实朝在处理政务时，并没有给母亲娘家北条氏及诸多幕府宿老特别的优待。

北条义时希望奖赏随从一事，以及小笠原的牧士一事，无不记录着源实朝的功绩，从这些数量不少的史料记录中，我们可以了解到的是，源实朝显然有其身为“统治者”的自我意识及公平感。建历二年（1212）十月，幕府曾向关东分国派出过奉行人以调查各地民情。建保三年（1215）三月，幕府曾命各国关隘、渡口的地头准备好用于提供船费来源的公田，以免旅人苦于船费，从这些事件中，我们能够明确感受到源实朝的行事态度。

和田合战

在这样的日子中，源实朝迎来了其统治生涯中最大的事件，即建保元年（1213）的和田合战。

此事的开端是因为信浓国的泉小次郎亲衡于两年前曾企图拥立源赖家的儿子为将军。后经调查发现，此次事件的“主谋共有一百三十余人，其他参与者也多达两百人”。于是，但凡与此事有所牵扯者皆遭治罪。这些人当中包括和田义盛之子和田义直、和田义重及其外甥和田胤长等和田一族的人。为此，住在上总国伊北庄已年过六旬告老还乡的和田义盛前往镰仓拜见源实朝，向源实朝当面求情，最终和田义直、和田义重等人得以免罪，唯有和田胤长一人未获赦免。于是，和田义盛带着一族九十八人，坐在幕府南庭，企图逼迫源实朝放过和田胤长。但源实朝以“和田胤长乃此次事件之主谋”为由，最终不予赦免。这样一来，和田义盛等人非但没能救出和田胤长，反倒眼睁睁地看着双手被缚身后的和田胤长就这样被转交至刑吏手中。

如此一来，此事便成了和田义盛其后企图谋反的导火索。同年五月二日，和田义盛举兵起义，作为亲朋好友，土屋义清、涩谷高重、中山重政、冈崎实忠、梶原朝景、大庭景兼、大方政直，以及稍晚加入的横山时兼、波多野三郎等人皆投靠其阵营，和田义盛方面军已有数千骑兵，对战双方的战斗相当激烈，一时间旁观之人甚至难分其胜负走向。不过，由于同族的三浦氏并未与和田氏站在同一阵线，再加之幕府方面的援军及时赶到，从当日黄昏持续到翌日黄昏的激战，最终以幕府方面军获胜告终。在这场激战中，和田义直不幸丧命。大将和田义盛因失去继承人，逐渐丧失斗志，最终为江户能范的部下所杀。除去经由海路逃走的数百人，和田氏及其同党全部被剿灭。

起初，源实朝赦免了和田义直，且和田义盛也曾立于阵前对源实朝派来的使者表示，自己对源实朝并无半点恨意。因此，源实朝与和田义盛对待彼此大抵还是十分友好的，只不过北条义时拿和田胤长杀鸡儆猴一事，完全不给和田义盛台阶下，这才使得战争一触即发。有人认为，这即是和田合战爆发的主要原因。

然而，在泉亲衡之乱中身处险境的可不止北条义时一人，将军源实朝自然首当其冲。因此，无视和田义盛之请求，不予赦免和田胤长，多半还是源实朝自己的决定。纵使源实朝与和田义盛关系再怎么亲密，这层关系在此事上显然毫无插足之机。

让我们再回到此前和田义盛之言："近来有许多年轻人在暗中谋划起义一事，尽管老朽曾多次告诫他们勿做此事，但他们根本不听老朽所言，既然他们早已心心相印，老朽我也无能为力了。"或许，此番发言已表露出和田义盛的真实想法。和田义盛本就是御家人中的老资格，甚至还被传言是武士之长，按理说他本该处于统领御家人的地位，但当和田一族的成员与其他族之人产生矛盾之时，和田义盛就是那种会毫不犹豫站在家族一侧的人。

正是和田义盛一直以来的这种行为模式，决定了他不可能在这次事件中出手制止族人胡作非为。我们甚至能感受到和田义盛的某种不甘心。而当源实朝听完和田义盛这一席话，他也知道和田义盛的起义在所难免，当时的情势亦不可避免会对和田义盛造成影响，而这种"情势"是一种非个人情感或思想能够控制的强大力量。

和田合战结束那年的年末，12月3日，源实朝前往寿福寺礼佛，其目的就是为在此战中牺牲的和田义盛等将士们祈祷，让死去将士的魂魄不会在转世期间飘荡迷茫，希望他们的灵魂能够脱离苦难。12 月 30 日，源实朝以遵从梦中预言为名，命令三浦义村将自己亲笔抄写的《圆觉经》沉入三浦的海底，这或许是为了让和田一族安息吧。

对东国的热爱与执着

一种普遍的看法是，源实朝仰慕京都、珍重朝廷。对此人们经常引用的例证便是源实朝娶了坊门信清的女儿，还有《新敕撰和歌集》中的这首和歌："纵使海枯石烂，对君亦无二心。"

不过，若说和歌，源实朝还写过诸如"雄伟宫殿立万代，盛世镰仓是吾乡"这般赞颂镰仓繁荣的和歌。此外，当长井时广向源实朝申请希望前往京都为朝廷效力时，源实朝不悦道："既已归镰仓却又言欲返京都，此等行为莫不是瞧不起关东？"弄得二阶堂行村这个中间人愣是无言以对。这些例子都能看出，源实朝尊重镰仓的独特性，更深爱着东国。

《金槐和歌集》中收录了很多源实朝描写东国风景与武士英姿的短句，其中有名的"在那须筱原，武士正理弓箭，天上的霰飞落，箭筒上嘈杂地飞溅"便是非常典型的例子。

较之《新古今和歌集》，源实朝的和歌风格更直接、有力，有人说这是一种接近《万叶集》风格的作品，但这种观点只看到了呈现的结果，笔者认为这倒更像是远离京都歌坛生活的源实朝，独自培育出的东国式和歌风格，这种风格甚至还融入了防人歌[1]的精髓，是一种扎根东国大地的和歌风格。

乍看之下，源实朝似乎对京都更加情有独钟，但其志趣实则却与东国风土紧密交缠，想来这其中的部分原因，可能与源实朝从未曾离开过东国的人生境遇有关，但最根本的因素恐怕还是源实朝自身的个性及其承继自母亲北条政子的东国血液使然。

从这种角度来看，笔者推测所谓的“京都趣味”不过是源实朝使出的一种手段，通过这种手段，源实朝可以把自己从深陷其中的东国价值观中相对剥离出来。此外，源实朝身上完全看不到那种曾经致使源赖家倒台的将军集权倾向，一方面可能是因为源实朝目睹了源赖家的悲剧。另一方面，源实朝自身对政治权力的无欲无求，以及其对东国的深深眷恋恐怕是更重要的原因所在。而正是这样的源实朝，才成了幕府的核心——东国御家人阶层所期望的将军。

虽然笔者认为，源实朝更像东国武士，但这并不意味着源实朝擅长舞刀弄枪之道。首先，源实朝并不擅长这种需要依靠体能的竞争。但另一方面，我们也能看到，源实朝拥有驾驭和

---

1 防人歌，驻防士兵及亲属吟咏的和歌，内容多表现离别、思乡之情，多使用东国方言，风格粗犷率直。

歌的能力，但我们不能把这样的能力仅仅当作是一种文人的闲情逸致。创作诗歌的能力是一种与生俱来的天赋，而诗歌又与先知的能力密切相关。因此，对于那些在源实朝身边做事的幕府御家人而言，源实朝的这种能力使他获得了一种令人无法理解的、神秘而又令人敬畏的形象。

拥有神秘能力之人

在零散的有关源实朝的故事中，有几个奇特的故事传达出源实朝拥有某种预知能力和其他普通人所不具备的能力。

承元四年（1210）十一月，骏河国建福寺的镇守神——马鸣大明神附身在一小儿身上，借其口告诉世人酉年将会发生战争。大江广元进谏源实朝，是否可以就此事试行占卜，而源实朝却表示，自己已在数日前的拂晓时分梦见将有战事发生，且已获得神谕，故不再需要占卜，自己已向马鸣神社捐赠宝剑。该故事虽出自《吾妻镜》，但在此段之后，书中再未提及此事。不过，所谓酉年将会发生的战争，毫无疑问就是和田合战，源实朝的梦因此得到了应验。另外一例是在和田合战开战前不久，源实朝召见了在御所附近徘徊的两名御家人，并对他们说："近期之内，你们必将丧命，你们之中一人将会是我的敌人，而另一人则是我的盟友。"二人听罢感到十分害怕。然而有趣的是，《吾妻镜》之后并未跟进该预言的应验情况，但是在和田合战的两军伤亡者名单中，这两人中的其中一人追随和田军，另一人则出现在幕府军中，并且两人最终都战死沙场了。可以说，这一结果与源实朝预言的完全一致。听闻此事后，源实朝身边之人都重新认识了源实朝所具备的神秘能力，更对其产生了一种类似于敬畏的情感。

据《吾妻镜》记载，建保二年（1214）六月，因为全国很多地方干旱，源实朝请求荣西一边诵读《妙法莲华经》，一边受持八戒，结果天空落雨。此事最初源自皇极天皇求雨显灵的著名先例，因而人们认为是因为幕府将军的恳切祈祷才最终使得天降甘霖。因此，源实朝被称赞为是与皇极天皇志同道合之人。虽不知《吾妻镜》以何为据撰述了这一段内容，但是既然生活在需要依靠自然力量谋生的社会中，那么治病救人与掌控降水便与政治统治力同等重要。源实朝不仅仅是政治上的掌权者，在众人心中他还是一位拥有造雨灵力的人。暂且不论真假，显然这是那时的人对源实朝的最高赞赏。因而，这篇记述值得我们倍加重视。源实朝的这种能力在天皇当中都属十分罕见，恕笔者孤陋寡闻，恐怕在武将之中这样的人更加难寻，加之源实朝自身的能力的确给这些传说赋予了真实感，因而切不可将该记述单纯视为一代名君的传说。

在《金槐和歌集》中，比《吾妻镜》记述时间更早的建历元年（1211）七月，亦有“洪水漫天，百姓愁叹，一人面向佛祖，潜心祈祷”这样的叙述。除此以外，《金槐和歌集》中还收录有和歌："审时度势民怨声声，八大龙王速速停雨。"这也与上述源实朝的传说有所关联。

正如我们能在这些记述中看到的，源实朝既有祈雨的能力，又有止雨的本事，有时他甚至还会利用和歌方面的天赋来达成祈雨、止雨的目的。由此可见，源实朝确实不是一位寻常人物。当和田合战的两军进入最后一决胜负的攻防战阶段时，源实朝在献给鹤冈的愿书背面亲笔写下了两首和歌。这表明源实朝相信和歌的力量，并确信自己拥有创作和歌的能力。

有一位宋人工匠名为陈和卿，他曾负责建造东大寺的大佛殿。陈和卿认为源赖朝身上背负了太多的人命，罪孽深重，于是始终拒绝面见源赖朝。可等到了源实朝这一代，陈和卿一改往日之态，称源实朝乃"佛祖神明的再世化身"，甚至主动请求面见源实朝。见到源实朝本人后，陈和卿便表示源实朝是曾住在宋朝医王山的高僧转世，而自己曾是高僧的弟子，故痛哭流涕叩拜源实朝。而源实朝也说自己在六年前做梦时曾梦见一位高僧，自那以后便已知晓此事。以上为《吾妻镜》建保四年（1216）六月十五日条所述之内容。1214 年，一本经书在四天王寺被发现了。这本经书在圣德太子于梦殿中闭关期间，从唐朝带回，据闻乃前代太子持有之物。陈和卿之所以有前述表达，多半是受到了此事的影响。

既然说到六年前，那也就是 1210 年。笔者在源实朝当年的活动中，找到了一些可能与上述事实相关联的事件。首先是10月15日，大江广元呈上了源实朝探听已久的圣德太子的《十七条宪法》，以及四天王寺、法隆寺的宝藏。10月22日，源实朝在持佛堂供养了圣德太子的画像。在此需要说明一下，圣德太子多被认为是中国南岳慧思禅师（或念禅法师）的转世，这一说法记载于《三宝绘》等书中，流传广泛。那么源实朝为何突然想要了解圣德太子呢？其实是因为源实朝梦见了前世发生之事，于是他便想要搜寻同样有前世故事流传的圣德太子的资料，以做参考。即便此时陈和卿说的全是假话，源实朝也一定有他自己相信的理由。

据说，源实朝听了陈和卿的话之后便想远渡宋朝，于是他命陈和卿造了一艘大船。可船建成了，源实朝却从未漂洋过海，最后只得任船在由比滨朽坏。这一传闻让源实朝不同于常人的梦想家形象跃然纸上。而这种异于常人的特质也让源实朝多少感到自己的天命已不长，或者更加夸张地说，有时候源实朝似乎表现出了一心求死的迹象。

对死亡的预感

有这么一则有名的故事能够说明源实朝其实一直活在死亡预感之中。1216年9月，北条义时找来大江广元表示，源实朝好像要被立为大将。源赖朝过去接到朝廷的官职任命时，总是一推再推，说是这样才可以把好运留给儿孙。可源实朝年纪尚轻，若是直接升任大将未免有些为时过早。因而，北条义时希望大江广元能够劝谏源实朝推掉朝廷下达的大将任命。对此，大江广元表示，若是源赖朝遇到此事，必定会向众臣征询意见，可此事要是落在源实朝身上，他大概只会一言不发，难过地表示赞成。于是9月20日，大江广元作为北条义时的使者前往御所，劝说源实朝为子孙后代思虑，暂且不要担任征夷大将军，待到一定年纪，再考虑担当大将一职。源实朝听罢，感慨大江广元的一番苦心，继而说道："源氏的正统血脉皆注定不长命，若是暂缓受命，子孙后代将再难接受前人荫庇，既然如此，不如借着官职提升家门地位。"源实朝的回答让大江广元无言以对，于是大江广元便将此事如实禀告了北条义时。

《吾妻镜》则记载了上述故事的后续之事。源实朝为拜谒前世所住之医王山，决意远渡宋朝，他命陈和卿造一艘唐船，并定下六十余人随行，北条义时、大江广元等人虽进谏劝阻，但未被采纳。那么源实朝命陈和卿建造大船的真实用意究竟为何？笔者认为源实朝这样做的动机，绝非是想远渡宋朝抑或拜谒医王山，源实朝真正想去的，恐怕还是"那个世界"。就如同《熊野年代记》中补陀落渡海[1]之人乘坐的船那般，源实朝建造的船是一艘有去无回的船。

---

1 补陀落渡海，日本中世舍身取道的一种方式，指为去补陀落的净土参拜而仅带少量食物随风漂渡南海，后演变为水葬习俗，将遗体装在船上，使其漂渡到观音的极乐世界。

此外，关于源实朝远渡宋朝的传说，还有一些后话。大致是说源实朝曾梦见自己的前世乃是住在宋朝雁荡山的高僧（玄奘之类），于是源实朝想要在日本建一座模仿雁荡山的寺庙。为此，源实朝派遣自己最爱的近侍葛山（藤原）景伦去宋朝寻找图纸。然而，领命后的葛山景伦赶赴镇西博多，在等待有利风向及宋朝船只驶入之时，不幸收到了源实朝的讣报。葛山景伦悲痛不绝，他剃发为僧，法号"愿性"，为源实朝祈祷冥福。感受到葛山景伦这份忠心的北条政子，将纪伊国由良庄的地头职赐予葛山景伦，以此来解决葛山景伦在高野山的生活费用。综上所述，虽然这些故事千奇百怪，很难令人信服，但也只有围绕源实朝这样的人，此类传说才会大量涌现吧。

承久元年（1219）正月二十七日，源实朝前往鹤冈参加右大臣的任命仪式，结果为源赖家的遗子公晓所杀，其预感果然应验。

在此事发生前，有几件事宛如不祥之兆。首先是自成年来便从不落泪的大江广元，却在源实朝身旁不禁泪如雨下。由于此事非比寻常，大江广元甚至劝说源实朝要在束带[1]之下穿上腹卷[2]，但是文章博士源仲章却认为，从古至今还没有哪位大臣、大将这样做过，于是此事只好作罢。紧接着是当随从秦公氏帮源实朝整理头发时，源实朝拔下了一根自己的头发，说是作为纪念赠予秦公氏。此外，当源实朝在庭院中赏梅时，他吟

---

1 束带，平安时代以后男子的正式礼服。

2 腹卷，简式铠甲，原为省去头盔和大袖的铠甲，有时也可穿在礼服内。

咏了一首不吉利的和歌："枝头的梅花，我将要离开，不要忘记曾经盛放的春天。"源实朝走出庭院南门时，作为鹤冈神使的鸽子发出了一声啼鸣。继而当源实朝下车时，夹在车辕间的剑竟然折断了。

这里提到的和歌，让笔者联想到了菅原道真被流放至大宰府时所吟咏的和歌，笔者实在不觉得这是一首佳作。即便撇开这些超自然现象般的预兆不谈，当时公晓的行为已然有很多令人生疑的地方了。

1218 年 9 月 13 日，月明之夜，御所正举办和歌会，精神高度紧张的鹤冈值班警卫与赏月走动的童仆、年轻僧侣发生了争执，警卫遭到殴打。翌日，查出此事主谋为三浦义村之子驹若丸（后来的三浦光村）。驹若丸亦为公晓的门下弟子。12 月 5 日，公晓在鹤冈参拜一番后并未立刻离开，而是又进行了好一番祈祷，那时他一直披头散发，相当令人生疑。此外，在暗杀事件之前，除了派遣白河义典前往伊势太神宫供奉之外，公晓也向其他各神社派出了使者。此事传遍御所，比常人敏锐数倍的源实朝绝不可能毫无想法。

公晓的期待与实朝的虚无主义

那么，暗杀源实朝的这位公晓究竟是何方人物呢？公晓生于正治二年（1200），幼名善哉，其父是源赖家，其母为贺茂重长之女。建仁二年（1202）十一月，三岁的公晓初次来到鹤冈参拜，并以将军家少主的身份在神社供奉了人马。第二年，源赖家让位给源实朝，公晓的哥哥一幡也同比企氏一道覆灭了。第三年，父亲源赖家为北条氏所杀，这一切给公晓的人生带来了翻天覆地的变化。元久二年（1205）十二月，公晓在北条政子的安排下成为鹤冈别当尊晓的门下弟子，并搬入寺中居住。第二年六月，他在政子亭参加了着袴之仪[1]，继而十月，公晓又按照北条政子的安排做了源实朝的义子。建历元年（1211）九月，公晓在尊晓继承人定晓房中削发出家，定法名为公晓后，与定晓一道前往京都登坛受戒。

从其经历看，祖母北条政子一直十分庇护公晓。在源赖家遭到废职后，北条政子担心公晓会做出觊觎将军之位的危险举动，于是她试图通过安排继承有源赖家血脉的公晓出家担任僧职，以回避政事。建保元年（1213）和田合战之后，公晓之弟荣实悄然落发出家亦可体现北条政子的这一考量。

但是，北条政子的方针与最初相比，似乎也在发生变化。1215年前后，已快逼近二十五岁的源实朝仍然膝下无子，北条政子开始意识到必须得找出合适的继任者以备不时之需，于是北条政子开始着手处理此事。毫无疑问，除了源实朝与北条政子之外，任何一个对幕府未来感兴趣之人都一定会考虑继承

---

1 着袴之仪，庆祝幼儿首次穿和服袴裙的仪式，在五岁时举行。

人人选的问题。与此同时，那些或多或少有资格继承将军之位的人则恐怕更加关注此事。

建保五年（1217）六月，公晓听从北条政子安排，从园城寺返回镰仓以填补鹤冈别当的空缺。若是体弱多病、膝下无子的源实朝有个万一，北条政子的脑海中应该有一条让公晓还俗继任将军之位的路线。

不过，北条政子所做的这一切无非是一种防备源实朝出现意外的未雨绸缪。倘若源实朝后继得子，抑或平安长寿，这位只比源实朝小八岁的侄子公晓自然也就没了出场机会。在这种情况下，倘使公晓是一位不满足于现状的野心家，那么他很有可能会做出杀害源实朝、坐上将军之位的举动。待到那时，公晓所依靠的也就是把他推往高处的北条政子的默许和庇护了。

通过就任鹤冈别当后不久的千日参拜及 1218 年 12 月 5 日在鹤冈八幡宫的长时间祈祷，以及派白河义典前往伊势太神宫供奉的行为，公晓开始真正对外彰显其狼子野心。白河义典属于波多野氏一族，并在大庭御厨内保有自己的领地，与此同时他似乎还同太神宫保持着某种联系，想必这些都是公晓最终选择白河义典做使者的原因。公晓此时派遣使者前往伊势太神宫，无疑是希望神明能够认可自己承袭将军之位，众人竟未识破如此的司马昭之心，实在令人感到不可思议。至于公晓将暗杀的地点选在源氏氏族之神的所在地——鹤冈八幡宫，多半也是为了证明自己承继将军之位乃是神明钦定。

关于暗杀事件，《愚管抄》中的如下片段，恐怕根据自京都前去参加仪式的诸位公卿的口述写成。入夜后，敬献完币帛的源实朝走下神佛前的石桥，即将来到众公卿面前。这时，装扮成法师样子、戴着头巾的公晓，在源实朝身后狠狠捅了一刀，源实朝应声倒下，公晓补上一刀，取走其首级。之后，公晓和三四名同伴一起赶走了源实朝身边的随从，而走在源实朝前面引路的源仲章，则被错认成北条义时惨遭杀害。据在场的公卿表示，公晓在挥刀斩向源实朝时，口中曾大喊："父亲之仇，血债血偿！"其后，公晓联络三浦义村，向其宣称如今的将军已是自己，且自己准备投奔三浦义村。三浦义村将此事告知了北条义时，并派人在大雪中伏击提着源实朝的首级前往三浦义村家的公晓。公晓奋力抵抗，刺客未能得手。而后，当公晓抵达三浦义村家的木板围墙前，正准备翻越墙板时，公晓被杀。

坊间传闻，源实朝之死其实是北条氏或三浦氏策划的阴谋，当然这并非没有可能。但是，从公晓成为源实朝义子再到担任鹤冈别当，这一切皆为北条政子的手笔，从这一点看，杀死源实朝的公晓所真正期望的，或许还是北条政子的认可。加之，后来被称为"尼将军"的北条政子，在源实朝被杀之后，自然就变成了镰仓的最高权力者。有人认为，公晓在暗杀源实朝后立刻联络了三浦氏，这表明公晓十分重视与三浦氏之间的关系。而其实，在之后的伊贺氏之乱中，三浦氏既没有攫取政权的想法，亦没有那个胆量，而且在伊贺氏之乱中，三浦氏还与北条政子联手粉碎了伊贺氏的阴谋。由此可见，公晓当初与三浦氏联络，多半还是想借此与北条政子取得联系。

当然，人们对此事有各种不同的看法，但在这其中，笔者最不能认同的就是第三者阴谋论，这种论调忽略了源实朝与公晓二人相互冲突的个性，而直接把问题归咎于操控二人成为傀儡的所谓“真正的”力量。笔者认为，首先公晓继承了源赖朝的血脉，所以他有足够的动机消灭源实朝，坐上将军之位，再者纵使源实朝方面很可能预先猜到了公晓的行动，但却没有多加防备，或者说是源实朝主动选择做了公晓的刀下鬼。

其实，在源实朝的和歌中，我们有时能够感受到一种明确的如虚无主义般的沉思。笔者相信源实朝具有相当的政治才能，但源实朝之所以能够公正透明地执政，却不仅因为这些政治才能，根植于其思想深处的虚无主义及对利害关系毫不关心的那种性格，亦是源实朝能够做到公正透明的部分原因。溯其根本，从源实朝自知短命且膝下无子，再加上他先前对官阶的一番言辞，笔者推断源实朝或许并不具备将自己身上的将军血脉延续下去的生理能力，他自知这一点，也厌倦了周围人关于这一点的猜测。所以他最终才会走上迎合暗杀的结局。当然，这些都只不过是笔者的一种推测。

第三节 | 源实朝的继承人与北条政子的作用

黑暗中的主角

源赖家虽为将军却没有实权傍身。源实朝虽有较好的从政资质，可从成年到被暗杀，其执政期不过短短十载左右，加之在遭到暗杀前，源实朝也并不怎么关心政务。由此来看，在这两代将军的统治下，幕府并无较为积极的变化。

上一章我们提到，源赖朝在后白河院死后，曾想过要建立包括西国在内的全国性政权，然而这一构想非源赖朝不可完成，且不论是否要继续完成这一“未完成的任务”，现实情况就是一心想要实现将军集权的源赖家，最终上演了他的死亡悲剧。加之，以北条氏为代表的东国武士阶层从最初开始便对统治东国以外的地区，持有十分消极的态度。而且，源赖朝之后的将军权力并不稳定，其精力只够集中在东国本土。不过正是在这期间，经过北条氏等众人的一番努力，东国的统治得到了整顿与发展。可以说，东国武士的目标就是要把东国建设成一个独立自主的国家。

另一方面，据史料记载，幕府在承久之乱前，并未在西国施行过任何新的政策。虽说伊豫的河野氏一事多少令人感到一些幕府的动向，但对于此事，目前尚无明确具体的记载。到了这一时期，在源赖家和源实朝这两代将军之后，一直以来隐于丈夫与儿子身后的北条政子，终于从幕后走向前台，成了实际上的将军。

这位衔接源实朝与藤原赖经的“尼将军”，在夹杂着承久之乱的一段时期内，究竟扮演着怎样的角色？接下来，笔者将带领读者进一步回顾掌握实权的北条政子在幕府中起到的作用。

源实朝死后，关于在实质上掌握将军权力的北条政子，《增镜》记述道，由于源实朝膝下无子，后继无人，这位“失去二子（源赖家、源实朝），泪流不止，失落之至”的母亲不得不担上将军一职的重任。不过，暂且撇开作为母亲的悲伤不谈，“失落之至”一词多用来形容京都人心中固有的女性形象，但实际上北条政子的形象却是与此截然不同的。大姬（1197，以下均指死亡年份）、源赖朝（1199）、乙姬（1199）、源赖家（1204）、源实朝（1219），在接连失去丈夫和孩子之后，北条政子的一举一动早已超越了丧夫丧子之痛，而完全专注于整个幕府的未来。如果说源赖朝之后镰仓初期的政治史中，存在一位暗中推动政权发展的主角，那么这位主角既非北条时政，亦非北条义时或三浦义村，而是北条政子。

《曾我物语》中有这么一段涉及源赖朝与北条政子最初结缘的故事。在北条政子二十一岁那年，她同父异母的妹妹梦见自己登上了一座不知名的高山，在高山之巅收日月于左右衣袖，她还将橘树上结有三个果实的枝条插在自己的头发上。当妹妹将这个不可思议的梦告诉北条政子时，北条政子意识到这是个好兆头，但她却花言巧语骗妹妹说，这是一个可怕的梦，想要摆脱困境，就必须把噩梦转变成好梦，于是北条政子买下妹妹的梦，使之转移至自己身上。在这之后，源赖朝在给北条时政之女写情书时，原本收信人的署名是北条政子的妹妹，而担任信使的安达盛长却将其改成了北条政子的名字，并将情书送至北条政子处。于是，北条政子和源赖朝的缘分就这样开始了，最终甚至喜结连理。以上便是梦之预言事件的前后经过。

北条政子 源实朝死后，实质上掌控将军权力之人是被称为“尼将军”的北条政子（安养院藏）

不巧的是，北条政子的父亲北条时政完成大番的任务后，从京都归来，得知了北条政子与源赖朝之事。起初北条时政联想起先祖平直方也曾招源赖义为婿，从此家族走向兴旺之事，故而认定此番姻缘未必是一桩坏事，但由于此前已与平家有约在先，许诺将北条政子嫁给平家的山木兼隆，若是破坏约定，遭到平家控诉，那可就大事不妙了。于是，北条时政便装作毫不知情的样子，把北条政子送到了山木兼隆处。可北条政子心系源赖朝，不出一夜，她便从山木兼隆那里逃了出来，一路翻山越岭奔赴源赖朝身边，决意与源赖朝厮守终生。据《大日本史》记载，二人应该于治承元年（1177）喜结连理。

上述逸闻虽不知有几分属实，但从北条政子对源赖朝深深的爱慕以及大胆表露，甚至她那坚定的意志与果决的判断力看，北条政子晚年的行事风格，实则并无令人诧异之处。

在与北条政子相识前，源赖朝曾和伊东祐亲的女儿有过一段情，趁伊东祐亲在京都期间，两人之间甚至有了孩子，此事彻底触怒了身处平家一方的伊东祐亲，他把二人分开，甚至杀死了那个孩子。源赖朝和北条政子在一起后，源赖朝还在北条政子怀上源赖家时，与爱妾亀前私会于中原光家的宅邸中，甚至也给新田义重的女儿写过情书，新田义重担心此事传入北条政子耳中，于是赶忙将女儿嫁了出去。当北条政子从父亲北条时政的继室牧之方口中得知亀前的事后愤慨不已，于是她便让牧之方的父亲（也有可能是兄长）牧宗亲前往亀前的藏身之所——伏见冠者广纲家当面羞辱亀前。为此，源赖朝甚至还责骂了牧宗亲，源赖朝与岳父北条时政的关系也一度几近决裂。

虽有传闻称，岛津氏先祖惟宗忠久也是源赖朝之子，但该说法并无太大的可信度。除此之外，鉴于后文将会提到的贞晓等人亦并非源赖朝与北条政子之子，故源赖朝应该还同除北条政子以外的女性保持有亲密的关系。但是，从亀前一事及贞晓被送往京都出家一事可以看出，北条政子绝不允许源赖朝拈花惹草。所以这些风流史，大概都是源赖朝背着北条政子弄出来的吧。

强大的尼将军

尽管源赖朝与北条政子因男女关系问题有过摩擦，但在经营幕府一事上，源赖朝仍十分需要北条政子的支持。如果说源赖朝是在某些外界因素的影响下，压抑了自己对京都的向往，安心以镰仓为中心建立长久的东国政权，那么东国武士团结一致的集体意识及北条政子的个人力量，便应该是其中最重要的因素。

那时，东国社会中尽是些没有骨气的武士，笔者以为，那个时代的女性所具有的力量远比我们在史料中看到的更为强大。在私生活中，北条政子谴责源赖朝的女性关系，并无情打压任何与源赖朝纠缠的女性及这些女性产下的孩童。然而，史料文献中却没有明确提及北条政子在政治中起到的作用，以及其所扮演的源赖朝妻子的角色。因此，我们只能从北条政子在源赖朝死后所发挥的重要作用来反向推测，北条政子似乎是一个就如同源赖朝暗处分身般的存在。

到了源赖家的时代，北条政子不仅多次在重大场合向源赖家进谏，还给予了尚且年幼的源实朝以最大限度的支援。在没有获得北条政子许可的情况下，北条时政和北条义时甚至都无

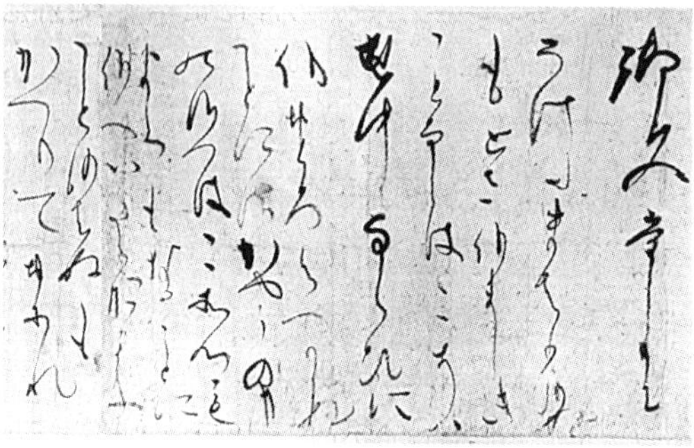

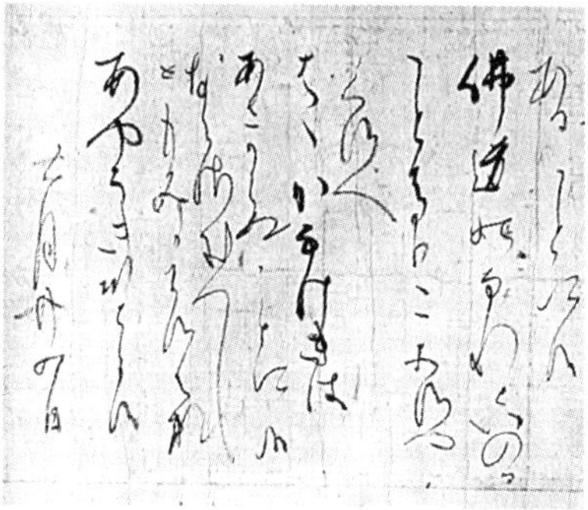

北条政子的信函（上）与北条政子所使用的梅莳绘手箱（前者出自《神护寺文书》，神护寺藏。后者三岛大社藏）

法自由地活动。

在源赖家与源实朝相继离开人世后，支撑整个幕府的正是这位“尼将军”北条政子。在此后不久的承久之乱中，北条政子一针见血地指出了幕府成立为御家人的境遇带来的变化。其言辞的力度之大、正当性之无可挑剔，足以让臣服于京都朝廷权威之下的御家人团结一致地赶往京都。源赖朝死后，执掌整个幕府政权的北条政子，最担心的必然是源实朝继任者人选的问题。由于源实朝向来体弱多病，可以说早在源实朝遭到暗杀之前，北条政子就已经对此有所思虑了。除了如前所述的公晓之外，北条政子似乎还与其他人有类似的接触。

据说承久元年（1219）正月，在源实朝遭到暗杀后，幕府方面曾希望后鸟羽院的皇子就任将军之位，但这一愿望并未实现，取而代之的是，藤原赖经被送去了镰仓。那么招皇子为将军一说是怎样产生的呢？

据《愚管抄》记载，源实朝尚且健在的建保六年（1218）二月，北条政子为去熊野参拜而前往京都时，曾与卿二位（藤原兼子）商议源实朝没有子嗣之事。于是，卿二位对北条政子说，自己的养女也即坊门信清之女西御方与后鸟羽院所生的皇子赖仁亲王，继任天皇自是不可，但至少可以当上将军。此次前往熊野参拜的同行者，还有二阶堂行光，二阶堂行光之所以会在1219年招揽皇族将军之事中负责交涉工作，多半也与此经历有关。据说在同一时期，后鸟羽院还召见过北条政子，只不过北条政子以“自己只是一介农妇不足一见”婉言谢绝了后鸟羽院的召见。由此看来，若不是为了与卿二位商量将军的继承问题，北条政子应该也不会特意去一趟京都。

佐藤进一先生认为，源赖朝之所以送长女大姬进入后鸟羽院的后宫，就是为了要让大姬之子成为东国的统治者。由此可见，北条政子此时的计划部分继承了源赖朝的部分遗志。

招揽皇子一事最终未能实现，但即便如此，似乎很久之前，北条政子就在尝试与某个人接触。这个人就是住在高野山的镰仓法印贞晓。贞晓是常陆介时长之女大进局与源赖朝所生的庶子。文治二年（1186）二月出生，比源赖家小四岁，又比源实朝年长六岁。贞晓出生之际，由于北条政子的不悦，分娩仪式等皆无。悄悄养育贞晓的大江（长门）景国受到北条政子的责难，不得不在深泽隐居。最终在源实朝出生后的建久三年（1192），年仅七岁的贞晓被送往京都仁和寺，成为隆晓法印的弟子。从这一经过来看，其后北条政子与贞晓之间毫无联系亦是必然。但是根据《纪伊续风土记》的记载，承元二年（1208），北条政子在熊野参拜结束后的归途中，路过天野（奈良县），便趁此机会拜访了贞晓。北条政子暗中询问贞晓是否还有还俗之念，若是有此想法，自己必当竭力为此操办。但贞晓却闭上眼睛，表现出对俗世弃之如敝屣的态度，于是此事不了了之。《高野春秋》的记载也称，同年十月，去熊野参拜的北条政子与贞晓会面后，成为建设天野三宫、四宫及御影堂的大施主。除上述两书之外,《历代编年集成》《传灯广录》等书中亦有北条政子与贞晓相见之事的记载，只不过其记述内容多少存在偏差，所记录的年代也各有不同。不过，尽管《传灯广录》所记载的，在源实朝死后北条政子想要立贞晓为将军并亲自前去说服的故事不可尽信。但是贞应二年（1223），贞晓在北条政子的援助之下，在高野山中建造了阿弥陀堂（寂静院）并为三代将军祈求冥福的故事，仍有较高的可信度。而且，从承元二年（1208）北条政子前往熊野参拜的情况属实来看，建保六年（1218），北条政子在熊野参拜时，就像密会卿二位那般，面见贞晓并试探其是否有继承将军之位的意向，也并不是没有可能。

当然贞晓一事对源实朝而言尚不构成任何威胁，毕竟那时人们还未顾虑继任将军人选的问题。不过鉴于北条政子心思缜密，提早做好预案倒也符合其行事风格。

另一方面，在藤原赖经被确定为源实朝的接班人后，北条政子似乎仍在物色别的候补人选，此人便是交野宫。据《明月记》记载，嘉禄元年（1225）四月，就在大江广元和北条政子相继离世之前，一个奇怪的传闻传遍京都。高仓院的皇子惟明亲王曾与后鸟羽院同为安德天皇的继承人候补，惟明亲王有一子被称为交野宫。交野宫曾收到过从关东送至其乳母处让其不要出家的消息。据说，源通具听闻此事后，曾表示自己想要秘密照顾交野宫的生活。

关于此事再无其他详细的记载，只有四年后交野宫突然来到关东鹤冈若宫的前殿内，恳请能够留下来住在镰仓周边，最终却被送回京都的记录。

1225年即为北条义时的继室伊贺氏欲将女婿一条实雅拥立为将军的第二年，北条政子看中了交野宫，欲将其作为出身于九条流藤原氏并继承了源实朝地位的藤原赖经的继任，或干脆取而代之的将军候补人选。如果说北条政子最初请求的是让后鸟羽院的皇子做幕府将军，而非立藤原家之人，那么前述交野宫之事便不能仅被视为谣传，因为它与幕府的决策有关。我们已无从知晓到底是北条政子本人有此想法并联络了交野宫，还是别人的主意使然。总而言之，笔者认为北条政子最后的工作应该与此有关，而今这一切都成了谜团。

如前所述，笔者认为公晓暗杀源实朝一事并非一种计谋。但是，包括北条义时、三浦义村乃至源实朝之母北条政子在内的许多人，对此事皆不阻止，从头到尾都如同默许了暗杀之事般，只是袖手旁观，睁一只眼闭一只眼。

乍一看，源实朝与北条政子是母子关系，虎毒不食子，似乎北条政子不可能默许公晓施行暗杀计划。但是，如果北条政子从未默许过暗杀源实朝的计划，那么源赖家遭遇暗杀一事又作何解释呢？源赖家所遭遇的已经不能说是暗杀了，那根本就是公开处决。而且，在此事中，连同比企一族一道，北条政子还杀死了自己的孙子一幡。如果北条政子多少反对暗杀一事，想必源赖家将很难丧命，北条政子与北条义时的关系也将变得有所不同。但是，现实情况是，在源赖家遭到排斥到被暗杀期间，北条政子和北条义时始终都保持相同步调。

较之北条政子对待长女大姬的感情，其对源赖家和源实朝的感情可谓相当淡薄。源实朝曾给其所写的和歌加过名为“心怀慈悲”的序言，其和歌曰：“即便是不善言辞沉默的野兽，亦有令人哀怜的母子之情。”在笔者看来，这首和歌乃至源实朝所有和歌中透露出的孤独寂寞，皆源自源实朝与北条政子之间冷漠的母子关系。

源实朝本就与北条政子不亲密，而元久元年（1204），源实朝没有按照北条政子的要求娶足利义兼与北条政子之妹所生的女儿为妻，而是娶了坊门信清之女一事，则令双方之间本就不亲密的关系进一步恶化了。坊门信清是后鸟羽院的舅舅，而坊门信清之子坊门忠信又娶了牧之方的女婿平贺朝雅之女为妻，所以，源实朝迎娶坊门信清之女一事，恐怕与牧之方不无关系。当然这只是笔者的臆断。然而，这场婚姻类似于前述提及的京都情结，实则是源实朝对北条政子约束的一种反抗。或者换一种说法，为了使自己在以北条政子娘家北条氏为代表的东国武士社会中保持相对独立性，源实朝便希望利用这场婚姻来回避其与他们的关联与纠葛。

承元三年（1209）五月十二日，和田义盛私下向源实朝表示，自己想做上总国司。为此，源实朝特地去征询了北条政子的意见。北条政子表示，若在源赖朝执政时期，这样的事情是不被允许的，但如果源实朝想要打破前例，许可此事，那么其中就不能有“女性的干涉”。从结果来看，此事最终未获批准，这恐怕也是诱发和田合战的间接原因之一。北条政子婉转表述自己希望源实朝不要首开先例的真实目的是，北条政子在试图通过源赖朝这一挡箭牌限制源实朝的行为。

自从源实朝有悖北条政子之愿，娶了坊门信清的女儿，北条政子便觉得源实朝已经不是那个听话的傀儡了。加之，北条政子作为母亲很有可能早已知晓，碍于身体因素，源实朝将无法生下新的继承人，所以北条政子才会过早思虑源实朝继承人的问题。加之，源实朝疏于政务的态度，亦使得北条政子对源实朝之死选择了袖手旁观。据《承久记》记载，在承久之乱兴起之时，北条政子回顾了自己见证亲人们相继离世的一生，她曾百感交集地感叹道：“想必天下没有比我更忧虑之人了。”事实上，这的确也是不可辩驳的事实。然而，正是在这样的不幸之中，北条政子为了悼念三代将军，决意保卫幕府。正是北条政子身上的那种坚强，才使得她能够在看似无情的决定中保全一族之人，这也即是在承久之乱来临前，北条政子能够指挥一众武士的力量所在。

第四节 | 女性参政的构图

女性与政治的结合

源赖家与源实朝死后，二者的谱系中皆无继承人，加之皇族将军的希望落空，在此种情况下，无论是在素质上抑或是在威望上，北条泰时在家族内部都已成长为具有当权者资质之人。于是，北条政子在脑海中勾勒出了一幅三位一体的幕府运作图：从京都派来的傀儡将军、北条氏的执权，以及负责接管祭祀的与源氏和北条氏一脉相承的源赖家之女竹御所。

在没有男性继承者的情况下，北条政子的上述构想图应运而生。在源实朝尚且在世之时，北条政子的脑海中恐怕已有此构想。北条政子思维缜密，为接踵而至的不测风云未雨绸缪是其惯有的行事风格。

文治二年（1186）四月，源义经的爱妾静御前遭到逮捕，后被送至镰仓。静御前曾应北条政子之请，在鹤冈的神前起舞。然而，由于静御前的舞蹈中流露出了其对源义经的爱慕与思念之情，源赖朝看罢十分不悦。于是，北条政子开始向源赖朝诉说，在起义之初，由于不知源赖朝的安危，自己也曾惴惴不安，以此安抚源赖朝的心绪。如为静御前说情这般，北条政子一生曾庇护过无数的同性。北条政子的这种行为，一方面源自其对社会地位较为低下的同性的侠义之心。另一方面，北条政子恐怕也想要在政治上统一那些置身其势力之下的女性。

接下来，我们来看看北条政子对与自己有亲缘关系的女性的态度。

首先是北条政子的妹妹阿波局。正如前文所述，阿波局是源赖朝的异母弟阿野全成的妻子，同时也是源实朝的乳母。梶原景时在源赖朝死后遭到排挤一事，也因阿波局告知结城朝光梶原景时向源赖家进谗言诬陷他而起。除此之外，将牧之方有意加害年幼的源实朝一事告诉北条政子之人也是阿波局。当阿野全成背上造反的嫌疑时，源赖家要求把阿波局抓起来问话，北条政子拒绝了，她说这种事情女人是不可能知道的，而且自从阿野全成去了骏河国之后，阿波局便从未与他有过联络。在北条政子与阿波局的关系中，我们看到了北条一族和源赖朝一族的双重结合，但与此同时，两家男性之间的关系与女性之间的关系却又在相对独立的情况下各自发展。

北条政子之所以想让源实朝娶足利义兼的女儿，是因为其母亦为北条政子的妹妹。可以说，北条政子希望通过女性之间的团结来加强双方的联系。在元久二年（1205）发生的畠山重忠因莫须有罪名惨遭杀害的事件中，问责后遭处死的稻毛重成的外孙女是北条政子的养女，于是北条政子将稻毛重成留下的领地授予此女。此外，如前文所述，建保六年（1218），北条政子还在去熊野参拜的途中造访了京都，定下了此女与土御门通行的亲事。

除此以外，北条政子还有其他的养女，如源义仲的妹妹宫菊。宫菊于文治元年（1185）从美浓前往京都。因是北条政子的养女，很多人利用宫菊，对其巴结奉承，给宫菊留下了不好的名声，人们向朝廷申斥她是“疯狂的女人”，北条政子则劝宫菊前往镰仓。因此，同年五月，宫菊抵达镰仓，在对北条政子说明情况后，通过北条政子的求情，宫菊得到了一个村庄。宫菊的哥哥源义仲生于久寿元年（1154），第二年其父源义贤为源义平所杀，按照兄妹次序来算，宫菊应该出生在1155年或是1156年。如此一来，宫菊作为保元二年（1157）出生的北条政子的养女就有些蹊跷了。因此，宫菊应该是源义仲的女儿，而非源义仲的妹妹。源赖朝的长女大姬虽然曾被许配给以人质身份住在镰仓的源义仲长子源义高，但源义高在源义仲战败死亡之后逃出了镰仓，元历元年（1184）四月，源义高为追兵所杀。那时，大姬憔悴无比，北条政子愤慨之下，处死了杀害源义高的凶手。从北条政子与源义高的关系可以看出，宫菊显然受到了北条政子的庇护。

此外，后文将会提及的源赖家之女竹御所，虽不是北条政子的养女，但建保四年（1216），正是因为北条政子下令，她才得以成为源实朝之妻的养女。由此推测，静御前生下的应该是一个男孩，所以源赖朝才会下令处死这个孩子，如果是一个女孩，想必便会交由北条政子来抚养了。

北条政子通过庇护女性或是将她们收为养女，再让她们嫁给合适的对象以发展自己的政治关系网络的行为背后，大概潜藏着其重视通过女儿而非儿子来团结女性的意识。

北条氏地位的提高

北条政子最关心的是东国武士、北条氏以及其盟友的生存问题。在这一点上，北条政子比北条时政或北条义时更为上心。

在《吾妻镜》所描述的镰仓初期的政治史中，与源赖朝这一代有关的源家兴隆史及衰败史背后，都潜藏着北条氏的兴隆史。而在这段历史中，无论是北条时政还是北条义时，抑或三浦氏等人，没有人的形象被塑造得完美无瑕，但北条政子和北条泰时，他们仿佛是完美的化身。《吾妻镜》更是通篇都在论证，北条政子和北条泰时才是北条氏崛起的大功臣。

无论是源实朝执政初期，北条时政的继室牧氏拥立平贺朝雅为将军，还是在藤原赖经正式继任前，北条义时的继室伊贺氏想将一条实雅推上将军位，其共同之处都是政治上有实力之人的妻子意图拥护自己的女婿，而在这两件事中，牧氏与伊贺氏皆与北条政子处于对立的状态。伊贺氏的事件是其趁北条义时死后局势混乱掀起的，所以北条义时自然与此无关。但是，在牧氏的事件中，北条时政则一直在近处旁观。在这种情况下，北条政子始终代表着整个北条氏的利益，也尽可能地保护着源氏的利益。北条政子就是北条氏。虽不知是哀叹还是赞叹，但慈圆在《愚管抄》中用“女人打造的日本国”巧妙地描述了这种情况。

我们将会在下一章中以表格的形式列出，源赖朝死后至承久之乱这段时间内，幕府方面所发生的内讧或是反叛事件（参见第 176 页）。这些事件有两个特点：一是多发于京都周边地区，二是涉事之人均与源赖朝或源氏一族有关。

其中，带有后者特征的事件，诸如：阿野全成谋反事件（源赖朝之弟）、比企氏之乱（将军源赖家）、牧氏的阴谋（信浓源氏平贺朝雅）、泉亲衡的阴谋（源赖家之子千手丸）、和田义盛余党事件（同前）、源实朝暗杀事件（源赖家之子公晓）、伊贺氏的阴谋（一条能保之子一条实雅）等。括号内标注的是与源氏相关的涉事之人，当时以北条政子为中心、以北条时政－北条义时为代表的北条氏，负责代表幕府处理这些事件。

北条氏只有通过维持自身与继承了源氏血脉的将军之间的稳固关系，同时防止其他氏族与将军交往过密，才能够很好地防止动摇幕府根基的事件发生。这意味着北条氏需要回到原点，即通过接纳源赖朝为女婿，使自身成长为御家人势力的核心力量。

北条氏这种无法通过自身血统来体现统治者合法性的家族，必须把女儿嫁给源氏成员，使其诞下带有自身血统的后代，然后再以外戚的身份获得权势，这就类似天皇家与摄关家的那种模式化关系。而与北条氏展开争夺源氏血脉大战的其中一个家族，便是上述提到的源赖家之子一幡的外戚比企氏。而北条时政的继室牧氏收平贺朝雅为女婿，北条义时的继室伊贺氏收一条实雅为女婿，实际上属于选择和源赖朝系统以外的源氏结缘，为家族带来兴旺。镰仓时代的武家社会看似以父系为重，但实际上，像这种以招女婿来继承贵族血统的“母系兴家”的方式亦占有相当的地位。

正如前述所言，北条氏之所以能在镰仓幕府占据主要地位，源赖朝这样的女婿功不可没。再往后，北条政子的儿子——源赖家、源实朝，既有源氏的血脉，又有北条氏的血脉，他们延续了北条氏的地位，属于古代常见的父系继承。然而，由于源实朝遭到暗杀，源氏与北条氏之间的联结已不可能再通过父系承继下去。

在这个阶段，北条政子决定重新贯彻母系继承的原则。为了家族利益，北条政子与其继任者致力于通过母系来维系将军与北条氏之间的关系，当新的将军被任命时，她们便会尝试与其建立新的关系。北条政子之所以时常庇护族内甚至族外的女性，是因为她十分重视母系传承，同时她会有意识地通过这种庇护行为来增强其与被庇护女性之间的联系，以此来巩固北条氏在幕府中的地位。

源实朝被暗杀后，北条氏已找不出下一个带有自身血统的将军候选人。其间，北条氏虽请求过后鸟羽院的皇子承袭将军一职，但该计划最终未能实现，取而代之的是藤原道家之子藤原赖经来到镰仓，承袭将军之职。从父系来看，藤原赖经是藤原兼实的曾孙，从母系来看，他还是源赖朝同母妹的曾孙，所以对于北条政子而言，由藤原赖经继任将军一职，倒也并非坏事。不过，既然藤原赖经与源赖朝在母系上一脉相承，那么北条政子顺理成章也就有了后面的计划，而她计划中的主角，便是承继源氏血脉与自己血脉的源赖家之女竹御所。只要能撮合竹御所和藤原赖经，再由他们的儿子承袭将军之位，那么源赖朝与北条政子双方的血统将再次回归至将军体系中。

关于竹御所母亲的身份，目前仍众说纷纭。有人认为竹御所的母亲是源义仲之女，也有人认为其母是比企能员之女。倘若后者的说法成立，那么竹御所便是一幡的妹妹。而提倡前者的《尊卑分脉》《承久兵乱记》二书所述的源义仲之女，我们在史料中却无法找到能与之相对应的女性人物。不过，如果前文中提到的宫菊真的是源义仲之女，那么她与源赖家之间的关系倒也不足为奇了，这种说法还是有可能的。此外，《河野氏系图》记述称北条时政之女嫁给河野通信后所生的女儿乃是竹御所的母亲，该观点则完全没有其他资料能够佐证。

从北条政子到竹御所

竹御所初次在史料中登场，是在《吾妻镜》建保四年（1216）三月五日条的“已故金吾将军（源赖家）之女”的相关记述中，该段文字叙述的是竹御所依照北条政子之命，成为源实朝之妻的养女，为此竹御所乘轿前去源实朝的御所，以便双方见面。这条记述并未提及竹御所之名，只写有“芳年十四”的介绍，如此算来竹御所应该生于建仁三年（1203），这一生辰年份也与之后竹御所和藤原赖经结婚时所记录的年龄完全符合，所以人们判断，上述文字所述的源赖家之女就是竹御所。

再往后，《吾妻镜》中有关竹御所的记述便开始逐渐增多，笔者在此不再赘述。总而言之，在这些记述中，竹御所扮演的角色都有一个共同的特征，即将军家的神佛祭祀之事均由她掌管。这项工作是在北条政子死后不久开始的。嘉禄元年（1225）八月二十七日举行的北条政子七七四十九日的佛事便由竹御所主持，这也是其名“竹御所”初次出现在史料之中。其后，作为孙辈虽无须为北条政子之死戴孝一年，但竹御所仍然这样做了，而竹御所之所以这么做，想必不仅是因为其有作为血亲的身份，更重要的是这样做可以彰显自己将军家正统的地位。此外，安贞元年（1227），竹御所还出席了北条政子的三回忌活动，以及为北条政子祈福所建寺庙的供养活动。此后，竹御所还独自前往鹤冈，参加了放生会，并向伊豆山神社及箱根神社派出了供奉币帛的使者。

竹御所与藤原赖经于宽喜二年（1230）十二月结婚，此时藤原赖经年仅十三岁，而竹御所二十八岁，这一年龄差异表

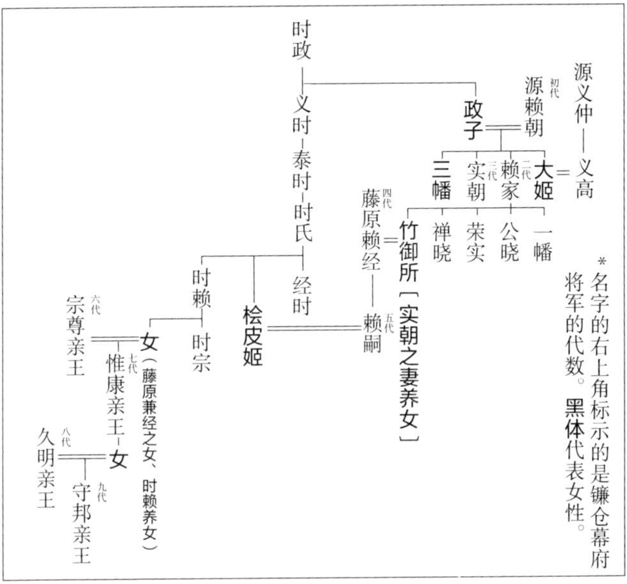

北条氏母系谱系图

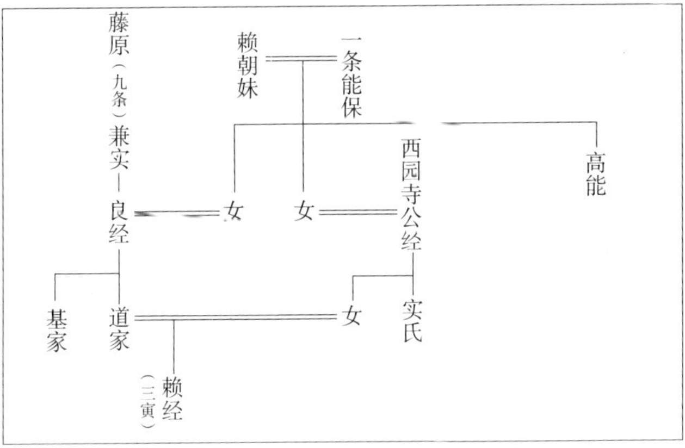

藤原赖经的谱系

明，这是一场不折不扣的政治婚姻。在正式成为将军家御台所[1]之前，鉴于竹御所有着源实朝之妻养女的身份，北条氏等幕府相关人士便已对竹御所怀有相当的尊重。例如，竹御所在忌方向[2]时可以使用朝时亭，生病时也有北条时房安排祈祷。《吾妻镜》关于竹御所的记述，如火势是否蔓延以及御所的异常情况等，也都表达了对竹御所的尊重。

综上所述，藤原赖经与竹御所的这桩婚事正是北条政子早就规划好的既定路线，对北条氏而言，如果这桩婚事能使将军家的谱系延续下去，那自是再好不过。但无奈造化弄人，文历元年（1234）七月二十七日，本就看似病弱的竹御所在产下死婴后精神紊乱，撒手人寰。这突如其来的情况，重挫了北条氏的计划。翻阅当年的记录，从“京都、镰仓皆为之哀叹”这样的词句中，我们不难看出竹御所之死给当时之人带来了相当大的冲击。

此后，如下一章所述，藤原赖经的将军一职被撤销，其六岁的儿子藤原（九条）赖嗣在元服[3]的同时接任将军一职。然而，从父亲藤原赖经的系统看来，藤原赖嗣虽勉强算得上有源赖朝的血脉，但其母是藤原亲能之女，在母系血缘上却与北条

1 御台所，对将军正室的称呼。

2 忌方向，日本民间习俗，指外出之际，当目的地处于禁忌方位时，在前一夜去别的方位住宿，改变方位后再出发。

3 元服，日本古时男子的成人仪式。

氏毫无瓜葛。于是，宽元三年（1245）七月，北条氏令七岁的藤原赖嗣娶了北条泰时的孙女，当时十六岁的桧皮姬，以图再次融合北条氏与源氏的血脉。只可惜婚后不到两年，桧皮姬便开始卧病在床。虽自她患病时起，祈祷康复的修行法事时常举行，但桧皮姬的病情却依旧不见好转。宝治元年（1247）五月十三日，年仅十八岁的桧皮姬离世。

事已至此，藤原赖嗣与藤原赖经相同，不再具有利用价值。换言之，流着源氏的血的藤原赖嗣将来极易被那些反北条氏势力利用，他变成了一个十分危险的人物。建长四年（1252）在祖父藤原道家死后，藤原赖嗣与妻儿一道被遣返至京都。

应幕府方面的要求，后嵯峨院的大皇子宗尊亲王代替藤原赖嗣，来到镰仓，继任将军一职。此后，直至镰仓幕府灭亡，便进入了与源氏和北条氏皆无血缘关系的皇族将军时代。在此过程中，嫁给宗尊亲王的近卫兼经之女，乃是北条时赖的养女，故而北条氏通过母系血统维持与将军家关系的思想，在镰仓时代也算是得到了某种程度上的贯彻。

第四章

京都朝廷与承久之乱

第一节　后鸟羽天皇的即位与倒幕计划

新设西面武士

行文至此，我们已围绕源赖朝、源赖家、源实朝以及北条政子，追溯了以镰仓为中心的历史。接下来，笔者将对京都朝廷方面的动向展开论述。

回顾以往，安德天皇及其弟守贞亲王跟随平家逃至西海后，面对天皇之位空缺的问题，以后白河院为中心，人们展开热议。

继任天皇的候选人有高仓院的三皇子惟明、四皇子尊成，以及当时在京都相当有势力的源义仲推举的北陆宫（以仁王的皇子）。最后在上述三位候选人中，尊成通过抽签的形式被选中，而他便是后来的后鸟羽天皇。关于这次选拔，《增镜》描述了另一个不同于抽签版本的故事。后白河院在选人之际，先将惟明与尊成唤至身边考察。起初，后白河院打算依顺位立惟明为天皇，但是惟明却似乎并不喜欢法皇，在一旁哭闹磨人，而尊成则坐到法皇膝上十分亲昵。于是，后白河院感叹道："这才是我的亲孙子啊！"四岁的尊成坐上了皇位。据《玉叶》记载，虽说抽签的结果似乎早已内定，但在抽签之前的阶段，前述《增镜》中的那段故事或许的确曾有发生。

其后，后白河院撒手人寰，后鸟羽天皇的统治时期开始。

《增镜》评论道："四海升平，风不拂枝……那么国家将人才辈出，这会是一个无愧于过去的时代。"后鸟羽院统治时期编撰的敕撰集[1]在元久二年（1205）三月二十六日的竟宴[2]上被命名为《新古今和歌集》。下令编撰了《古今和歌集》的醍醐天皇、村上天皇曾创造过被称为"延喜天历之治"的太平盛世，如果《新古今和歌集》有意沿袭《古今和歌集》之名，那么后鸟羽院显然具有一种热情，想要重现天皇家历史中理想的政治时代，简而言之即后鸟羽院表现出了一种"石上，今昔相比，追寻旧时踪迹"的复古姿态。

后鸟羽院 从后白河院掌权转变为由后鸟羽院治世，后鸟羽院一方面意图恢复旧有的政治体制，另一方面大力发展军事力量（水无濑神宫藏）

但是，后鸟羽院的这种热情并未带来多少政策上的革新，而是多被倾注在充实武力、积蓄实力方面。这一点似乎为其后承久之乱的悲剧种下了种子。

而这种充实武力政策的代表即为新设西面武士。过去，御所北面通常设置有直接听命于院的直属武士，后鸟羽院在此基础之上，又在御所西面增设了新的武士。

但西面武士具体于何时创设，却并无记录可查。不过，由

1 敕撰集，奉天皇、上皇等的命令编撰的和歌集和汉诗文集。
2 竟宴，进献敕撰集后在宫中举行的宴会。

于建永元年（1206）至承元元年（1207）期间已可确定存在西面武士，那么具体创设西面武士的时间可能离那一时期并不遥远。西面武士由身处京都的镰仓御家人担任。这表明镰仓御家人被纳入到院的直属军事力量中。

有记载称，1206年，河内国新设牧场，野田庄、兴福寺的狭山庄等均被编入新设牧场。虽无法准确比对相关资料，但我们仍可从中窥见后鸟羽院武力充实政策的其中一个环节。

在后鸟羽院之下，北面武士、西面武士自不待言，就连侍奉后鸟羽院左右的上达部[1]、殿上人[2]都开始勤于练习刀剑。该时期也多有后鸟羽院尚武的逸闻传出，例如：后鸟羽院本人因参加赛马，从马背上摔落而一度昏厥；后鸟羽院不仅骑马射箭，还在鉴定刀剑上颇有造诣，他曾亲自锻造过一把名为“御所烧”的刀，等等。《古今著闻集》记载了一个展现了后鸟羽院性格特征的故事：在今津，后鸟羽院曾亲自出马在船上指挥西面武士追捕一名名为交野八郎的强盗，交野八郎看到后鸟羽院一面手执沉重的船桨，一面指挥作战的场景后，认为已无可挽回，于是束手就擒。关于此事，《明月记》的说法是后鸟羽院悄悄避开众人出游，或许该说法更准确，不过如果同时代的人

---

1 上达部，摄政、关白、太政大臣、左大臣、右大臣、大纳言、中纳言、参议及三位以上者的总称。

2 殿上人，获准进入宫中清凉殿的人，为三位以上官员和四位、五位中的部分官员以及六位的藏人。

没有给予后鸟羽院的体力及武艺高度评价，那么也不会有《古今著闻集》所述的那种故事吧？

天皇亲自狩猎从平安初期以来就一直存在，后鸟羽院也曾多次前往自古以来便是朝廷狩猎场的河内交野狩猎。

对寺院的强硬态度

后鸟羽时代比较突出的一个特征即后鸟羽院对京都周边包括山僧在内的寺院势力持较为强硬的态度。

具体而言，1206 年 9 月，在后鸟羽院身边之人毫不知情的情况下，众多武士匆匆赶往御所。因为有人报告称，比叡山的数百僧人手持武器正在集会。第二日，这些武士根据院宣，奔赴园城寺及其位于小仓的分寺称妙寺，以征讨这群僧人。第三日，这群僧人的同伙——近江源氏的八岛冠者率领家臣固守观音寺后一带，检非违使[1]小野义成奉院宣实施抓捕，双方展开战斗。小野义成及其子皆负伤。其后，三名暴徒被杀，两人被生擒，还有大约三十名僧人在比良山山脚被杀，后鸟羽院的武士也有多人负伤。

承元三年（1209）六月，后鸟羽院前往日吉社参拜并参加了赛马活动。后鸟羽院所在看台的西侧下方，聚集了一大批人。当大力士想要驱散人群时，他们与比叡山的群众发生了争

1 检非违使，官职，有“检察非违（非法、违法）的天皇使者”之意，管辖京都的治安维持和民政。

执，群众向大力士投掷碎石，碎石甚至砸到了后鸟羽院的看台，于是大家慌作一团。后来，群众登上大宫门楼，齐声呐喊，气势磅礴。为了平息群众的积愤，大力士被移交至检非违使处，侍候在看台的天台座主也前来安抚群众，但群众却依旧没有作罢的迹象。于是，后鸟羽院不得不离开。后来，后鸟羽院将在此次骚乱中带头肇事的觉缘、昌范、严庆等人判处流放之罪。建保元年（1213）八月，因与清水寺发生纷争，延历寺众百余人聚集在长乐寺，企图烧毁清水寺。后鸟羽院命令众武士与四面武士驱散众人，结果双方均有人负伤。后来，朝廷方面的人虽因此事遭到处分，但该事件却仍然展现了后鸟羽院不向僧徒妥协的姿态。

实际上，在承久之乱中，如此强硬的姿态恰恰适得其反，它导致寺院势力不再大力支持朝廷。那么后鸟羽院为何态度如此强硬呢？后鸟羽院对寺院势力似乎并无什么政治上的企图，他只是希望借此机会动用北面武士、西面武士以及检非违使等直属武力，毕竟在京都周边，只有面对强盗、对抗的僧众时，后鸟羽院才能以正当理由行使武力。而后鸟羽院想要通过这些机会练手，以备将来倒幕之需。

那么，后鸟羽院的直属武力究竟有多少战斗力呢？在承久之乱中，除直辖军以外，还有不少从诸国召集而来的武士，因而战局的最终走向并不由直辖军单方面决定。从这层意义上说，只讨论西面武士，以及那些院近侍的行动是十分困难的，不过由军记物语的记述看，这些人似乎也没有表现出太大的成就。

对于后鸟羽院而言，比起现实力量，“武”被看作一种装饰王权的要素，一种审美诉求。后鸟羽院的“武”，是身披华服、佩戴太刀的武士在骑射比武中展现精湛武艺艺术的场面。而俯卧山野、缺少食粮、忍受寒暑、为刀箭所伤而痛苦呻吟等战争中的真实情况，在后鸟羽院看来却是虚幻、遥远的世界。例如，左近卫权少将藤原为家曾带领少将亲通、藏人康光等人骑马去往云林院，但是在途中，由于后鸟羽院饲养的马匹需要吃品质优良的草，于是藤原为家这种官职的人便被派去割草。藤原定家听闻此事后表示十分诧异，他感叹道：“真乃古今未闻之事。”这即是一个温室栽培式武力的绝佳之例吧。

不过，不论实情如何，重视发展武力的朝廷将不免会与统辖全国武力的幕府产生冲突。可以说，后鸟羽院从一开始就相当清楚地意识到了这一点。

对宝剑的执着

后鸟羽院对三神器[1]之一的宝剑所产生的执着，象征性地表现出其反幕府的情绪。在治承寿永之乱中，安德天皇死于西海，原本的宝剑也消失在大海之中。为此，后鸟羽天皇在位期

1 三神器，即八咫镜、天丛云剑、八尺琼勾玉，是日本天皇代代传承的宝物。

间，夜御殿内并无宝剑，只有一把藤原基通献上的昼御座剑，后鸟羽天皇行幸时也须兼用此剑。到了土御门天皇在位时期，昼御座剑完全变成了夜御殿剑的替代品，然后另一把不知是谁献上的剑，成了新的昼御座剑。到了承元四年（1210）年末，当土御门天皇让位给顺德天皇时，后鸟羽院又用后白河院时代伊势神宫献上的剑替换了过去的夜御殿剑。在此期间，昼御座剑一直被当作夜御殿剑使用。因此，后鸟羽院才在顺德天皇即位前，特意命人取出了收藏于莲华王院的伊势神宫献上的剑，置于夜御殿内。据说，起初此剑乃伊势神宫的藏品。后来，伊势神宫的最高神官遵循梦境指示将此剑呈献给了朝廷。于是，后白河院便将其收藏在莲华王院宝藏中。而后，到了后鸟羽天皇、土御门天皇在位期间，因是权宜之计下临时使用的宝剑，故而在天皇行列的神器中，以玉为先，以剑为后。而成功启用此剑后，又改回以剑为先的顺序。

另一方面，建历二年（1212），后鸟羽院下达命令，派遣其后承久之乱中朝廷方面的主谋之一藤原秀康的弟弟、检非违使藤原秀能前往镇西，搜寻在坛浦之战中遗失海中的宝剑。藤原秀能五月出发前往筑紫，九月返回京都，虽耗时耗力仔细搜寻，但是最终还是难觅宝剑踪影。

在三神器中宝剑象征武力，故而后鸟羽院的上述行为实则是一种象征性行为，它意味着后鸟羽院极力希望收回朝廷在治承寿永之乱中丧失的军事统治权。同时它也象征着后鸟羽院反对慈圆所主张的政治路线，即朝廷与幕府必须通力合作、和谐共融。慈圆曾在《愚管抄》中表示，宝剑之所以会丢失，是因为“武士（赖朝）若守君主之世则宝剑遗失”“当今武士大将军得天下，国主与武士大将军若不齐心恐难治国”。换言之，宝剑丢失的原因是，源赖朝作为保卫朝廷的军事力量出现，从而幕府与朝廷必须通力合作。

这一时期的政治形势使后鸟羽院相信，倒幕有其成功的可能性。源赖朝死后，源赖家与实力派御家人之间产生对立，其继承人源实朝又年纪尚小。这一时期，谋反事件层出不穷。笔者将列表梳理其具体情况（参见第176页表格）。这些事件的主要特征是，大都由源赖朝的亲族或是有清和源氏血统的人挑起，虽然镰仓乃至关东地区的叛乱起义较少，但在京都地区，此类事件却异常集中。

如果不是爆发了和田之乱那样的大规模叛乱，恐怕那些谋反者也不会在镰仓附近引发骚乱，毕竟镰仓一直都是幕府的大本营所在，不过话虽如此，各地情况并不相同。京都之所以时有叛乱发生，有其自身的原因。笔者认为，在源赖朝执政时期，东国的独立化倾向加剧。对此，京都朝廷尤其后鸟羽方面一度大力反抗。在此形势之下，谋反者为了得到朝廷的认可，纷纷在京都周边发动了这些暴乱。

没有任何历史证据表明，这些叛乱的主谋曾与后鸟羽院有过直接的联系，抑或得到过其支持。不过在后文中，通过分析

◎正治元年（1199）二月十四日 中原政经、后藤基清、小野义成等人因谋乱而被捕。

◎三月十九日 僧人文觉被发配佐渡国。

◎十二月十八日 梶原景时被放逐，次年一月二十日在前往京都的途中被杀。据称，梶原景时曾密谋拥立武田有义。

◎正治二年（1200）七月九日 佐佐木经高在京都集结部队，引发骚乱。次月，被褫夺守护职位。

◎建仁元年（1201）一月二十三日 城长茂谋划叛乱，闯入御所要求降院宣追讨镰仓幕府，该事件继承了梶原景时叛乱的遗志。

建仁三年（1203）五月十九日 阿野全成（今若）因涉嫌谋反被捕。六月二十三日，阿野全成在流放地下野国被杀。

◎七月十六日 阿野全成之子阿野赖全在京都被杀。

◎元久二年（1205）闰七月十九日 北条时政与其妻牧氏欲拥立平贺朝雅为将军，但却失败。闰七月二十六日，平贺朝雅在京都被杀。

建保元年（1213）二月十六日 泉亲衡欲将源赖家之子千手丸（僧人荣实）推上将军宝座，但此事败露，和田义直、和田胤长等人遭到逮捕。

五月二日 和田之乱爆发。

◎建保二年（1214）十一月十三日 和田义盛余党在京都起义支持千手丸，但遭六波罗军镇压。

承久元年（1219）二月十四日 阿野全成之子阿野时元在骏河举兵，遭镇压。

◎承久二年（1220）四月十五日 源赖家之子禅晓在京都被杀。

承久之乱爆发前的谋反、叛乱事件（◎表示该事件与京都方面有所关联）

承久之乱中京都朝廷方面的兵力情况，我们可以清楚地发现，承久之乱是这些事件的延续。

第二节　幕府、朝廷之间的倾轧及承久之乱

“藤原将军”赖经

承久元年（1219）正月二十七日，在源实朝遭到暗杀的一个月之后，幕府方面邀请后鸟羽院的皇子赴镰仓承继源实朝的将军之位。接下来，笔者将详细介绍一下具体经过。

首先，二月中旬，北条政子意欲迎后鸟羽院的皇子六条宫或冷泉宫至关东。二阶堂行光为此专程赶赴京都，幕府的宿老及御家人也都联名上奏，表示有相同的意愿。《愚管抄》称，将军麾下的武士失去主人后难免心生忧虑，为了安抚众人心绪，迎皇子坐镇镰仓可谓合情合理。

但是，幕府与朝廷的交涉并不顺利。在奔赴京都约一个月后，二阶堂行光向朝廷方面表示，虽无须即刻动身，但务必送出一位皇子前往镰仓。随后三月上旬，内藏头藤原忠纲作为后鸟羽院的使者抵达镰仓，在一番吊唁后，藤原忠纲向北条政子

提出，欲罢免摄津国长江庄、仓桥庄的地头。随后，镰仓幕府的北条义时、北条时房、北条泰时等北条氏成员及大江广元，就此事在北条政子的府邸展开商议。十五日，北条政子派北条时房率领千骑兵力奔赴京都。可后鸟羽院依然拒绝派遣皇子。最终，经双方妥协，藤原兼实之孙藤原道家的儿子、年仅两岁的三寅（后来的藤原赖经）被送往镰仓。三寅的家族谱系如第三章给出的谱系图（第 163 页）所示，他是源赖朝的妹妹与一条能保所生的两个女儿的后代，即无论父系还是母系，三寅都可算得上是源赖朝的亲族。因此，人们认为三寅继承将军之位具有一定的合法性。

那么，后鸟羽院为何不允许皇族就任将军之位，却允许藤原氏这样做呢？后鸟羽院曾表示："日本国将会一分为二。"因此，如果藤原氏就任将军之位，不管其如何专权，都将不具有取代天皇的合法性，但如果是皇族乃至皇子就任将军之位，那么他们则有可能取代天皇。谁也不能保证两个血统相同的皇子是否会为了争权而将日本分裂为东西两半。所以，当时便已想推翻幕府的后鸟羽院，决不能容忍这样的风险发生。再者，藤原氏本就具备辅佐天皇执政的身份，所以根据实际的权力关系，藤原氏甚至有可能将幕府重新规制于朝廷的控制之下。

六月三日，天皇正式下令派遣藤原赖经前往镰仓。于是，藤原赖经于六月二十五日从京都出发，七月十九日抵达镰仓，成为所谓的"藤原将军"。由此，新任幕府将军的政所开始运转，不过由于将军年幼，实际政务仍交由北条政子打理。其后，直至嘉禄二年（1226），藤原赖经才正式就任将军一职。

关于指定藤原赖经的经过，据《增镜》的记述称，北条政子曾向西园寺公经表示想迎一名皇子坐镇镰仓，于是西园寺公经便遵照北条政子的想法，开始着手操办此事。在此过程中，西园寺公经的女婿藤原道家建议，可以让其子藤原赖经担任幕府将军，西园寺公经认为此事亦可，于是选了藤原赖经。

不过，这件事对西园寺公经和藤原道家来说或许是千载难逢的好机会，但对于北条政子和北条氏来说情况就有所不同了。藤原赖经虽是摄关家与源家的后裔，但他却与北条氏毫无血缘关系上的纠葛。如此一来，源赖朝至源实朝三代将军的外戚——北条氏，将丧失其原有的地位与权力。不仅如此，如果藤原赖经与源氏的相关势力结合，那么北条氏将陷入更加不利的境地。

而且，仅凭源赖朝远亲的身份，在武士社会中，藤原赖经将难以主张其具有继任幕府将军的绝对合法性。据《明月记》的记载称，嘉禄二年（1226）正月，佐佐木信纲作为使者前往京都，申请任命藤原赖经为征夷大将军，他来到藤原氏守护神所在的春日社，询问神明是否可以让藤原赖经改姓为源赖经，结果天意不允，故而藤原赖经无法改姓。恐怕天意即为抽签的结果吧。不过，我们亦可从中窥见，幕府希望藤原赖经改源姓的诉求，以及藤原氏方面碍于脸面所持有的反对态度。不过，经由此事，我们可以看到幕府方面对藤原赖经的合法性多少持有些危机意识。正是为了弥补这种合法性上的缺陷，藤原赖经的名字才与源赖朝、源赖家保持一致，取了其中的“赖”字。此后，由于天气无常的宽喜二年（1230）闹灾荒，人们对将军合法性的怀疑也好像烟消云散一般，藤原赖经与源赖家之女、源实朝妻子的养女竹御所成婚。也就是说，藤原赖经以源氏养子的名义继承了将军之权。

承久之乱的导火索

另一方面，随着源实朝的离世，源赖朝一脉绝嗣，幕府的向心力也开始减弱。于是，后鸟羽院决定趁机推翻幕府。如此一来，镰仓初期政治史的分水岭式事件——承久之乱爆发了。

承久之乱爆发的直接原因，前文亦有提及，即承久元年（1219）三月，后鸟羽院在吊唁源实朝之际，向幕府提出撤销其赐予宠妾白拍子龟菊的摄津国长江、仓桥两处庄园的地头职务，因为这些地头拒绝服从龟菊的命令。但北条义时却断然拒绝了后鸟羽院的请求，他认为纵使下达院宣，亦不可收回源赖朝作为战功奖励赏赐给功勋者的地头职务。另一方面，被赐予这两处庄园的龟菊又称伊贺局，据说她曾是平安时代淀川与神崎川交界处繁华的江口、神崎码头的一名妓女，故而可能与该地区有着千丝万缕的联系。但是，笔者认为不论后鸟羽院如何宠爱龟菊，单单此事也似乎很难成为后鸟羽院决意推翻幕府的契机。我们稍后将会讨论，在此事件背后，恐怕还隐藏着某些尚未浮出水面的理由。此外，如果将此事作为承久之乱的导火索，那么从此事发生直至举兵，中间间隔了近两年的时间，笔者认为这样的时间间隔未免过长。

总之，在此事之后，后鸟羽院开始实施倒幕计划。首先，他唤来藤原秀康，命令他制订计划讨伐违背院宣的北条义时。藤原秀康受命，并建议拉拢在京都的三浦胤义加入，三浦胤义是相模三浦氏之人。于是，藤原秀康便假借酒宴之名邀请三浦胤义，并一面向三浦胤义打听其留守京都的真实目的，一面向其不经意地透露后鸟羽院的决定以寻求配合。由于三浦胤义原本就受后鸟羽院之命，企图在幕府中掀起叛乱，故而此院宣可谓正中下怀。于是，三浦胤义向藤原秀康提议："如果你写信给我的兄长三浦义村，三浦义村必会响应，待到那时讨伐北条义时，将会变成小菜一碟。这种计划不能耽误，事不宜迟，你们应该尽快展开商议。于是，藤原秀康把这些情况禀报了后鸟羽院，后鸟羽院火速下令，召开军事会议。

就这样，承久三年（1221）四月二十八日，朝廷一方面宣称要在伏见的城南寺举办骑射比武大会，并以此为名召集了各地的武士，另一方面又向坊门忠信、叶室光亲、源有雅、中御门宗行、一条信能、高仓范茂、僧正长严、法印尊长等人直接传达了旨意。据通行本《承久记》记载，共有大和、山城、近江、丹波、美浓、尾张、伊贺、伊势、摄津、河内、和泉、纪伊、丹后、但马十四国的武士，共计一千七百骑参加了此次骑射比武大会。据慈光寺本《承久记》记载，则有大和、近江、丹波、美浓、尾张、伊势、摄津、纪伊、丹后、但马、播磨、三河、伊豫十三国，共计一千余骑加入其中。其中的主要人物有藤原秀康、佐佐木广纲、大内惟信、后藤基清、三浦胤义、河野通信、大江亲广等。

在此之前，后鸟羽院向金峰山供奉了一件淡绿色丝线的腹卷以祈祷计划成功。与此同时，四月二十日，基于与后鸟羽院齐心迎战的考量，顺德天皇悄悄将皇位让与仲恭天皇。于是，以后鸟羽院为首，包括土御门、顺德在内的三位上皇，以及六条宫、冷泉宫皆聚于高阳院之中，他们命诸国士兵把守四面大门，准备迎接战斗。

盲目乐观的京都一方

战斗伊始，后鸟羽院命令藤原秀康讨伐北条义时的亲族——身处京都的京都守护伊贺光季。于是，藤原秀康前去跟三浦胤义商议，伊贺光季十分勇武，若是直接冲入其住所，恐难实现将其剿灭的目的，于是二人决定，先将伊贺光季唤至高阳院，然后再在前庭将其杀死。万一伊贺光季不从，则视情况而动。藤原秀康与三浦胤义将行动日期定为五月十五日。到了那日，伊贺光季三次无视了院宣传召，据说是因为佐佐木广纲无意间向伊贺光季走漏了风声，又或者是因为西园寺公经曾因后鸟羽院不寻常的动向提醒过伊贺光季要提高警惕。总之，最后藤原秀康、三浦胤义、大江亲广等后鸟羽方面的军队，为了剿灭伊贺光季，全部涌进了高辻京极的住所。

因为身负京都守护的身份，伊贺光季放弃了逃往镰仓的念头，他决心以不足三十人的兵力迎战。据说，后鸟羽院方面来了八百骑到一千余骑的士兵，抵达战场后，双方展开激战，大概过了两刻钟时间，伊贺光季手下的兵将几乎全军覆没，伊贺光季本人也身负重伤。最终，被逼入绝境的伊贺光季与次子伊贺光纲一起，点燃居所自杀了。此外，在此之前，朝廷中的亲幕府派——西园寺公经、西园寺实氏父子也被召入宫中软禁。伊贺光季的手下为了把消息送往镰仓一路疾行，但三浦胤义在结束战斗后便依照商议结果，遣使给兄长三浦义村送了一封信，劝他投靠后鸟羽院一方。此外，后鸟羽院又再次命令藤原秀康，向五畿七道诸国下达追讨北条义时的院宣，尤其是对镰仓的武田信光、小笠原长清、小山朝政、宇都宫赖纲、足利义氏、北条时房、三浦义村等实力派武将，为了传达后鸟羽院的旨意，还特地派遣了部下押松赶往镰仓。

此时，后鸟羽院问："在关东有多少人会与北条义时同生共死？"三浦胤义回答说："不会超过一千人，因为恐怕无人愿与朝廷的敌人结盟。"然后，恰好也在场的另一位武士却直言道："恐怕不止一千人，无论如何也不会少于一万人，倘使我也置身关东，应该会加入北条义时一方。"此番发言引得后鸟羽院大为不快。该故事表明京都方面的认知不过如此。

五月十九日，伊贺光季的信使到达镰仓，西园寺公经派遣的信使几乎同时抵达，京都方面的严重事态也都为镰仓众人所知。于是，幕府方面在镰仓搜寻押松，并成功将其擒获，没收了其所持之宣旨。另一方面，三浦义村并未给三浦胤义的使者回信，而是将其直接赶了回去。而后，三浦义村拿着三浦胤义寄来的书信去找北条义时，以示对镰仓方面的忠诚。京都方面企图通过怀柔政策笼络镰仓幕府的实力派将领，来从内部瓦解镰仓幕府，实现倒幕大业。然而，这一设想却将京都方面盲目乐观、过于天真的姿态暴露在大众眼前。

此时，镰仓诸将集中在北条政子处共商对策。北条政子历数了源赖朝自开创幕府以来对诸位将领的恩情大义，她指出了京都方面下达"不义"的纶旨，讨伐幕府的不公，并敦促御家人们决定到底是投靠京都，还是留在镰仓战斗。在北条政子慷慨激昂的陈词之下，没有一人表示愿意投靠京都一方，于是众人同仇敌忾，前往北条义时的宅邸共商军务。在会议中，诸位将领各抒己见，其中"固守足柄、箱根两个关口，静待京都方面进攻"的意见占据了绝对的优势。但是针对此意见，大江广元表示，如果不团结一心，只一味守关，不出几日，镰仓方面定会败北。所以，大江广元积极主张应火速派遣军队攻进京都。于是，北条义时就“应该采取哪一种方案”向北条政子征询了意见，北条政子赞同大江广元的看法，她任命北条泰时为大将，待武藏国军队到达，便即刻出兵京都。

东国武士十九万骑开拔

据《吾妻镜》记载，这一天，北条义时颁布指令，要求东国诸国率领族人参加远征军，指令下达的对象包括远江、骏河、伊豆、甲斐、相模、武藏、安房、上总、下总、常陆、信浓、上野、下野、陆奥、出羽等。

二十一日，军事会议再次召开，出兵京都的积极对策又一次遭到了部分与会人员的质疑。大江广元表示，都已经决定派兵且已过了一段时间，又重新出现这样的反对意见，即说明等待武藏军队本身，就是一个错误的决策，而且如果再这么继续等下去，武藏军队也难免会心生变节。如果北条泰时独自一人出兵，东国势力必定汇聚、跟随。北条义时认为大江广元言之有理。而后，北条义时又向幕府宿老入道善信（三善康信）征求了意见，结果入道善信与大江广元的意见高度统一。既然如此，北条义时便下定决心让北条泰时率兵在深夜开拔，无论如何，当日之内先赶往稻濑河的藤泽清近家即可。第二天即二十二日，北条泰时大军总算正式向京都进发。那时，北条泰时的主要追随者有包括其子北条时氏在内

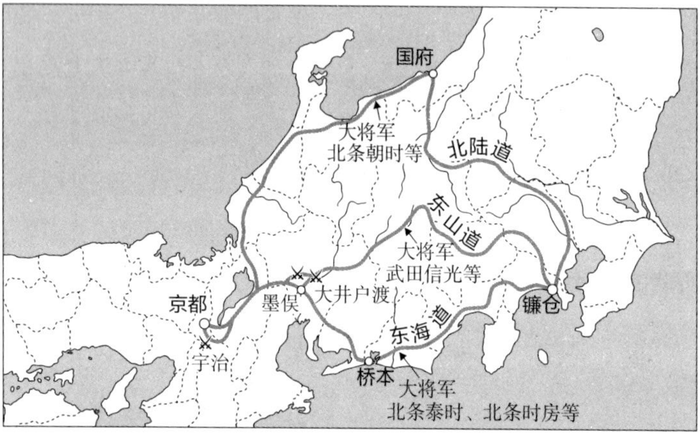

承久之乱：幕府军的进攻路线

的十八名将领。而后，北条时房、足利义氏、三浦义村等人也相继出兵，朝京都方向进发。另一方面，北条朝时也作为北陆道大将挺进京都。

二十三日，北条义时、大江广元、入道善信、小山朝政、宇都宫赖纲等宿老留守镰仓，负责部署军队并为前线将士祈祷，而其他的东国武士，在二十二日至二十五日清晨之间，也都陆续出发。一时间东国兵力总计约达十九万人。他们兵分三路：东海道由北条泰时、北条时房、足立义氏、三浦义村带领，有十万余人；东山道以武田信光为大将，由小笠原长清、小山朝长、结城朝光带领，有五万余人；北陆道由北条朝时、结城朝广等人带领，有四万余骑。据古活字本《承久记》记载，当时幕府军队的组编已存在“父亲前往京都则儿子留守东国，儿子前往京都则父亲留守东国”的趋势，换言之即已有父子兄弟各自分离以留下“人质”的设置，不过该记载真伪不明。

另一方面，携带院宣而来的后鸟羽院部下押松，被幕府暂时扣留，有人建议先让押松看看东国军队的壮观场面，随后再令其返回京都，恐怕更为妥当，所以押松并没有被立即释放。终于到了二十七日，押松带着北条义时回应院宣的信，踏上归途。据慈光寺本《承久记》记载，在这封信中，北条义时无所畏惧地表示：“每年进贡两三次染绢、金银、鹫羽及马匹，朝廷有何不足，需要颁布此等院宣？倘若朝廷想要召见武士，吾将派遣东海道、东山道、北陆道共计十九万武士与西国武士战斗，以供御览，倘若如此仍不足够，请再次派遣押松这样的官吏前来送信，到时北条义时自会再领十万武士参见。”

在此之前的十九日，为了防备镰仓方面的进攻，京都方面在各处排兵布阵。二十六日，被派遣至美浓的藤原秀康之弟藤原秀澄向京都报告说，东国军队犹如黑云压城之势袭来。院中众人顿时慌作一团。二十八日，清水寺的僧人将后鸟羽院的祈愿文放入新造好的胜军地藏、胜敌毗沙门像内供养，以祈祷战争能够获得胜利。

六月一日，押松回到高阳院。他带回了北条义时的回信，并将镰仓的情况及归途中所见无数东国军队的情景传达给众人。此时，院中“上下万人，皆俯首，目光低垂”，人人垂头丧气，被吓得魂飞魄散。纵使如此，万般无奈下，京都方面仍然不得不想办法部署防卫。于是，藤原秀康受后鸟羽院之命开始部署，他将大内惟信、藤原秀康、藤原秀澄、三浦胤义、佐佐木广纲等主力军一万二千人派往东山道、东海道，将宫崎左卫门尉等七千人派往北陆道，京都方面兵力总计一万九千人。剩下约七百人则负责固守宇治、势多。较之此前以城南寺骑射比武大会为名召集而来的兵力，此时京都方面的兵力还多出了增援部队，但目前增援部队的人数、出身地域均不详。只不过，在追讨伊贺光季的战斗结束后，后鸟羽院方面也仍不放弃召集兵力。据《吾妻镜》记载，宫中曾派遣过五名使者前往但马的法桥昌明处，召集武士奔赴京都，但法桥昌明将其全部斩首，表示自己誓不从命。为此，法桥昌明遭到了但马国内追随京都方面势力的袭击。

美浓、尾张三川地区的攻防战

六月五日，东海道幕府军的先头部队抵达尾张一宫，幕府军向木曾川、长良川等多处渡河地点派兵布阵：鹈沼渡方面由毛利季光等人负责，池濑方面由足利义氏负责，板桥方面由和狩野介入道负责，大豆户方面由北条泰时、三浦义村等人负责，墨俣方面则由北条时房和安达景盛等人负责。另一方面，与东海道军并行、向偏北方向进发的东山道军，则于木曾川的河合、大井户等渡口处与京都方面军交战。当日晚，大井户之战吹响了战斗的号角，东西两军在周边各渡口展开激战，战斗持续至第二日。京都方面的山田重忠等人虽一度浴血奋战，但大多数的京都军仍选择不战而逃。于是，幕府军长驱直入、势如破竹。

据慈光寺本的《承久记》记载，当时藤原秀澄曾提出可以将一万二千人的大军分别布置在大井户、板桥、伊义、大豆户等十几处战略要地，但山田重忠却反对该计划，他认为这一万二千人的军队应该横渡墨俣，一口气打下尾张国的国府，拿下东海道军的首领北条泰时和北条时房，继而突入镰仓。藤原秀澄素来胆小，因害怕山田重忠这种积极应战的策略会遭到北陆道军和东山道军的包抄，他最终还是选择坚持自己的持久战策略。不过，由于此事并无其他的史料记载支持，所以事实如何，真假难辨。但是，考虑到该地区的战事对整个承久之乱而言极为重要，所以上述记载恐怕也并非无稽之谈。

从地势上看，东山道军及东海道军都受到了木曾川、长良川及揖斐川这三大河及其中小支流的阻挡，所以在这一地区幕府军难以摆开阵势。然而，只要通过墨俣，便会有能让东山道军、东海道军汇合后排开阵势的地理条件。所以，对于京都方面军而言，想要更加有效地守住西侧，比起将兵力分散至各个中小渡口，不如集中全力死守墨俣。此外，若是想用少量兵力进攻东侧，就应该趁东山道军和东海道军汇合前，选择其中一路军，将其击破。撇开山田重忠的策略不谈，藤原秀澄这种兵分几路的做法，反而更容易让敌方逐个击破。因此，无论怎么考虑，藤原秀澄的计谋都不是上策。

从兵力上看，纵使数据存在一定的误差，但东国方面的兵力毫无疑问占有绝对优势。但是，东国大军果真如我们所见这般团结吗？例如，在美浓东大寺的对话中，东山道的大将武田信光就曾向小笠原长清表示，身为武士自当是京都和镰仓哪一方获胜了就跟随哪一方。由此可见，武田信光的自我盘算可谓相当清晰。正因抱着这种“识时务”想法的人影响力十分巨大，所以大江广元、入道善信和北条政子等人及经历过治承寿永之乱的人才会不约而同地主张早日攻打京都。

正如后续章节将会提及的，京都方面军几乎全都来自畿内近国，若是来自中国、四国及九州的兵力支援能够及时赶上，想必承久之乱的结局也就不如今天这般了。因而，为了争取时间，在美浓和尾张的三川地域打一场漂亮的攻防战，对京都军而言本就十分重要，但相当遗憾的是，京都军的第一道防线，很快就被幕府军攻破了。六月七日，东山道军、东海道军两军合流，共同驻扎在野上和垂井。两军在当日即举行了军事会议，商讨攻打京都的人员配置问题。最终会议决定：势多由北条时房负责，手上由安达景盛和武田信光负责，宇治由北条泰时负责，芋洗由毛利季光负责，淀由结城朝光、三浦义村等人负责。

最终防线——宇治川渡河

八日，京都方面的藤原秀康、筑后有长等人，身负战伤，返回京都，并带回了六日战败的消息。院中闻讯之后，一片骚动。仲恭天皇与三位上皇及二位亲王，移驾法印尊长的押小路河原宅邸，紧接着又借助比叡山的力量，转移至坂本。然而，比叡山的兵力并不足以抵御幕府方面军。十日，他们不得不再返高阳院（或四辻殿）。

十二日，京都军将兵力分散配置到以宇治为中心的三穗崎、势多、真木岛、芋洗及淀等地，以迎接幕府方面军的攻击。可以说，这已经是京都军的最后一道防线了。

在小路上稍作休息后，幕府军在十三日的大雨之中，按照计划奔向了各自负责的地点。山田重忠及其手下将桥上的木板拆了做盾牌，他们与比叡山僧众组成的军队联合，和幕府军方面负责势多的北条时房军队展开对峙。毛利季光与三浦义村等人则分别前往芋洗和淀，北条泰时也在栗子山布下了军阵。

然而，负责宇治的足利义氏和三浦泰村并未征得北条泰时的同意，便在宇治桥周边开战，该决定导致多人丧命于京都军的箭雨之中。当日深夜，收到宇治战报的北条泰时大为震惊，于是连夜冒着大暴雨赶赴宇治，命令幕府军停止战斗。次日即十四日，整夜的暴雨使得宇治川水位上涨，众多准备渡河与京都军展开战斗的幕府军将士被湍急的河水冲走，一时间死者超过八百人。身着铠甲一路杀向京都的幕府军，原本就已经十分疲劳，再加上粮草补给的不足，一旦丧失士气，劣势必将逐渐扩大，甚至将会面临溃不成军的危险。一面犹豫是否要渡过宇治川，一面眼睁睁地看着湍急的水流冲走士兵，北条泰时甚至一度做好了“大将军将葬身于此”的思想准备。

距离承久之乱已过了半个多世纪时，高僧日莲这样记述在承久之乱中前往宇治和势多的东国军队：“同年六月十三日夜晚戌亥时，乌云压顶，宛如车轴声般轰鸣的雷声在武士的头顶响起，随即大雨如注，从天而降。十九万士兵长途跋涉，已然兵荒马乱、弹尽粮绝，乡间的屋舍皆不见人，头盔被大雨淋湿犹如棉花一般。”作为后世之人，日莲对那时发生之事不可能知道得如此详尽，毫无疑问这些内容应该都来自传闻，不过其中对东国将士的描写，应该写得八九不离十。正如日莲所言：“过了今日，将士之心恐生叛变。”当时，若是再过数日仍无法横渡宇治川，那么庞大的军队将被层层瓦解，甚至如雪崩般四散分裂。因此，幕府军的胜利并不是易如反掌的。

北条泰时为了闯出一条新路，决意渡河。于是，他派芝田兼义先去探明各处河水的深浅。在此基础上，佐佐木信纲、中山重继及其率领的武士得以成功渡河。而后，幕府军拆了许多民房，做成木筏，并凭借这些木筏成功渡河。一时间两军局势发生逆转。京都方面，源有雅、高仓范茂及安达亲长等将领，纷纷逃窜。剩下的藤原朝俊、八田知尚等人不是被杀，就是溃败而逃。于是，承久之乱中规模最大的战事，就此落下帷幕。

毫无大义可言的战争结果

京都军全线溃败后，藤原秀康、三浦胤义、山田重忠等将领返回上皇御所门前，报告了战败的情况。谁知得到的却是无情的回答："若武士皆聚于此处，镰仓方面定将围攻此处，尔等还是尽早散去罢。"听闻此言，三浦胤义不禁自嘲，当初自己为何要背叛幕府，跟随一个毫无责任感的主君。随后，京都方面的将士各自散去，三浦胤义在木岛自杀，山田重忠在嵯峨的般若寺山自尽，而藤原秀康则被敌军擒获并处死。

六月十五日巳时，北条泰时、北条时房等人进入六波罗，从北陆道进军的北条朝时也于十七日午时，抵达六波罗。而早在北条泰时等人尚未进入六波罗之前，后鸟羽院便已经派遣敕使大夫史国宗，前往樋口河原解释："此次战争，绝非吾之计谋，而系谋臣之意。吾已命人下达院宣，望东国军队绝不要在京都寻衅滋事。"北条泰时和北条时房等人抵达六波罗后，一面搜查、处死京都军余党，一面派遣使者火速赶回镰仓传达战报，以便询问北条义时如何论功行赏，如何处置后鸟羽院等上皇及仲恭天皇。虽说承久之乱中的死伤者人数并不确定，但根据慈光寺本《承久记》记载，约有一万三千六百二十名从东国出发进攻京都的幕府军将士战死或溺亡。而之所以会有这样惨烈的结果，全是因为专横的后鸟羽院引发了这场毫无大义可言的战争。

谋划了承久之乱的公卿和僧侣：叶室光亲、中御门宗行、源有雅、高仓范茂、坊门忠信、一条信能、长严、观严等人在被送往六波罗后，皆被处以死刑或流刑。后鸟羽院的宠臣叶室光亲，因为是下达追讨北条义时院宣的责任人，因而遭到问罪。但实质上叶室光亲曾多次劝阻后鸟羽院，放弃这种轻率鲁莽的计划，无奈后鸟羽院依然一意孤行，叶室光亲只得被卷入其中。据说，后来当北条泰时看到留在御所中的叶室光亲的数十通劝谏奏折，一度为当初自己所下之决断感到分外后悔。

七月七日夜，关东派出的使者二阶堂行盛抵达藤原基通的宅邸，向其传达了镰仓方面的请求，即罢免九条道家摄政一职，并让前关白近卫家实担当摄政和氏长者。于是第二日即七月八日，近卫家实就任摄政一职。七月二十日，根据幕府的奏请，朝廷给予前内大臣源通光、权大纳言源定通、权中纳言源通方、参议藤原亲定、参议藤原信成、前权大纳言藤原定辅、前权中纳言藤原教成等人"禁闭"处分。另一方面，素来亲近幕府的西园寺公经，在这样的新朝廷体制下，成为内大臣，手握实权。

另一方面，搜查在逃的尊长、藤原秀康、大内惟信等人的工作仍在继续。藤原秀康与藤原秀澄两兄弟在逃往奈良后一度销声匿迹，后来当他们逃到河内时被擒获，随即就地处决。大内惟信则在隐姓埋名近十载之后，因假扮僧人藏身于日吉八王子的庵室之事暴露，于1230年12月被比叡山恶僧擒获，送交武家。最终，大内惟信死罪得免活罪难逃，被判流放西国。至于尊长的结局，此处暂且不说。

而这一连串事件的焦点，毫无疑问落在了如何处置后鸟羽院等三位上皇及仲恭天皇的问题上。幕府在这一点上态度十分强硬。纵使后鸟羽院在院宣中宣称："此次战争，绝非吾之计谋"，幕府也没有让后鸟羽院免除问责。最终，后鸟羽院被流放隐岐，土御门院被流放土佐（后称阿波），顺德院被流放佐渡，而被迫退位、年纪尚小的仲恭天皇则被交由九条家抚养。后鸟羽院的宠妾龟菊，一度被视为承久之乱的祸首之一，直至延应元年（1239）后鸟羽院离世，龟菊一直侍奉左右。

此时，高仓院的皇子，即安德天皇之弟、后鸟羽院之兄——守贞亲王，逐渐步入舞台的中心。守贞亲王原本是随安德天皇去了平家一方，并且从一开始他就没有被列入安德天皇的继承人候选之列。所以，当他平安返回京都时，人们几乎已经忘了他的存在。然而，在突如其来的情况下，已被人们遗忘的守贞亲王之子，当时仅有十岁的茂仁亲王，却于承久三年（1221）七月九日，经镰仓幕府批准后，即位成为新任天皇。其已经出家的父亲守贞亲王，也由此直升为上皇（法皇）。而此处的茂仁亲王即是后来的后堀河天皇，其父守贞亲王便是后来的后高仓院。

第三节 | 京都方面的兵力组成以及战后处理

打倒幕府的决心

在上一节中，笔者已详述了承久之乱的经过。然而，当深入思考承久之乱爆发的原因时，我们必须解决一个问题，即后鸟羽院从何时起企图推翻幕府？

据《承久兵乱记》记载称，后鸟羽院在三条白河建了一座名为“最胜四天王寺”的寺庙，并将四天王安放于此，用以震慑关东。在听闻源实朝被杀一事后，后鸟羽院认为此为四天王显灵，已了却其心愿，便悄无声息地拆毁了寺庙。而此处所言之“最胜四天王寺”，便是指承元元年（1207）由后鸟羽院建立的最胜四天王院。

由于最胜四天王院于1219年遭大火焚毁，后又被迁至五辻殿，所以《承久兵乱记》的记载应该不可尽信。不过，书中记载从1210年4月起，后鸟羽院便以“天魔现世”为由，命各家寺院、神社祈祷，并请了一百多位僧人在最胜四天王院诵读《仁王护国经》《妙法莲华经》以及《金光明最胜王经》等。如果此处所言的“天魔现世”只是一个借口，而后鸟羽院真正的目的其实是震慑关东，那么从最胜四天王院建立时起，后鸟羽院恐怕已经在盘算如何推翻幕府了。若是果真如此，那么后鸟羽院意图推翻幕府的想法，恐怕形成于更早之前的1207年。

“踏过深山的荆棘，告诉人们这世上何处都有路走”，这是后鸟羽院创作于1208年的一首作品，该作品似乎暗自向外界传达出后鸟羽院为向世人证明“世间有路”而决意推翻幕府的决心。正如后文将会讨论的，因为后鸟羽院前往熊野参拜的开销问题，1207年和泉国与纪伊国被撤销了守护一职。而综合后鸟羽院设立西面武士等措施，我们可以认为建永至承元年间（1206—1210）可谓是一个历史的转折阶段。

在这期间，源实朝身亡。此后不久的1219年7月，又发生了后鸟羽院下令追杀源赖政之孙源赖茂一事。由于源赖茂当时正好担任内廷守护一职，于是他躲入内廷的大殿中，拼死抵抗，但最终还是自焚而亡。关于此事的起因，古活字本《承久记》称，源赖茂是源氏一族之人，所以后鸟羽院毁灭关东计划的其中一个环节就是杀掉他。但也有人表示，源赖茂之所以会被追杀，是因为他太过觊觎将军之位。至于真相究竟如何，一切皆已不得而知。

源赖茂虽与源实朝走得很近，但此事明显与源赖茂失去源实朝这一靠山无关。源赖茂在源氏一族中享有一定的影响力，所以他才会成为后鸟羽院小试牛刀的祭品。此外，据《愚管抄》记载，在承久之乱中，源赖茂曾试图拉拢“伊豫武士河野”入伙，但是这位河野通信却加入了京都军的队伍，恐怕就是从这个时候起，河野通信开始与后鸟羽院有所接触，并泄露了邀请之事，最终导致源赖茂被杀。

京都军的成员有中御门宗行、源有雅、前述提及的北面武士藤原秀康等人、后鸟羽院的近臣、西面武士和北面武士，据说他们从一开始就参与了后鸟羽院推翻幕府的计划。其中，战死在宇治川合战的藤原朝俊擅长弓马相扑，深得后鸟羽院的喜爱，相传为了捕鸽子，他曾带着火把爬上朱雀门，结果点燃了朱雀门。

指挥系统的核心当然是直属于后鸟羽院的西面武士与北面武士。接下来，让我们来简单介绍一下至今从未提及过的一些主要武士。

后藤基清是上北面武士，同时担任播磨守护一职。承久之乱以后，幕府借其子后藤基纲之手将其处刑杀害。后鸟羽院命令幕府召集武艺出色之人，八田知尚那时脱颖而出，于是成为西面武士。山田重忠曾在京都军大势已去之时，仍坚持浴血奋战，《沙石集》曾赞赏他懂得欣赏八重杜鹃花的风雅。

前述我们也提到过，若按照动员兵力的地域分布（第201页图）看，幕府一方的兵力主要来自远江以东的东国诸国，而与此相对的，京都一方的兵力则主要来自三河以西的诸国。尽管史料记载难免有所出入，但幕府军与京都军兵力来源的分界线，仍可以说相当清晰。由此可见，承久之乱可以说是东国与西国的对决。另一方面，由于这场大战的时间较短，九州地区来不及参与其中，仅有北九州的部分势力加入了京都一方，因而我们不能将整个九州地区全部划入京都阵营。此外，关于承久之乱以后地头分布的情况，田中稔先生分析了京都方面武士的籍贯，他认为京都方面的武士多是西国人，其中又以畿内近国、山阴道、濑户内海沿岸及北九州地区的武士为主。

追随京都方面的守护

除了整体的趋势外，接下来，笔者将进一步探究武士个体参加叛乱的动因。

守护一职原本由幕府指派，但在叛乱中，某些担任守护的武士却加入了京都一方，这实在值得玩味。这类武士的名字大致如下：大内惟信（美浓、伊贺、伊势、越前、丹波、摄津，由于不知大内惟信承袭其父大内惟义之位的具体时间，本着便于研究的原则，权且全部归于大内惟信所有）、佐佐木广纲（近江、长门、石见）、小野盛纲（尾张）、安达亲长（但马、出云）、后藤基清（播磨）、宗孝亲（安艺）、佐佐木经高（淡路）、佐佐木高重（阿波），等等。这些守护大都分布在近江以西地区，与京都方面兵力的分布情况一致。由此可见，京都方面基本拿下了畿内近国的战力。

就京都方面的战力而言，有几个较为引人注目的点。首先在畿内地区，除去就在京都的山城外，承久之乱后即将发展为六波罗探题的京都守护，一开始就没有设置在大和以及河内

（尚无确证）。和泉与纪伊虽然当初都设置过守护，但是1207年6月，后鸟羽院去熊野参拜，由于路上需要各方面的开销，致使和泉与纪伊的守护遭到废除。这件事表明京都方面已经打通了与南海道各国相互联络的通路，且绕道前往伊势、伊贺方向的路线也得到了保证。从该观点来看，熊野参拜只不过是一个用来废除和泉国、纪伊国守护的幌子，废除两处守护的深层动因，不过是在为推翻幕府做准备。

此外，在山城、大和、河内、和泉以及摄津这五个畿内国中，有三国自始至终都没有设置守护，所以只要能够拉拢京都守护和摄津守护，京都方面一来会变得比较稳固，二来更无须惧怕幕府利用这些守护来招兵买马。从整个承久之乱的经过看，摄津守护大内惟信自城南寺聚众起便已加入京都一方。至于京都守护伊贺光季与大江亲广，在被招入后鸟羽院的御所后，大江亲广迫于无奈答应了后鸟羽院想让他们打头阵的请求，而伊贺光季却由于对后鸟羽院有所警惕而拒绝了此事，不料却因此被杀。由此可见，对京都方面而言，掌控畿内五国是何等的重要。

接下来，在考虑地域条件的基础上，让我们再回过头来分析被称为承久之乱导火索的长江庄、仓桥庄一事。从地理位置上看，龟菊的长江庄、仓桥庄十分靠近摄关家领的长江庄，且其地理位置处于淀川的河口，可以说是连接畿内地区与濑户内海地区的重要枢纽。建保三年（1215）五月，后鸟羽院在高

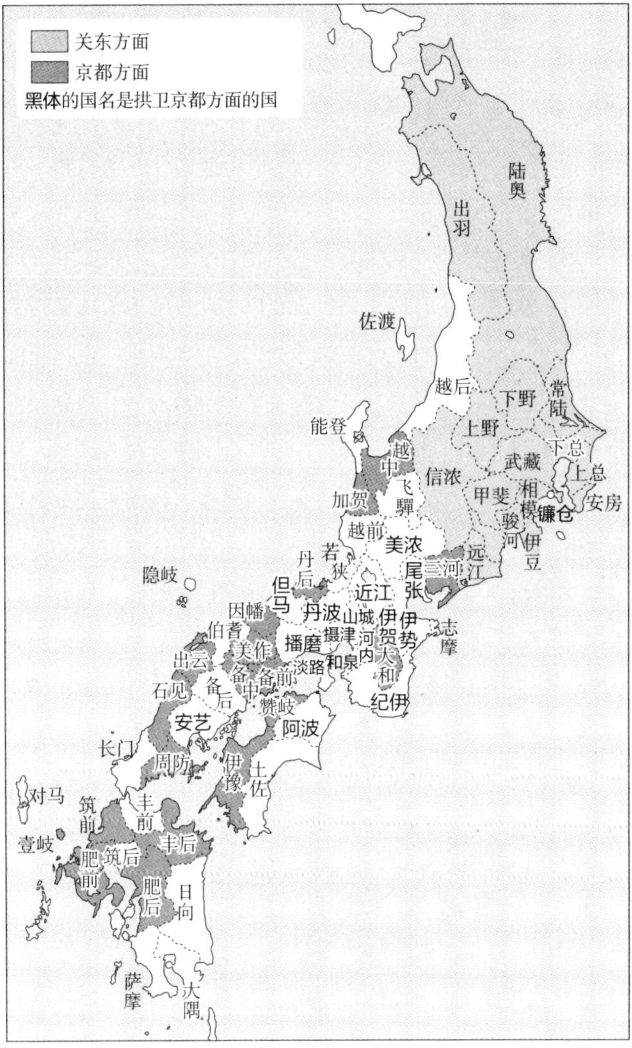

承久之乱：两军兵力分布图（包含推测部分）

阳院逆修[1]二十一日，人们纷纷献上供奉之物，龟菊献上的是“八种唐药”。龟菊之所以有机会入手此等奇珍异宝，正是因为该地区有便利的交通。因此，当京都方面需要从各地调集兵力，准备采取军事行动时，该地区的军事重要性随之凸显。据说，长江庄和仓桥庄由地头北条义时亲自掌管，所以京都方面才视北条义时为眼中钉肉中刺，也正因如此废除地头才变得更加具有军事意义。换言之，较之承久之乱的导火索一说，长江庄、仓桥庄事件倒更像是后鸟羽院决意推翻幕府后，为剔除军事障碍下的一步棋。加之，仓桥庄这块地的所有权与承久时期京都方面的主要人物法印尊长有关。可以说，该领有关系更加印证了笔者的上述推测。

虽不知摄津守护大内惟信何时接触了后鸟羽院，但就当时的情况而言，只要该地区的地头还是北条义时，那么对京都方面而言，拉拢大内惟信这位摄津守护将毫无意义可言。从承久之乱的经过看，虽然我们并不明确幕府掌控该地区的意义何在，但双方争夺该地区的行为至少能够说明，该地区的确具有十分重要的军事价值。

那么，以摄津守护大内惟信为首的投靠京都一方的诸守护，为何要在沐浴幕府恩泽的同时，吃里爬外，投靠京都方面呢？在这些守护中，大内惟信兼任的守护职位最多。不过据

1 逆修，生前为自己死后做佛事。

说，这些守护之位大部分继承自大内惟信早在承久之乱前便已去世的父亲大内惟义。1215年，大内惟义与糟屋有久等人，获赐了部分后鸟羽院领地的知行权，一时间可谓享受着镰仓御家人与后鸟羽院的双重恩惠，正如之前在平贺朝雅事件中提过的，大内氏是信浓源氏中有名的一支，然而在源实朝去世后，源氏与幕府的关系逐渐淡薄，这可能导致大内惟信产生了想要脱离幕府束缚、更加独立地行动的想法。

本来在承久之乱以前，逮捕强盗、镇压叛乱以及镇压山中僧人乱斗等军事行动，皆由院厅而非幕府下令执行，所以京都的武士们也习惯于听从院厅的命令展开行动。比如元久二年（1205），在诛杀平贺朝雅的事件中，讨伐军的核心人物——五条（藤原）有范、后藤基清、安达亲长、佐佐木广纲、佐佐木高重等人，无一不是后来承久时期京都方面赫赫有名的人物。而且，除五条有范以外，其余四人在承久之乱时全都兼任着守护一职。

反北条氏的思想

除守护外，其他武士也各怀理由，才会在承久之乱中选择跟随京都一方。他们之中有很多人是在源赖朝死后至承久之乱前的这段时期所发生的倒幕运动的余党。笔者将在下文中逐一列举。

首先是曾在第三章中提及的筑后武士胜木则宗。正治二年（1200），梶原景时发动叛乱，胜木则宗加入梶原景时一方，因而受到惩罚。而后，胜木则宗获准成为后鸟羽院的西面武士，并在承久之乱中再次与幕府为敌。此外，糟屋氏一族与为北条时政所灭的源赖家的外戚比企氏存在姻亲关系，比企能员的女婿糟屋有季及隶属于后鸟羽院的武士糟屋有久、糟屋有长皆死于承久之乱，而他们的姊妹嫁给一条高能后所生之子一条能氏，也在承久之乱后被枭首。另外，还有源实朝的宠臣和田义盛之孙和田朝盛，他在和田合战中幸存下来，之后奔赴京都，随后在承久之乱中加入京都一方。

军记物语常常强调，这些京都方面的武士有其共同特点，即他们都拥有反北条氏的思想。《承久兵乱记》就曾列举出藤原秀康、三浦胤义、仁科盛远、佐佐木高重等人的名字，然后写道："这些人对北条义时皆心怀怨恨。"其中，三浦胤义在接到藤原秀康邀请他加入京都一方的消息时，不由得想起了妻子的前夫源赖家及其子荣实均为北条氏所灭之事，于是表现出怨恨北条氏的态度。再说仁科盛远，他在带着孩子前往熊野参拜的路上遇到了后鸟羽院，后鸟羽院见其子相貌俊美，便招其子为西面武士，仁科盛远自己也借此缘由做了西面武士。北条义时听闻此事后，认为仁科盛远蒙受了关东的恩惠，却跑去为后鸟羽院效劳，实在令人难以忍受，于是便没收了先前赏赐给仁科盛远的两处领地。至此，仁科盛远开始对北条义时心生怨恨。

伊豫的河野通信似乎也与北条氏多有争执。据《河野系图》记载，河野通信虽娶了北条时政之女，但不知为何，由于夫妻二人感情不和，于是河野通信远离了镰仓，加入了京都一方。而河野通信与北条时政之女所生之子河野通久，在承久之乱中一直跟随母亲一方行动，作为幕府军的一员，他曾在宇治川打头阵渡河，并因此立功获得了赞岐国富田庄（之后换为伊豫国石井乡）的赏赐。接着再说说热田大宫司能范及其同族的有范，因与源赖朝的母亲一方保持有姻亲关系，所以他们同样反感北条氏。

除了前述提及的这些人之外，还有不少人是因为家族内部发生矛盾，于是家族成员分道扬镳，分别加入了京都一方与幕府一方。佐佐木广纲之子势多伽在承久之乱后被抓，本以为可以保住性命，结果却因佐佐木广纲之弟佐佐木信纲的强烈要求而遭到斩首，佐佐木信纲曾对势多伽说："这一切全因为你父亲对我下手太重，毫不留情。"由此可见，此事皆因家族内部矛盾而起。再比如，三浦胤义在自杀前，曾与哥哥三浦义村及其手下人马遭遇，三浦胤义抱怨说，自己原本可以在镰仓安度余生，但却因为怨恨三浦义村，故在京都受到后鸟羽院的邀请后便参与了叛乱。三浦胤义说罢，兄弟二人皆投身于战斗中。

修行者与后鸟羽院

总的来说，京都方面兵力由一个个的贵族与武士组合而成，而作为集团的西面武士，其核心军事力量却相当薄弱。不过在这其中，虽具体情况仍不清晰，但后鸟羽院与修行者的结合仍然相当惹人注目。

后鸟羽院频繁前往熊野参拜之事早已人尽皆知。但事实上后鸟羽院频频造访熊野的真正目的在于，他希望利用熊野同时具有的圣俗两界的力量即修行的灵力与僧兵的武力来推翻幕府。然而，正如源平合战时期源氏与平家从内部分裂为两方相互对抗那样，熊野的僧兵其实也并不是一个团结的整体，虽说在承久之乱中，熊野别当小松法印快实加入了京都一方，但他在整场战争中究竟有多大的贡献，我们已不得而知。不过无论怎样，将熊野的势力收归已用，绝对是后鸟羽院的策略中必不可少的一环。

那时，替后鸟羽院镇守熊野的是其护持僧[1]刑部僧正长严。此人于元久元年（1204）被任命为熊野三山检校。此后的承久元年（1219），他又担任了后鸟羽院时期熊野参拜的先导修行者。

此外，后鸟羽的谋划不只考虑了熊野，羽黑山也赫然在列。

---

1 护持僧，在清凉殿二间护持天皇的僧人。

此处我们必须提及长严的弟子，同时也是承久之乱中的一位主要人物——二位法印尊长。尊长身为僧侣，武艺拔群，据说他十分喜欢牛车竞速，或许正是尊长身上这种特别的气质吸引了后鸟羽院。在承久之乱中，尊长作为京都方面的中心人物活跃于战场，据说他还差点灭了亲幕派的西园寺公经。在承久之乱发生前的1220年12月，尊长被任命为出羽国羽黑山总长吏，我们不知道该职位究竟拥有何种权限，能掌握多大的权力。但总的来说，自镰仓时代以来，人们通常称东三十三国为“羽黑山的领地”，称西二十四国为“熊野的领地”，而九州九国则被称为“彦山的领地”。纵使这些名称与各地域实际由谁统治无关，但只要让长严和尊长分别统领熊野和羽黑山，除彦山的领地九州地区外，一个能够控制全日本修行组织的体系将得以形成。虽说叛乱终未成大器，但我们仍不可轻视叛乱中的潜伏力量。

尊长是一条能保之子，他曾在延历寺修行，还曾当过法胜寺的执行。由于一条能保娶了源赖朝之妹的缘故，一条能保与其子一条高能都是亲幕派成员。然而，在承久之乱中，一条高能同父异母的弟弟一条信能与尊长都选择了追随京都一方，甚至一条高能自己的儿子一条能氏也追随了母系的糟屋氏，他们都表现了极为鲜明的反幕态度，因而在承久之乱后，一条信能与一条能氏均被处死。一条家对幕府的态度之所以会有如此大的差异，与其说是因为人各有志，倒不如说这是在源赖朝死后，一条家与幕府的关系变得疏远所致。1197年与1198年，一条能保和一条高能相继去世。而1199年源赖朝去世之后没多久，第三章所提过的三左卫门之变便爆发了。如果说三左卫门之变的起因是一条能保与一条高能死后，一条家对自身的没落感到愤慨，那么一条家之人与作为三左卫门之变当事人之一的后藤基清在承久之乱中选择加入京都一方，应该也是出于相同的理由。

承久之乱失败后，尊长从追兵手中逃脱，随后销声匿迹，想来他多半是得到了熊野或是与其相关的吉野方面的暗中相助。据《明月记》记载，安贞元年（1227）年初，有传言称尊长在吉野的奥十津川，以还俗之人的身份做了十津川居民的女婿，过上了普通人的生活。同年六月，因他人告密，尊长与和田朝盛被六波罗的武士围困在京都油小路附近的小屋中。尊长进屋本想避开追兵，在此自尽，不料却遭擒获并被装上车送往六波罗。在这之后，尊长曾要来一些冰块，吃毕换上寿衣，洗净双手，高悬佛像，大声念经。据说，当时看到他这副静待死亡之态的人，无不赞叹。由此传闻隐约可见，尊长似与吉野、熊野之间有所关联。而且同年，熊野方面也好像出现过某种异动。据《吾妻镜》记载，六波罗方面曾得到消息称，在这年二月，熊野山发生混战后，僧众曾一度起事，他们移动神圣之物，准备出发前往京都。除此以外，《明月记》也记载有传言称，为了迎接被流放的土御门院，熊野的恶党聚集到阿波，意欲挑起大战。

迈向全国政权的第一步

尽管事先做了各种努力，但终究竹篮打水一场空，京都方面还是惨败了。且不论每个人的动机如何，通过承久之乱，幕府算是清扫了引起内部纷争的武士，以及反对北条氏当政的武士，从而以北条氏为首的幕府中枢得到了稳固与统一，幕府方面终于可以更加稳定地实行统治，这是承久之乱最大的成果。

可以说，京都朝廷与维护东国武士利益的源赖朝政权，长期以来一直维持着一种相互妥协的关系，而如今这层相互妥协的关系有了一道新的裂痕，这道裂痕就是承久之乱。过去，源赖朝曾在心中设想要建立一个全国性的政权。而如今，通过承久之乱，以北条氏为首的幕府，终于向着这一设想迈出了重要的第一步。

另一方面，在整个天皇与朝廷的历史中，承久之乱具有对后世产生决定性影响并能影响思想史般的重大意义。在承久之乱结束后，后鸟羽院下达了这样一份院宣（承久三年六月十五日）“此次战争，绝非吾之计谋，而系谋臣之意。而今听凭请愿下达院宣”，想必此时后鸟羽院就像后白河院当初听凭平氏、源义仲、源义经的意愿那般，不过是效仿先例，随意颁布院宣罢了。仅在一代人的时间里，天皇与京都朝廷便两次将如此不负责任且缺乏判断力的行为暴露在世人眼前，人们痛感天皇与京都朝廷已经没有政治责任感可言了，天皇不过是一枚可以交由政治势力随意取舍的棋子。

据说，天福二年即文历元年（1234）五月，四条天皇出席了新日吉的小五月会。活动结束后，四条天皇准备打道回府，结果却发现武士们的车正争先恐后沿道路飞驰而去，丝毫没有要顾及天皇在场的意愿。这令当时前去供奉的人十分慌乱，一些前来观看活动的民众爬上庭院内的大树，却导致树枝折断，砸坏了天皇所乘之车。此事虽小，但我们足可窥见天皇威严一落千丈的事实。

承久之乱以后，为了强化京都守护的功能，幕府便指示叛乱中曾待在六波罗的北条泰时和北条时房，继续驻守当地，负责监视朝廷的一举一动，同时管辖以京都为主的尾张以西诸国。这便是幕府统治西国的核心机构——六波罗探题之始。此后，六波罗逐渐发展为可以自行裁决诉讼、如小幕府一般的机构，直至幕府灭亡。

后鸟羽院失势后，幕府将后鸟羽院所拥有的大片领地赐予了后高仓院，但这些领地的处置权仍然收归幕府所有。此外幕府还没收了支持京都军的贵族、武士的领地，并把它们赏赐给御家人，据说这些领地共有三千多处，其中大部分位于西国地区。借此东风，幕府开始将统治领域扩张至西国，并委派御家人成为各片领地的地头。为了与以往的地头（本补地头）有所区别，这些新设置的地头又被称为“新补地头”。而有些地头的所辖区域，因为此前从未设置过地头，所以在抽取所得的问题上并没有前例可以参照，故多与其更上级的土地所有者围绕

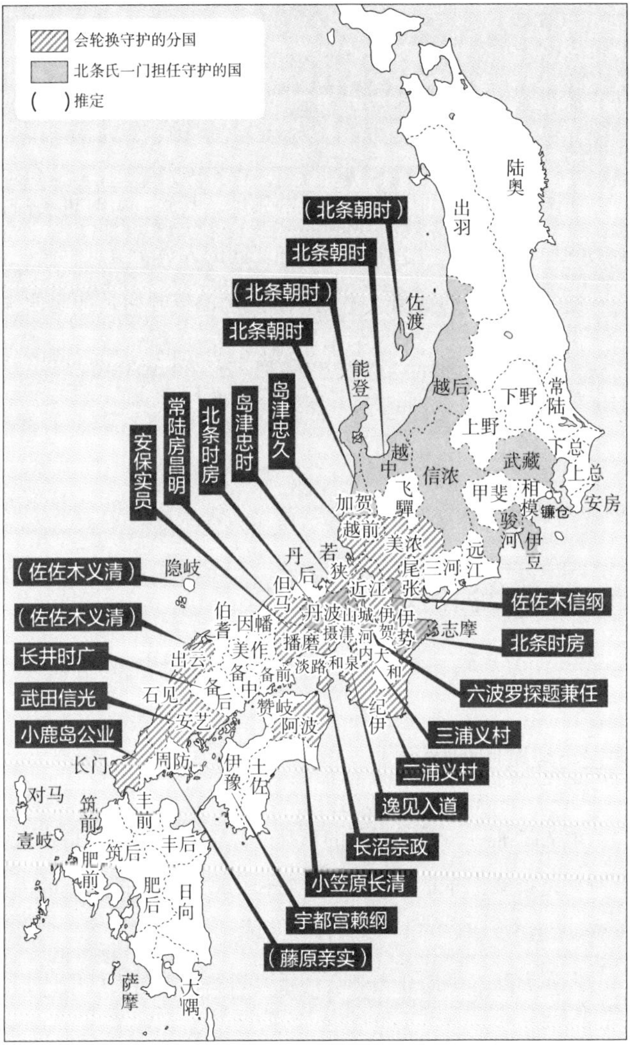

承久之乱后的守护、地头统治图

所得问题产生争执。于是针对这种情况，幕府规定每十一町田地，须分地头一町，每一反土地，须征收五升加征米，这就是所谓的“新补率法”。

东国的武士在西国获得了新的领地，其族人有时也会前往新的领地，这便带动了东国与西国之间的人员交流，算是一种战乱后不可忽视的现象。不过，虽然统治权开始延伸至西国，但幕府并没有改变不干涉本所[1]与领家[2]诉讼的立场。因此，我们很难说幕府已经开始正式建设全国性政权了。

第四节 | 荒凉的京都与饥荒

强盗与盗贼团伙横行

承久之乱后，天子脚下的京都一片荒凉，这既是指众人眼前所见之景象，亦是指人们心中对作为政治主体的朝廷的一种绝望。

朱雀大路本是通往大尝会的重要道路，它与大极殿的正门

1 本所，日本庄园制下名义上最高级别的庄园领主，位居领家之上。
2 领家，庄园领主，日本庄园的上层占有者之一。

相连。所以朝廷会对其进行修缮并严禁人们在此耕作。但是，就在承久之乱结束后第二年的四月，有人开始在此耕作。这一时期之后的京都更是展现了一种社会衰退的景象：强盗、盗贼团伙出没，山僧横行作乱，与时代脱节的贵族们更是骄奢淫逸、愚蠢怪诞、腐败至极。

和歌歌人藤原定家十分关心京都的此类社会现象，他凭借自己对社会变化敏锐的观察，将所见所闻全部事无巨细地记入日记之中。可以说，藤原定家的日记《明月记》是记录当时京都风俗最为全面的史料。以下记述多出自《明月记》。

先是强盗与盗贼团伙横行作乱之事，正如前文所述，盗贼横行，接连不断，故下文将以类似年表的形式一一举例叙述。

嘉禄元年（1225）三月十五日，嵯峨洞院殿的女儿于夜半从广隆寺返程时，在广泽池附近遇上了盗贼团伙，随行的武士丧命，驾驶牛车的童子被斩首。此前不久，盗贼团伙闯入位于嵯峨的某左卫门尉的宅邸，当这批盗贼正欲返程时，遇上了这辆牛车，于是他们赶走随行武士与牛童，并扒去了车中女子的衣服。

嘉禄元年（1225）十月四日，昨夜有六十多个盗贼闯入七条院的太秦御所，致使三四个警卫受伤。

嘉禄二年（1226）二月十四日，有京都的赌徒在前宰相中将信盛家门口至筑垣一带设座聚众玩双六，信盛家的家仆前来制止，但那些赌徒全当家仆所言是耳旁风。于是，信盛将此事

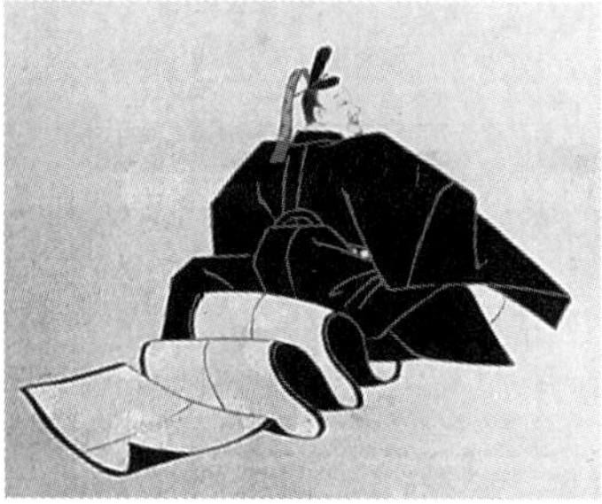

藤原定家　和歌歌人,《新古今和歌集》的编撰者之一，留有日记《明月记》(藤原信实绘)

禀告了六波罗，最后这些人全被逮捕，每人都削了鼻子，断了两根手指头。

嘉禄二年(1226)十月六日，几日前的晚上，窃贼冒雨闯入源通具家的土仓，抢走了三百贯钱、一壶沙金、六十匹浓州桑丝及若干铁锹和锄头。

安贞元年(1227)正月五日，天刚亮时，鸭社的族人犬王大夫家中进了盗贼，一番大闹之后，盗贼团伙朝着一条的方向逃走了。

安贞元年(1227)正月二十八日，昨夜，长伦朝臣位于近卫之南、京极之东的家中来了一伙盗贼。

安贞元年(1227)八月十三日，住在九条道家宅邸附近的闲散人员合伙商量，意图闯入九条道家家中实施抢劫，最终计划泄露，四名主谋被抓。

安贞元年(1227)十月四日，深夜，藤原定家宅邸以西不到一町远的某户人家遭了贼，有一女子被杀。

宽喜二年(1230)四月九日，近来盗贼活动异常频繁，盗贼不仅闯入某僧都[1]白川的房中，还杀死了僧人近卫法桥的妻子。

1 僧都，日本僧官之一。

宽喜三年（1231）二月六日，昨夜，北边的毗沙门堂以南，有一户人家进了盗贼，这一区域似乎常有盗贼团体出没。

宽喜三年（1231）二月二十五日，某前任大臣带着一名侍从正欲通过鹰司河原，结果遇上了强盗，主仆二人被扒去了衣裳，最后不得不光着身子回家。整个京都的男男女女想要出入郊外变得十分困难，并且就在上个月，某位大纳言在鸟羽造路上也遭遇了同样的事，随行的侍从三人皆被夺去了马鞍。

宽喜三年（1231）六月三日，夜半时分，盐小路西洞院附近发生了火灾。据说是因为盗贼团伙想要围攻这一带的富豪宅邸，未曾想宅邸守备森严，盗贼团伙无机可乘，于是只得放火离去。

日记内容大致如上所述。盗贼之所以十分猖獗，是因为战败后京都朝廷已经完全失去了兵权，因此他们也不再拥有能够维持公共秩序的警备力量。但事实上，竟也有不少贵族和僧侣做着窃盗之事，可他们毕竟不为生活所迫，所以比那些无名的盗贼更为人所唾弃。

贵族社会的衰退

举个例子，由于人们在由后鸟羽政权台面下的实权者卿二位一手带大的前右中将忠嗣的住所，发现了盗贼经常使用的器具，如：铠甲、弓箭、火把等，致使忠嗣参与盗贼团伙一事败露，于是卿二位命其剃度并将其送入高野山。堂堂右中将竟会做出此种与盗贼同流合污之事，实在令人震惊，但就当时的贵族社会而言，这确实算不上稀罕事。又比如，负责取缔违法行为的检非违使别当藤原实基，曾出手打伤自己的随从青侍。此外，还有前右马头公广，因偷偷娶了自己的侄女，而被父亲实教断绝了父子关系。

在这些事件中，权大纳言藤原基嗣在前往日吉神社朝拜的路上，命骑马的侍从围住平光盛的女儿并将其劫走一事，可谓最为恶劣。据说，藤原基嗣是因为听闻平光盛之女继承了家产，十分富有，于是才起了夺财之心。最终，此事促使藤原基嗣的父亲藤原师家特意从天王寺的别墅骑马赶到京都，专程解释此事。除此之外的其他小事件，例如：源通具要在较小的地方新建住宅、于是源具实借天皇之命前去二条大宫的泉水中盗取奇石，等等。综上所示，这些都还只是贵族社会衰退现象的冰山一角。

在当时的社会中，人们早已不遵守法律规则，更不分地位高低，众人皆靠实力来满足一己之私。在检非违使行兼二儿子的家中，正当仆从准备趁主人外出期间把堆在路上的草料搬入门内，便有一个男人冲过来，抱上草料就逃跑了，仆从一边高喊“偷草贼”，一边往外追，其他家臣却拦住了仆从。于是，偷草的男人就这么跑掉了。没想到的是，这个男人之后又带着一堆同伴回来了，这一伙人闯入门中，还向别人家扔石头。这下，遭人愚弄的家臣坐不住了，他们一个个拔剑而出，冲了上去。最终，十多个闯入者逃的逃散的散。据说，这些闯入者还是参议右大弁平范辅的随员。

这里提到的平范辅是当时仗势欺人的贵族之一，不过比起与幕府勾结且被人们称为“只要大相（西园寺公经）愿意，福原平禅门（平清盛）亦不在话下”的西园寺公经，平范辅根本上不得台面。据说，西园寺公经丝毫不顾及民众之悲苦，在建造新堂时，他下令强拆了欢喜光院以北及四周二町的民房，当时宽喜饥荒将至，如此行径更加展露出高级贵族目中无人的姿态。除此之外，还有不少关于西园寺公经骄奢淫逸的传闻，比如：西园寺公经曾每日命人运送二百桶有马温泉的热水至吹田的住处；西园寺公经曾派出唐船将桧木造的三间四面建筑物进献给中国皇帝，作为回礼，中国给了西园寺公经的使者十万贯钱、无数珍宝，以及一只会说人话的鸟（鹦鹉）和一头力量足以以一顶二十的水牛。

当然，不只西园寺公经，据史料记载，其他贵族的生活也十分奢靡。1226 年，当时担任六波罗探题的北条时氏，将一只羽毛带绿、头顶泛红、脖颈有一圈白的“唐鸟（鹦鹉）”送给了待在镰仓的藤原赖经。当时，京都十分盛行饲养中国渡来的鸟兽，所以达官显贵们争先恐后从商人处入手这些鸟兽，竞相把玩。据说，在源通具下葬时，三个儿子和他们的家眷身着各种布衣，骑马随行，每匹马前均有火把照明，下葬队伍浩浩荡荡，宛如天皇出行。这也算是当时贵族崇尚奢靡之风的一种表现吧。

在临近官职任命的时期，贿赂行为愈发猖獗，想必人们都认为，在这一时期行贿赂之事最富成效。藤原定家曾为此慨叹道："人脉甚广之人沉湎贿赂，却不晓贫穷之人的哀叹。"可以说，如何才能出人头地，成了当时全京都人最关心的事情。

凭借不断更换妻子而一步步飞黄腾达的前大纳言藤原实宣，可谓是这种风潮的引领者。起初，藤原实宣做了藤原基宗的女婿，后来他又抛弃前妻改娶平维盛的女儿。再后来，到了壮年期，藤原实宣竟然与名震关东的北条时政成了翁婿。不仅如此，藤原实宣后来又将家中的土地赠予了后鸟羽院身边的卿二位，以此换回了藏人头、参议之职，紧接着在担任了检非违使别当之后，藤原实宣顺利爬上了纳言之位。其后，藤原实宣的妻子亡故，他娶到了卿二位抚养的源有雅年轻的女儿，顺便兼任了左卫门督一职。然而，在承久之乱中源有雅被处死，藤原实宣便立马将这位年轻的娇妻扫地出门，继而仗着自己是后堀河天皇乳父的身份，继续耀武扬威。由此可见，藤原实宣见风使舵的功力真可谓是无人能出其右。

僧侣们的恶行

世道皆如此，僧侣又怎么可能独善其身呢？那时僧侣们同样也在四处作恶。

据说，曾有一位住在奈良北山的僧人擅用花言巧语欺骗女性，当他欺骗到第三个人时，不巧被人察觉，后被斩断了脖子。此外，法胜寺的承仕法师有两个孩子，他们为了有钱赌博，登上了九重塔并偷走了塔顶的九轮五金装饰。另外据传，大和葛上郡有一位名叫显识的僧人，他曾被查出在大雨夜放火烧过东大寺的敕封仓，以此偷走了其中的宝物。

宽喜元年（1229）三月，一位日吉二宫的杂役僧人在京都杨梅町附近的一幢民房内为催债做了很过分的事，因而他与六波罗武士的随从爆发了争斗，结果该僧人被杀死。为此，比叡山的山僧聚众闹事，可六波罗方面也绝不让步，于是双方矛盾激化。在比叡山，山僧穿上盔甲准备随时开战。而在京都城内，来来回回的武士穿梭在大街小巷。最终，在比叡山方面扬言要终止日吉祭的威胁下，朝廷只得低头。但就这样，事情也仍然没有终结，一直不肯屈服的六波罗探题北条时氏遭到收押，左卫门尉三善为清被流放到了日向，前左兵卫尉大江贞知则被流放至大隅。至此，事情才算是告一段落。此次事件的起因是僧人放高利贷，那时僧人放高利贷是件稀松平常的事。即便有些事没有闹出很大的动静，但抓住叫嚣着从路人手中夺剑的四名僧人，并将他们扭送去六波罗之事，已经算是日常之事了。

此外，携带武器的僧人也常常互相打架斗殴。

安贞二年（1228），兴福寺的杂役在多武峰割草料时被多武峰的恶僧所杀，结果南都的僧侣为了报复，便一口气烧毁了多武峰六十多间僧房。此外，天台宗的僧徒也曾因一报还一报而火烧了清水寺。天福元年（1233）二月，在比叡山，无动寺门徒袭击了东塔南谷的两幢房屋，而南谷方面也不甘示弱，他们又反攻了无动寺，双方你来我往，交战了数个回合。当时南谷方面兵分三路进攻，虽其中两路被截，但从谷底进攻的一路还是成功突围，并毁坏了无动寺的两幢房子，返程途中，这群僧人甚至唱起了“快乐啊水”的歌。在此次事件中，双方死伤惨重。据说后来无动寺甚至还想再偷袭一次南谷。现在回想起来，此次事件的起因，只不过是南谷的杂役僧因在无动寺境内砍柴，所以遭到了无动寺僧人的袭击。但单从事件的发展过程看，这哪像是两个佛寺，这根本就是两个暴力团体在互相打架斗殴啊！据说，当时的天台座主——尊性法亲王尤爱武艺，于是其身边侍奉的僧人也都难免身披铠甲、携带弓箭，家臣簇拥。

僧人作恶的事件频发，随之而来的问题就是如何解除这些僧人的武装。1228 年 11 月，幕府下令各山各寺的僧人都不许携带武器。随后，实检使从六波罗拿着命令书来到高野山，将高野山的大小寺院全都翻了个遍，把搜出来的武器堆到大塔的庭院中，将它们付之一炬。尽管此后幕府仍然禁止僧侣携带武器，并规定逮捕的僧侣必须送至关东，但是阔绰的僧侣仍旧可以携带武器、逍遥自在，被抓的却全都是贫穷的山僧。这种取缔武器的措施在实践层面仍存在诸多问题。

正如解除僧人武装之事所展现的，荒废的京都只能靠拥有武力的镰仓幕府的代理机构——六波罗探题来维持治安。由于内廷中没有足够的泷口武士担当警卫，于是院厅要求各家祖上当过泷口武士的家庭必须选出一名男子担任泷口武士，加之将军也下令支持，于是小山、下河边、千叶、秩父、三浦、镰仓、宇都宫、氏家、伊东、波多野等氏族纷纷响应号召。但是综合来看，这些兵力完全无法维护京都的治安。

据史料记载，为了应对盗贼团伙作恶，当时京都半夜各处均有骑马的武士把守，有时候武士们还会燃起篝火，彻夜警备。然而正如藤原定家等人所言："武士巡逻毫无作用""即便有警卫，盗贼们依然连夜害人"，从表面看，人们似乎并不认同武士巡逻的效果。宽喜二年（1230）六月，随着北条时氏离世，身为六波罗探题的北条重时欲返镰仓。此时，京都城内流露出一种北条重时一旦不在，京都必然"夜间大乱"的不安。接受朝廷挽留，决意留在京都的北条重时写道："没有什么比京都的安全更为重要。"由此可见，人们对武士的警备多少抱有些信心。

此后的嘉祯四年即历仁元年（1238）六月，北条泰时决定在京都市内各十字路口设置篝屋，并由御家人在此担任警卫。《民经记》评价，该项措施实施后，"近年来，家家户户入夜平安，高枕无忧"。《叶黄记》也写道，多亏北条泰时在京都各关键地点设置了维护治安的武士，令整夜篝火通明，大家才能睡个安稳觉。但与此相反的是，平经高等人却毫不信赖这些武士的警备。这些警备究竟有多少成效，说到底还是看各人自身的体验。

“宽喜大饥馑”

公元 13 世纪上半叶还发生了一件波及整个社会的重大事件，即粮食收成不好，大饥荒随之爆发。这个时代的生产力尚不稳定，因此因气候异常所引发的饥荒也很难避免。前一次全国性的大饥荒发生在源氏与平家刀光剑影的 1181 年至 1182 年间。如今，时隔约半个世纪，大饥荒再次席卷全国。1230 年旧历的 6 月，武藏、美浓降雪。7 月，诸国纷纷降霜。异常的气象导致全国性粮食大减收，最终被人们称为“宽喜大饥馑”的饥荒，从此时一直持续至第二年方才有所缓解。

据《百炼抄》记载，1231 年，从前一年开始的全国性大饥荒导致尸骸遍野。《百炼抄》评价说，此次饥荒堪称“自治承以来最严重的饥荒”。然而，冰冻三尺非一日之寒，此次饥荒并不是突发性的，其实从数年前起，收成锐减、风水不顺之事就已时有发生。据说，1227 年便已出现过饥荒、天象异常变化及麻疹蔓延等情况。在京都，川原一带的死尸更可谓是多如牛毛。另有记载称，1228 年秋，镰仓及京畿地区[1]甚至

1 京畿地区，京都及其周围地区。

还刮起了台风。还有记录写道，1230 年 6 月，朝廷下令每石米定价一贯钱，西国方面遵照执行。这也是朝廷为抑制飞涨的米价而做出的决策。

关于 1230 年诸国的情形,《明月记》在同年 11 月的内容中有如下记载:“近来坊间传闻，诸国各处的麦子长势喜人，适宜食用。我对此深表怀疑。今日，我亲眼见到麦子结穗，仿佛置身三月间，听闻今年的草木与往年大有不同，樱花还没到花期便猝然绽放，竹笋也冒了出来，还有很多人用它来果腹。”由这段文字可见，1230 年的春夏两季十分寒冷，秋冬两季却异常温暖，这完全颠覆了季节循环往复的规律。其他史料也有记载称，1230 年降霜降雨致使农作物无法成熟，12 月时竟有蟋蟀鸣叫，幼雀与麦穗时常可见，布谷鸟的啼鸣不绝于耳，这一切的“异象”引发了饥荒。再如“12 月 18 日前所未有地听到了蝉鸣”等，很多史料都记录了那时的气候异变。

正因为 1230 年粮食收成锐减，京畿地区才会在第二年出现那般惨状。接下来，让我们借《民经记》的内容，感受一下当时的状况。

> 三月十三日，牢狱中的囚犯因食物短缺已精疲力竭。
>
> 四月六日，饿殍遍地。
>
> 五月三日，每町基本上都有一两个被抛弃的孩子。
>
> 六月四日，经过这段时间连日的大雨后，鸭川水位暴

涨，已没及两岸，原本弃置于川原的死尸在两岸堆积成山。

> 七月一日，今夜天皇外出至持明院殿忌方向，而后听闻大宫大路尸横遍野，其情形已无法用语言形容。给天皇抬肩舆的轿夫，因饥饿力尽倒在半途之中，于是临时换了武士替上。

关于当时的饥荒情况，《立川寺年代记》在“宽喜三年夏季，全国饥馑蔓延”一篇中写道：“人们开始食用平时不吃的牛马，全天下的人口也减少了三分之一。”此外，在这篇记载中，还有一处记述引人注目，即“各国大鼠大量繁殖，吞尽五谷杂粮”，不过文章中并未写明鼠类数量暴增的原因，这或许与每六十年至一百二十年才开花结果的竹实有关。《民经记》也记载了鼠类过度繁殖一事，据说就是因为山中的竹子结果后，鼠类有了充足的食物来源，因而鼠群得以大肆繁殖。然而，当鼠群过度繁殖后，竹实已不能满足其日常需要，于是鼠群便将目标转向了农作物。

在大饥荒中，京都市内竟然有人拉帮结伙前往富豪家中蹭吃蹭喝，甚至强行借走钱粮，然后再私下分配。在当时的情况下，已有不少人对次年农作物的收成情况丧失了信心。《民经记》里也有记载称，“明年应该也是饥荒”，在麦种的价格升至“一石二斗米可换三斗麦种”的地步后，不仅是大米，麦子也陷入了供应危机。饥荒一直持续到贞永元年（1232），即便到了当年五月，京都的鸭河原地区也仍然是饿殍满地。

鸭长明曾在《方丈记》中如此描述养和饥馑："京城之内……路上皆是饿死骨，其数四万二千三百有余……加之周边各地，总数不堪设想。"可以说，这幅宽喜大饥馑的地狱图卷，较之之前的养和饥馑，实在更胜一筹。

不过，民众受苦归民众受苦，京都的贵族却依然过着逍遥自在的生活。1231 年 4 月，秀仁亲王御所成立的庆祝仪式在内廷举行，有两三个下人从东边公卿座位前的楼梯爬到御殿，想要偷走座前的食物，结果他们被庭上的侍者从勾栏上推下，逮捕，赶走。即便在很远的地方这些下人的叫喊声依然清晰入耳。毫无疑问，当时的贵族对这种由"全国饥馑"引起的"一片狼藉"早已是司空见惯。

记录下此事的广桥经光，在这一日的内容中，写下了自己的感想："社会十分不安稳。"然而，距此两个月之后，秦久清为了满足中宫九条竴子（藻璧门院）产后的愿望，在北野的右近马场举办了赛马大会。此时的情况较之以前有了些许不同。当时九条竴子的父亲九条道家及外祖父西园寺公经都参加了大会，但是由于前来观赏大会的车马多到影响了赛马的地步，虽然前面一两个人成功出发了，但是侍从却落马了，于是最终只得终止了比赛。对此，广桥经光曾自问："在这遍地尸骸的饥荒时期赛马，是否有违神明的意志？"这说明当时的贵族社会似乎也有反省的迹象。

面对这样的大饥荒，当政者倒也不是毫无作为。即使抛开已“鼓励发展农业”这种临时抱佛脚、远水不解近渴的举措不谈，朝廷也曾提倡人们不要用麦子代替草料喂牛马，以确保人类能拥有足够的食物供给，更决定开仓发放稻谷以供赈灾之需。但朝廷真的实施了这些政策吗？这些政策又是否富有成效呢？

在这一时间点上，幕府的举措反倒是比朝廷的举措来得更加切实有效。据说，北条泰时在伊豆、骏河等地给饥民发放出举米，之后还宣布1230年8月8日之前的出举[1]全部利息减半。如此看来，还是幕府施行的政策更加贴近百姓的日常生活。藤原定家所撰写的记录称，据闻在大饥荒中，据说在执权北条泰时级别以下的幕府掌权者，全都必须减少自己的日常饮食。鉴于《吾妻镜》早就写过幕府明令禁止御家人过奢侈的生活，所以藤原定家所述的这段传闻多半属实。不过，如果该传闻有虚，那么它想必也是那些祈求能有代替寻欢作乐酒池肉林的朝廷和贵族的当政者出现之人所编造的吧。在跨越了承久之乱后，此时的幕府已经成了能够代替朝廷秉“公”行政的机构。

1 出举，日本中世的一种有偿借贷制度。

第五章

幕府的确立与武士社会

第一节 ｜ 北条泰时继承职位

源赖朝期待之人

贞应三年即元仁元年（1224）六月十三日，执权北条义时自知病入膏肓，在得到将军藤原赖经的允许出家后，北条义时于巳时离世，享年六十二岁。北条义时过去患有脚气病，后来又患上肠胃病，身体自是不堪重负。不过承久之乱的核心人物尊长在被押送至六波罗后曾大叫道："快砍了我的头，不然就用北条义时的妻子给北条义时吃的毒药杀了我。"有传言便称，北条义时是遭妻子毒害而亡的。数日后，北条义时去世的消息传至京都。

当时继承北条义时之位，担任执权一职的便是主导镰仓幕府的北条义时的嫡子北条泰时，此时的北条泰时四十二岁。目前我们只知道北条泰时的母亲被称为"阿波局"。此外，我们对阿波局的详情一无所知，或许是因为她去世过早吧。

《吾妻镜》记述了数段赞颂北条泰时的佳话，尽管内容多少有些美化，不可尽信，但它们不失为一份了解北条泰时的资料。例如，北条泰时幼名为"金刚"，十岁的金刚在玩耍时，巧遇了一位骑马而过的御家人，这位御家人名为多贺重行。多贺重行见金刚还是个孩子，便未行下马之礼，策马扬鞭而去。

源赖朝得知此事后十分愤怒，他认为所谓的礼仪并不在于对方的长幼，而在于地位的高低。于是，源赖朝怒斥多贺重行，怎能将金刚视作是与自己地位相同之人。多贺重行听罢，慌张辩解绝无此事，而此时北条泰时也站出来袒护多贺重行。最终，源赖朝决定对多贺重行的这种不诚实的态度施以重罚。与此同时，源赖朝却很欣慰北条泰时能够袒护他人。于是，源赖朝赏赐了北条泰时一把自己常年佩带的刀。且不论此事真伪与否，当时的源赖朝的确对北条泰时抱有很大的期待。在北条泰时元服之时，源赖朝还曾亲自给北条泰时戴上乌帽子，甚至北条泰时最初的名字北条赖时，也有一字取自源赖朝之名。北条赖时把名字改为北条泰时则是再往后不知何时之事了，也有记载说，改名之事发生在源赖朝去世的一年之后。

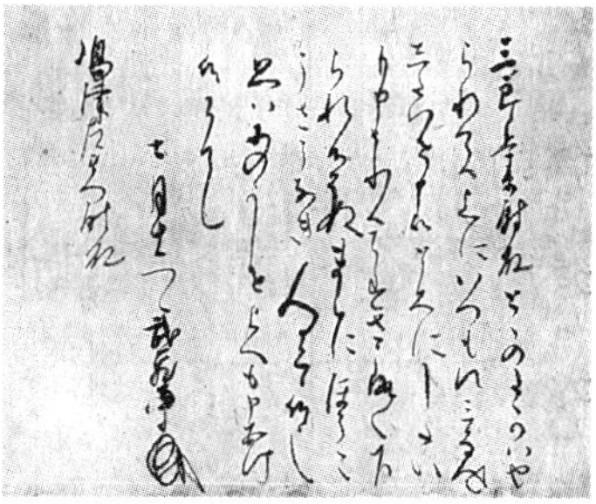

北条泰时的信　承久三年七月十二日的信（出自《岛津家文书》，东京大学史料编纂所藏）

而另一方面，北条泰时也十分尊敬源赖朝。在源赖朝去世后，北条泰时每每去法华堂为源赖朝吊唁祈福，皆不曾踏入堂上。有人问其缘由，北条泰时表示，源赖朝生前便不与自己处在相同地位，而今源赖朝亡故，自己更加不能这么僭越。再看这一段，北条泰时随将军藤原赖经一起前往京都时，坊门忠信曾前来求见，北条泰时以风寒为由拒绝了请求。那么，坊门忠信为何要求见北条泰时呢？那得追溯到承久之乱时，坊门忠信曾因追随后鸟羽院一方差点被定罪，后来北条泰时从中斡旋，坊门忠信才得以脱罪。而坊门忠信此次求见，正是希望借此机会向北条泰时表达谢意。北条泰时知是如此，故回绝了他。

这些记载无不展露出北条泰时正直、谦逊的一面。《吾妻镜》以外的史料也都对北条泰时的为人持同样肯定的态度，想必这就是北条泰时较为真实的形象了。正因为北条泰时有如此秉性，所以他才是能稳住幕府的不二人选。

建保六年（1218），北条义时担任统治御家人的要职侍别当。北条泰时似乎巩固了其作为北条义时继承者的地位，但1224年北条义时死后，北条泰时却并没有顺利就任执权之位。那时，北条泰时在京都收到北条义时不久于人世的消息，马上便于6月27日返回镰仓。而此时距离北条义时逝世，已过了大约两周。北条义时的继室伊贺氏与其弟政所执事伊贺光宗等人，那时预谋将伊贺氏的女婿一条实雅推上将军之位，以便让伊贺氏之子北条政村担任执权一职。曾在北条政村元服时赐予其乌帽子的三浦义村，也被伊贺氏等人拉入其中，因为三浦氏是自幕府创立以来便颇有实力的豪族。有传闻称，北条泰时从京都赶回镰仓正是为了讨伐北条政村。因而，北条政村的周遭一片哗然。

最终，对北条泰时有较高评价的北条政子，妥善处理了这一危局。6 月 28 日，北条泰时抵达镰仓，初次拜见了姑母北条政子。随后，北条政子命北条泰时、北条时房二人为将军监护人，担任执权。那时，北条泰时认为姑母的决定为时过早，便去与入道觉阿（大江广元）商量，入道觉阿也表示当下人心惶惶，确实应该早做决定。

另一方面，北条政子深夜拜访三浦义村，劝其打消别的念头，并直言不讳地表明，自己意欲让北条泰时继承北条义时之位。经历该过程后，北条泰时最终成为北条义时的继任者。成为执权的北条泰时处置了一条实雅与伊贺氏。在遗产分配的问题上，北条泰时则厚待了弟妹。即便对待其弟北条政村，北条泰时也本着促进族人和谐共处的原则，流露出了较为宽容的态度。

执权从北条义时转变为北条泰时，即象征着一个时代的终结，创立幕府的先辈们也逐渐消失在历史的长河之中。北条义时死后的第二年，嘉禄元年（1225）六月十日，入道觉阿去世，同年七月十一日，北条政子也离开了人世。亲眼看到优秀的北条泰时成为北条义时的继任者，北条政子心中的石头想必早已放下。据记载，入道觉阿享年七十八岁，北条政子享年六十九岁。

承久年间，藤原赖经从京都赶赴镰仓就任将军一职。1226 年 1 月，藤原赖经被任命为右近卫少将，继任征夷大将军之职，并被授予正五位下的品阶。1225 年 12 月，由于掌握实权的北条政子离世，为了稳定幕府的政权，必须得有人来担任将军一职，于是年仅九岁的藤原赖经元服。

设立评定众

在北条泰时最初治理国家时，有一件事值得一提，即北条泰时于 1225 年年末设立了评定众一职，任职人选从熟悉政务且资历较老的御家人中选定。在此制度下，幕府的运营及御家人诉讼事件的审理都须交由评定众合议决定。最开始即被任命为评定众的人有：中原师员、三浦义村、二阶堂行村、中条家长、町野康俊、二阶堂行盛、矢野伦重、后藤基纲、太田康连、佐藤业时、斋藤长定，共计十一名御家人。随着评定众的设立，幕府的诉讼处理变得不易受到权力者的影响，也相对更为客观。最终，幕府将这些诉讼经验积累成了《御成败式目》（后文中将简称为“式目”）。

评定众运行到第七年贞永元年（1232）的八月，式目公布至第五十一条，式目开始与其他单行法[1]一同构筑起较为完整的幕府法体系。式目以外的单行法，包括较之式目更早颁布的单行法，全部被统称为“追加法”。

1 单行法，就特定的事项设置的特别法律。

编纂式目的北条泰时，曾写信给正在京都担任六波罗探题的弟弟北条重时，借此留存的书信，使我们可以了解到北条泰时编纂式目时的想法与心境。书信共有两封，一封写于1232年8月8日，另一封则完成于同年的9月11日，内容大意并无太大的差异，其中的要点如下：

① 诉讼时，遇到相同的争议问题，不可因当事人地位的高低与权力的大小，得出不同的判决结果，应预先建立式目。

② 依据式目，纵使是不识字之人，也能预先有所思考，判决更不会被太过草率地随意更改。

③ 原本应依据律令格式等公家法进行裁决，但由于在地方上知晓公家法之人甚少，所以在不知法的情况下，地方多有因谋划偷盗或是夜袭等重罪行为而毁掉人生之人，原本不知法之人，若是事后依据公家法来裁定，仿佛不知不觉中落入了某种圈套。因而，源赖朝甚至历代将军都未曾依照过公家法来进行裁决。尽管京都等地会嘲笑式目是无知的蛮夷武士七拼八凑制定出来的东西，但如若不事先制定式目，今后恐怕将更是无法可依。

④ 让关东的御家人、守护所、地头学习式目。

⑤ 式目所不能覆盖的点，可在日后补全。

⑥ 式目的内容并非参照具体的法典而作，它是一种

对合理性的说明，供武家之人使用，因而式目不会影响到京都朝廷的决策及律令规定等内容。

从以上内容可以看出，纵使已经预想到会招来贵族“无知的蛮夷武士七拼八凑制定出来的东西”的嘲笑，但北条泰时的态度依然不卑不亢。甚至“它是一种对合理性的说明”一句表明，北条泰时自信于新的武家法必将优于不切实际、毫无效力的公家法。

镰仓幕府初期，少有文章抒发东国人的情感。所以从这一点看，式目和北条泰时的书信可以说是极其稀有之例，它们表现出东国人自认是“蛮夷”的一种意识。

式目的最后是幕府负责裁决的奉行人的联署：①判断是非时，不能受亲疏远近与个人好恶的影响；②但凡认为合理的，无须忌惮其他奉行人及有权势之人的判断，可大胆地提出自己的意见；③对于已做出裁决的事件，如果出现问题，所有参与裁决的奉行人均负有连带责任，且参与判决时需要以虔诚的态度向神佛起誓。此处的署名人是，此前提到的十一名评定众，再加上北条泰时和北条时房，共计十三名成员。正如石母田正先生所评述的，这段文字彰显了裁决团的责任感与道德观，它富有崇高的精神色彩。

在幕府裁决中，除了政治背景外，并没有硬性指标能够衡量奉行人的公正取向在多大程度上得到了贯彻。但是“非勘”，即在进行了错误的裁决后会受到相应处分的事例，倒是证明了幕府重视裁决公正性的态度。譬如其中一例：仁治二年（1241）五月，担任问注奉行的大江以康和纪伊五郎兵卫入道寂西，以及同七左卫门尉重纲，在处理陆奥国小田保追入、若木两村的争端时，因为做出了错误的裁决，而各遭没收了一处领地，以示惩罚。纵使没有详细记载可以查证该裁决的具体内容，但由该事例可见，在裁决中裁决人必须具备相当严格的公正性。

第二节｜《御成败式目》与幕府诉讼的特征

简洁的武家法

除《吾妻镜》及其他文书的记载之外，从源赖朝到源实朝的源氏三代将军在处理纷争时，由于并无一种成型成文的法律规范，所以这就意味着，无论是在法理上，还是在程序上，每个个案都必须依照其纠纷的不同，逐一下达新的判决。

因此，可以推测，只要源赖朝的裁决与京都朝廷的权限不发生冲突，裁决基本上都可以被即刻执行。例如，鹿岛神宫的神主[1]中臣亲广与下河边政义，围绕常陆国橘乡的问题多有不快，文治元年（1185）八月，双方被“召至御前（源赖朝面前）进行裁决”。在一年半之后，夜须行宗与梶原景时又因为坛浦之战论功行赏的问题爆发了争执，源赖朝同样将二人招至面前裁决。每次做出裁决，源赖朝的态度也各有不同。建久四年（1193）大江行义之女上诉称，美作的领地遭梶原朝景抢夺，源赖朝在询问梶原朝景后，反而觉得梶原朝景更占理，但梶原朝景并非穷困到非要这领地不可，于是源赖朝决定“抛开谁更占理的框架”，说服梶原朝景让出领地，梶原朝景最终也为源赖朝所说服。

但是，这种没有统一标准的判决，更多取决于下达判决的将军的自身能力，若是像源赖朝这样优秀的领导人自不必说，但如若换成别人，判决时恣意妄为，便会失去民众的信任。

因此，从这种法律制度转变为具有普遍性的、非人格化的法律，是镰仓幕府所面临的课题之一。源赖朝死后不久，建久十年（1199）四月一日，问注所独立设置在将军御所之外，这更直观地表明诉讼裁决不再由将军一人独揽大权。在同月十二日的诉讼事件中，源赖家被要求停止直断也证明了这一点。源实朝比源赖家更具政治能力，在源实朝的时代，非人格化的法制进程曾一度停滞不前。但在源实朝遭到暗杀后，经由北条政

1 神主，神社的神职人员之长。

子，再至最后有名无实、年纪尚幼的藤原赖经，这一课题不得不再次浮出水面。而式目也算是镰仓幕府面对该课题所提出的一种解决办法。

评定众的设置和式目的制定，减少了幕府初期不稳定的法律制度对特定个人的依赖，它标志着幕府向建立稳定的法律制度迈出了第一步。但在此之后，武士的法则却并没像古代国家的律令那样被编撰得包罗万象，其法律体系也形成得相当缓慢，武士之法在形式上没有统一性，在手续的流程上也缺乏严密性。接下来，笔者将举例说明幕府初期法制的简洁性究竟何在。

完成阶段的幕府之法采取三问三答的流程，即原告（诉人）和被告（论人）各自分三次提交书面诉讼材料，然后交由幕府法庭的奉行人进行审理。但是，第一次的审理若不能立刻给出裁决，且被告也不反驳原告所提出的诉讼内容，那么幕府将给出质问书（问状）来代替裁决。此时质问书中出现的“如若属实”，即表明若情况确如原告所述，那么被告则应顺应原告所提出的要求。如果被告对此没有异议，那么诉讼结束。

如上所述，这样的诉讼发生在式目颁布不久后，即仁治年间（1240—1243）较为常见。或许有人认为这种法律制度仍不够完善，但如果诉讼双方能通过裁决达成一致的意见，则可以在很大程度上减少社会纷争。但武家之法之所以如此简洁且条目较少也不全面，是因为武士社会对于烦琐的诉讼流程，甚至诉讼行为本身，都抱持着一种潜在的厌恶感。据镰仓末期成书的《沙汰未练书》记载，熟练的裁判官会主导和解，而能力较差的裁判官则以下达判决为要务。在中世的武士社会中，处理纠纷最理想的方式便是使其自然平息，尽量避免纠纷双方对簿公堂。

这一时期的纠纷，除了京都等地的庄园领主与当地地头之间的纷争，或是御家人彼此之间的纠纷，其余大都是爆发在兄弟、族人、邻居这种社会内部的小纷争。可以说，如果这种小社会自主处理纷争的机制功能健全，上述小型纠纷也就不用一一对簿公堂了。

五十一条式目的价值观

那么式目文本的具体的内容究竟如何呢？事实上，针对式目是否在颁布之初就有五十一条内容，其内容和篇目是否就是其最初颁布时候的样子等问题，目前仍有诸多不明之处。除此以外，式目的文本也很难归类，因为式目中有很多地方的编辑意图，以及排列顺序，我们都不太明白。

算上为处理承久之乱战后问题所专门编撰的条款，式目共计五十一条，这五十一条无法彻底应对广泛的诉讼事件。所以，式目更像是解决当下问题的一种具有最低限度实用性的原则，而非一部从编撰起就包罗万象、具有完整体系的法典。为解决当下所面临的问题，式目作为一种法制规范应运而生。因而，我们可以透过其内容，发现其编撰年代的社会所存在的诸多问题。接下来，就让我们逐一讨论这些问题吧。

首先，式目中有条款反映了幕府的地位，在经历了治承寿永之乱及承久之乱后，幕府不仅在东国，甚至也可以在西国行使行政权力，其目的是作为行政主体维护统治及治安。这些条款具体是：鼓励寺院与神社修缮及举办祭祀活动、佛事活动（第一条、第二条）；规定守护人的职责与权限（第三条、第四条）；禁止地头的违法行为（第五条）；谋反者的具体处置措施（第九条）；藏匿盗贼、恶党的罪责（第三十二条）；惩处强盗、窃贼、纵火犯的相关措施（第三十三条）；规定总地头的违法行为（第三十八条）；规定领主对百姓的违法行为（第四十二条）；抢夺他人领地的相关处置措施（第四十三条），等等。

此外，式目中也不乏能体现其特点，且同公家法背道而驰的条款。例如，涉及主从关系问题的第十九条就与公家法中“转让给他人的东西不可再取回”的规定有所不同，如果一个人因为对主人尽忠尽力而得到赏赐与领地，那么此人同样必须服从主人后代的意志，否则主人的后代有权力收回领地。与此类似的还有很多与亲子关系相关的条款，例如：若女儿违抗父母，则父母有权收回过去让渡给女儿的领地（第十八条）；父母有权收回赠予已逝子女的领地（第二十条）；父母可随时收回让渡给儿子的领地（第二十六条），等等。此外，关于夫妻关系的条款也有：丈夫犯重罪致使夫妻离异的，妻子无法获得前夫让渡领地的知行权（第二十一条）；妻子改嫁后，亡夫让渡给妻子的领地将归亡夫的儿子所有（第二十四条），等等。

前述提及的，全是基于主从关系、亲子关系、夫妻关系制定的条款，这些条款皆符合式目自身的核心价值观。之前写过，北条泰时曾在信中说“重要的是仆从要忠于主人、子女要孝顺父母、妻子要顺从丈夫”，这表明管理好主从、亲子、夫妻等人际关系，是式目的核心价值观。据此价值观，式目规定：“摈弃人性的扭曲，奖励正直之心，关心民生之事。”

在这样的道德价值观下，如式目第二十二条所述，“长子若为幕府肝脑涂地，但其双亲却不视该长子为嫡子且不给予其任何领地，幕府将从嫡子所得的部分中割出五分之一给长子”，较之幕府结构中最根本的主从关系，式目更关注更为私人化的亲子关系或夫妻关系，这是式目的特点之一。可以说，与式目处于同一时代之人亦认可该观点，这一时期的某份文书就曾写道：“在（式目）全部的五十一条中，我们发现，领地的处置之事完全听凭父母的意愿。”

基于土地所有权建立起的人际关系

如前文所举的条款显示，土地之间转让与被转让的关系体现了人际关系之间的规范。换言之，不仅是式目，包括其他追加法在内的幕府法都有“人际关系通过土地这一媒介表现”的特征。在式目中，包括处理承久之乱战后相关情况的条款在内，以不同形式涉及土地及收获物归属问题的条款至少共有二十二条（第四条、第五条、第六条、第七条、第八条、第十六条、第十八条、第十九条、第二十条、第二十一条、第二十二条、第二十四条、第二十五条、第二十六条、第二十七条、第三十六条、第三十八条、第四十三条、第四十四条、第四十六条、第四十七条、第四十八条）。如果再囊括“没收领地”这类的刑事处罚，那其条款的数量就更多了。

之所以会有这么多与土地相关的条款，是因为此前并没有设想到，人们会围绕土地问题产生纠纷，这也是幕府有必要制定式目的原因之一。而究其根源，最根本的还是镰仓幕府是一个以土地所有权为媒介来安排农业生产与人际关系的政权。

但是，在式目阶段，与土地相关的法规只涵盖了土地转让、继承、分割、没收等变动方式，以及用武力强行扣押、抢夺土地的行为。而对于商业性的土地交易，仅有第四十八条表示，禁止买卖幕府因功授予的土地。除土地交易外，式目也没有关于一般金融和商业活动的法律，货币借贷和交易中的产权转让成为问题，也已经是 13 世纪中叶以后的事了。

由于幕府法最初所预想的借贷关系是一种特殊的借贷关系，就像律令国家发放借贷粮食（出举）的形式那般，它并不适用于中世社会的新态势。出举是一种在借贷后收回本息的营利性借贷，它也是由律令国家强制收取的。出举原本是一种为了帮助因自然灾害等原因造成农业耕作困难的农民，而将储备的水稻种子借贷出去的福利性的借贷。其基本理念在幕府法例如于式目颁布前后公布的追加法第二十条、第五十五条中关于出举的规定处得到了继承。

关于利息的概念，同样继承自出举。出举的利息细分起来有很多种，其利息最多只有本金的一倍，时间期限为一年，但即便超过期限，也不会因此加息。用我们现代人的眼光看，这或许有些难以理解，简而言之，当时之人缺乏计算定期利息的概念，即他们并未考虑到利息会随贷款期限有所波动。但这并非当时之人的计算能力有问题，而是因为这种借贷方式本身就遵循向求助之人伸出援手的概念，所以出举的本质是集体内的互帮互助，而非一种营利的手段。

随着商品经济的发展，放贷之人谋求利润，而借贷之人也并不将其用于农业生产。于是，恩惠的成分越来越少，而导致的结果就是，由于利息过高，一些借贷的御家人无法将本息全数奉还，于是他们不得不割让自己的领地。而这种情况则动摇了幕府的统治根基，最终事态演变至为了保住御家人的领地，幕府不得不颁布德政令。说到底，幕府之所以重视金钱借贷，无非因为金钱借贷关系到了领地的归属问题，而并非关心金钱借贷的营利性。

据推测大约是在 13 世纪中叶稍前，幕府法将诉讼处理分为裁决领地所属关系的所务裁判及裁决金钱借贷纷争的杂务裁判。这意味着杂务裁判将要处理更多的案件。但正如前述所言，幕府对于金钱借贷的态度并无根本性的变化。其实，幕府这样操作的理由，无非是在金融、商业活动方面，东国较之京畿地区起步较晚，但除此之外，我们也可以看出其根源在于，幕府的骨子里存有一种蔑视金融、商业活动的观念。所谓杂务裁判，其“杂”字正体现了幕府的这种藐视观，而这种观念之后也影响到了江户幕府构建的武士社会。

给用武力解决（私斗）的方式画上休止符

在式目这样的法律规范变得必要的社会背景下，处理好当时武士社会长期存在的以武力解决纠纷的思想，也十分重要。通常来说，无论是个人还是集体间的冲突，无论是否形成文字表达，任何一个社会都需要相当长的时间才能自然形成一种非武力解决纷争的习惯。而且，越是安定的社会，这种自然形成的习惯就越有约束力。但如果社会关系因动乱或其他因素发生变化，想要再次恢复这种自然形成的解决纷争的习惯，便又需要花上很长的一段时间。在治承寿永之乱后，镰仓时代的武士社会正失去了这样一种习惯性解决纷争的力量。此外，所谓武士，本身就是一群靠武力吃饭的人，在遭遇到纷争时，他们也难免会倾向于使用武力解决问题，史书上更是不乏此类事件的记载。

例如，建久四年（1193）二月，由于听说武藏国的丹党与儿玉党之间，因为一些摩擦准备开战，源赖朝便命畠山重忠前去平息此事。两年后的正月，藤原季光和中条家长爆发了争吵，双方召集族人准备开战，源赖朝派和田义盛制止此事。再后来，因为中条家长是八田知家的养子，于是源赖朝便撤销了八田知家的官职，而藤原季光也被召至幕府，源赖朝直接告诫他，让御家人参与战斗甚至丧命的解决办法很不仁慈。

同年五月，随同源赖朝前往京都的三浦义澄的侍从与足利长氏的侍从，在六条大宫一带发生口角。因此，和田义盛、佐原义连等人汇聚至三浦义澄的旅馆处，而小山朝政、长沼宗政、结城朝光等人及大胡太郎、佐贯广纲等人则在足利长氏的旅馆中集会。听闻此事后，源赖朝命梶原景时前去两边劝和。入夜后，双方才纷纷平息怒火。

源赖朝死后，类似事件仍旧时有发生。

进入源实朝当政的时代，承元三年（1209）十二月，家住对门的美作藏人朝亲和小鹿岛（橘）公业，因美作藏人朝亲之妻爆发争执，意图开战，双方族人各自为营、摆开阵势。三浦一族声称要加入小鹿岛公业一方，而武田信光、小笠原长清等人则为美作藏人朝亲到处奔走。源实朝听闻此事后大吃一惊，由于担任侍别当的和田义盛一早就站在了小鹿岛公业那面，于是源实朝只能派遣北条时房前去从中斡旋，所幸事情很快平息了。紧接着到了第二年的六月，相模国丸子河的土肥、小早川一党与松田、河村一族爆发冲突，双方家臣皆负伤并躲入城中，闭门不出。为此，源实朝派和田义盛与三浦义村前去调停。而后两人回报，事件的起因是双方在纳凉时闲聊，当论及谁家先祖武功更胜一筹时，爆发了争吵。后来经过劝诫，双方达成和解，集结的众人也纷纷散去。在北条义时的建议下，源实朝写信给土肥、松田等人告诫双方，若今后再发生此类争执，幕府将没收双方的领地并剥夺其御家人的身份。

此类事件在当时实则多如牛毛，上述案例只不过是其中极其微小的一部分。

为了遏制幕府御家人社会凭武力解决问题（私斗）的风气，建立成文法这种明确的规范可谓势在必行，这也从侧面促进了式目的诞生。在式目的各项条款中，例如：杀害、刀伤罪（第十条），诽谤罪（第十二条），殴打罪（第十三条），私通他人妻子罪（第三十四条），参与暴乱罪（第五十条）等，都是为解决与预防私斗行为设立的条款，它们对应的是现代的刑事处罚条规。此类争斗事件有一个共同点，即虽然其起因都是一些个人行为层面的口角、摩擦，但是随后通常会有当事人以外的人加入双方阵营，继而小小的摩擦就会演变成群体性的冲突。因此，如果不能在早期平息当事人双方的怒火，争斗事件的事态很可能朝着一发不可收拾的危险方向发展。

而正如上述案例所显现的，幕府并无专门负责调停或镇压的个人及机构，而是每当遇到问题时将军临时派人前去解决。当然这种活儿也不是谁都能胜任的，按理说此类工作应该交由和田义盛、梶原景时，以及畠山重忠、三浦义村、北条时房等幕府重量级的元老去解决，但问题是，这些人也难以站在客观的角度上，脱离自己一族或一党的集团利益单独行动。且其中还包含着各人不同的特点，例如：较之和田义盛、三浦义村这种会以和田氏或三浦氏为中心思考问题、展开行动的人，梶原景时这样的人就更加不受集团拘束且能相对自由地行动，因而也未必非得将他们相提并论，但无论怎样，人通常还是都会先将自己集团的利益放在首位。正因如此，将军必须根据对方的情况，派遣适合当下情况之人，换言之，即担此重任之人必须与当事双方皆无瓜葛，且无任何的私人恩怨。

以上便是式目及初期幕府法制的要点。式目及法律制度在武家法思想史上的革新之处，即在于它们强调实用性与合理性。而这种实用性与合理性的根源，正是北条泰时曾在信中透露出的那种不信任律令及烦琐公家法的态度，以及武家在战场上磨炼出的武士社会独有的风格。

第三节 | 武士社会中的临场判断力

随机应变，摆脱窘境

日本有一个词叫“武士道”或“士道”。人们常把“武士道”与勇猛、廉洁、正大光明的理念联系在一起，特别是在近代，“武士道”甚至形成了一定的社会形象。为此，人们很容易下意识地把这种形象投射至中世初期的武士身上。但是，如果我们反观源平合战等战场上的武士，其行事风格务实且合理，他们以获取胜利为目标导向，所以用后世武士道的观点来理解该时代的武士，往往是错误的。

接下来，笔者将举两个耳熟能详的例子。其一，为了讨伐占领京都的木曾义仲军，东国方面朝京都进发的先头部队要横渡宇治川时，佐佐木高纲与梶原景季因谁第一个渡河的问题起了争执，这便是有名的“宇治川头阵之争”。明治时期的史学家黑板胜美曾称赞此为“忆起关东武士英勇的面孔”。但据军记物语记载，事实却并非如此。宇治川头阵之争的起因是源赖朝分别赐予准备渡河的佐佐木高纲和梶原景季名为“生飡”“磨墨”的宝马，但最终佐佐木高纲抢在梶原景季前，率先渡过了宇治川。接下来，让我们来详细追溯一下其过往。

在向京都挺进时，梶原景季先去参见了源赖朝，并表示希望得到被誉为第一宝马的生飡。但源赖朝舍不得生飡，于是便把第二宝马磨墨赐予了梶原景季。其后，佐佐木高纲也参见了源赖朝，他同样想要生飡。源赖朝认为，自己当初拒绝了梶原景季，若现在转念就把生飡赐给佐佐木高纲，梶原景季难免心生恨意，因此十分纠结。但佐佐木高纲却表示，自己会想办法向梶原景季解释，于是生拉硬拽要走了第一宝马生飡。此后，事情果然如源赖朝所料，佐佐木高纲和梶原景季在前往京都的路上碰面了。梶原景季看见生飡，一脸怒色，他质问佐佐木高纲生飡从何而来。佐佐木高纲谎称生飡是自己偷来的。于是，气氛得到了缓和。对于武士而言，重要的不仅仅是武艺，像这样随机应变摆脱窘境的能力同样十分重要。佐佐木高纲和梶原景季就这样克服了一触即发的危机，抵达了宇治川畔。

到了宇治川河边，梶原景季趁着佐佐木高纲换马的时机，抢先下河前进了三十多米。发现自己落后的佐佐木高纲非常着急，自己骑的可是第一宝马生飡。于是，佐佐木高纲便对梶原景季大喊："宇治川看似水流平缓，实则湍急无比，且河底有石头和防御马匹渡河的粗绳，一不小心便会踩空马鞍，所以渡河前务必重系马匹的腹带。"信以为真的梶原景季，一面感谢佐佐木高纲的"好意"，一面重系腹带，佐佐木高纲便趁此机会抢先渡河。见此情景，梶原景季怒斥"卑鄙小人！"，随即立刻追了上去。但是，由于佐佐木高纲是近江人，十分熟悉宇治川的环境，加之他还骑着生飡这匹关东第一宝马，所以最终还是佐佐木高纲抢了头阵。

如果说当时武士必须光明正大地作战，那么佐佐木高纲的这种行为显然是有悖于武士道精神的，但军记物语却没有指责此行为。

东国武士的行动模式

另一个有名的例子则是军记物语中的名场面，屋岛之战中那须与一一箭中扇的故事。

当时平家方面从战船中放出一艘小舟，舟上有一女子手持扇子，摆出一副挑衅的姿态。于是，总大将源义经便问众武将，谁能射下那把扇子。后藤实基提议说，下野国的那须与一宗高虽是小兵，但射鸟却能三发两中，可命其一试。于是，那须与一受命，漂亮地完成了任务，受到众人赞扬并被传为佳话。不过，这些都是后话。当时在平家的战船中，有一位名叫伊贺家员的武士，对那须与一的身手相当叹服。于是，他在扇子被射落的地方，戴上乌帽子，犹如水车转动般舞动长刀。如果说那时的武士道有“光明正大”一说，那么伊贺家员的行为应该表现出了一种率真的超越敌我的感动，这应受到好评。但是，源氏方面在讨论是否应该射杀伊贺家员时，却因为若只射下扇子而未射中武士，便会让人产生一箭中扇不过是种凑巧的想法，所以大多数人赞同射杀武士，因而伊贺家员被那须与一一箭射死。

此处也或可见平家所代表的西国与源氏所代表的东国之间的文化差异。事实上，源氏一方还有很多通过策略战胜敌人或盟友的故事。但这并不是说平家就不懂得使用谋略，例如：在坛浦之战中，平家命士兵登上只有重要人物才可搭乘的唐船，而平宗盛等将领则乘坐普通兵船以骗过敌军，趁源氏一方攻击唐船之时包围敌军，给其一记反击。因此，其实除了上述地域差异之外，源氏只追求务实和利益（杀敌制胜），展示战斗者本来的姿态，而平家则在武士与武艺的世界中无法放弃对审美的追求，体现了一种都市人的价值观，这是两者之间的区别。此处源氏的态度是其务实性、合理性行为模式的基础。接下来，就让我们通过分析东国武士在战场上的行为，深入探讨一下在久经沙场的经验中，为了取得胜利，东国武士最看重的是什么。

首先，即是选马。坂东武者常常骑马作战，因而选马的重要性自不待言。前文所述的佐佐木高纲与梶原景季的宇治川头阵之争，正体现了一匹良驹对建功的价值。所以在上战场前，武士们才会在选马一事上激烈竞争。但在前述的逆橹之事中，梶原景时为了说明在船头装上逆橹可以使船自由进退，取了“对陆军而言骑一匹好马才能进退自如”的比喻。由此可见，马真正的价值在于武士能够操控其自由进退。如果武士无法真正驾驭这匹马，那么无论马有多好，武士都没有选它的意义。

在开战不久后的石桥山之战中，源赖朝询问诸位御家人，谁来与率领平家先头部队的大庭、俣野兄弟对战？冈崎义实推荐了自己的儿子佐奈田与一义忠。于是，佐奈田与一奉源赖朝之命，率领骑兵十五人打头阵。此时，佐奈田与一所乘之马是东国的第一悍马——毛白壮硕的夕貌，此马原在三浦介处，但由于其性格野蛮，只有佐奈田与一才能驾驭它，所以夕貌便与佐奈田与一一起上了战场。在前进途中，佐奈田与一骑马斩杀了一名武士，并砍下了其首级。但该武士穿着铠甲掉落的身体却惊吓到了夕貌。受惊的夕貌不受控制地狂奔起来。无论佐奈田与一怎么拉辔头，夕貌都无法停止奔跑。最后，就连缰绳也断成了三截。佐奈田与一也只好任其四处疯跑。在此过程中，佐奈田与一遭遇了俣野，双方几个回合下来，佐奈田与一将俣野打倒在地，但由于夕貌一路狂奔，佐奈田与一此时已脱离自己的阵营，单枪匹马、孤立无援。而俣野一方的援军在此时及时赶到。于是，众人合力，三下五除二便解决了佐奈田与一。

由此可见，上战场并非一味需要好马，像佐奈田与一那样，最后因无法驾驭好马而被马驮着四处奔走，闯入敌阵，在没有援军的情况下最终被杀的例子，其实一点也不少见。

佐奈田与一的悲剧还揭示了另一个克敌制胜的重要条件——装束。在佐奈田与一出征前，源赖朝曾表示其装束过于华丽，应该更换。但佐奈田与一却说，如此重要的场合穿成这样并不为过。于是，佐奈田与一就这么出征了。那日薄暮，战场上敌我难辨。而俣野之所以能够发现佐奈田与一，并与其交战，是因为俣野之兄大庭告诉俣野说，佐奈田与一身着白色斗篷，其盔甲上的金属饰物闪闪发亮，且骑着一匹白马，十分好辨认。也就是说，佐奈田与一的这身装束在战场上成了十分明显的标志。由此可见，过于醒目的装束反而会给自己带来诸多祸患。

在坛浦之战中，隶属于平家军的越中次郎兵卫盛嗣，曾在战前向熟人打探源氏大将源义经是一副怎样的装束，熟人答曰："源义经身着一副不起眼的普通铠甲且每日朝夕两次更换。"由此可见，就连源义经这样骁勇善战的大将都不敢穿特定的铠甲，且每日勤于更换，以防被敌军认出。按理说，如果遵循倡导"正大光明"的武士道精神判断，源义经这种换铠甲以欺骗敌人的行径，应该属于十分狡猾的行为。但事实上，这种"正大光明"的武士道精神本来就是后世的产物，人们之所以会给出上述判断，正是因为将这种后世的观念投射到了古代末期的武士身上。

思虑与狡诈

屋岛之战前，梶原景时曾向源义经提议，在战船上安装方便自由进退的逆橹。源义经听罢，极其不客气地拒绝了该想法。这便是我们前面提到过的逆橹之争，该事件使得梶原景时和源义经的关系急速恶化。源义经认为，从离家的那日起，战士便只剩下一个目标，即同敌人厮杀，直至同归于尽。所以，源义经表示，贪生怕死之徒不如从一开始就不要上战场。因此后人认为，正是因为源义经的这番话被夸大理解了，所以在源平合战中，众武士才会如此拼命。

不过，如果翻阅军记物语，就可以发现，虽然逆橹之争中源义经的那番话过于出名，但在现实生活中，武士其实并非都是大无畏的。东国武士的勇猛，也并不是不经大脑、横冲直撞的勇猛，这一点我们从源义经频繁换装的行为中即可窥见一二。

源赖朝对战争十分谨慎。文治元年（1185）正月六日，源赖朝写信给在西海追讨平家的弟弟源范赖："多事之秋，凡事须妥善稳重处理。切勿遭当地（出征所去的中国、九州地区）人怨恨。……切记不可轻敌、辱敌。行事须谨慎。战前要做充分准备，绝不可放过任何一个敌人。"信中，源赖朝让源范赖莫要鲁莽，切忌与当地人为敌，处事须三思而后行，亦万不可小觑敌人，由此可见源赖朝也并非有勇无谋之人。

文治五年（1189），在讨伐奥州藤原氏的奥州合战时，源赖朝在其于八月二十日所写的信中说道，乘胜追击固然很好，但也万不可轻敌，做出危险的举动，务必要在两万骑兵汇合后一举歼灭敌人。继而，建久元年（1190）正月，奥州藤原氏的余党大河兼任引发骚乱，镰仓方面收到的回报称，小鹿岛公业为大河兼任所迫，一直在逃亡。但是，小鹿岛公业主动请见源赖朝称，自己并非在逃亡，只不过是逃离了大河兼任的包围圈后，正谋划下一步的战略。听罢，源赖朝与众御家人也认为，仅凭一腔建功立业之心打仗，确实缺乏谋略，小鹿岛公业的行为是妥善的。

综上所述，这些例子全都表明：武者之“勇”并非有勇无谋之“勇”。

更进一步说，武者并非只需单纯地多思考，有的时候武者更是需要一种狡诈。猪俣则纲便是这样一种人。在一之谷之战中，猪俣则纲与平家的越中前司盛俊对战。当时，猪俣则纲中了越中前司盛俊的埋伏，差点被砍头。猪俣则纲请求越中前司盛俊放自己一条生路，并同越中前司盛俊约定，自己回去后将向源赖朝求情，以后绝不对盛俊一族下手。但后来，猪俣则纲看到自己的族人人见四郎已赶来，便趁着越中前司盛俊大意之时撕毁约定，从背后毫不犹豫地将他刺倒在沼泽之中，并一刀取了其首级。

此事在我们现代人听来，总有一种无法释然之感，但军记物语的作者却对此毫无批判之意。而且在传本中，甚至还记载有如下的桥段：被越中前司盛俊捉住的猪俣则纲，凭借三寸不烂之舌说服了越中前司盛俊，尽管猪俣则纲实力不如人，但他足够“刚毅”，稍做歇息后，猪俣则纲并没有大惊小怪，而是像没事人一样杀了越中前司盛俊。可以说，传本中的此段记载非但没有批判之意，反倒是充满了对猪俣则纲虎口脱险的赞叹。

如果说，猪俣则纲的这种行为，在传本中被称为“刚毅”，那么此处的“刚毅”在语感上已与其本意有所不同了。据《承久记》记载，在杭濑川之战中，京都方面的武士蜂屋藏人预感败局已定，他认为大丈夫能屈能伸，便策马出逃了。所谓的“刚毅之人”作为武士应有的姿态，不仅要擅骑射、擅舞刀弄剑，有时还得擅用狡诈的计谋，懂得随机应变，杀敌制胜。所以，此处的“刚毅”还包含着一种能够看清局势、避开不必要战斗的逃脱能力。

此外，这种狡诈的计谋，不仅要骗过敌人，更得骗过自己人。前文所述的宇治川头阵之争，即佐佐木高纲为了挽回劣势，骗梶原景季系好马匹的腹带，继而趁机抢先渡河之事，便是其中一例。再有《平家物语》也描述了很多武士们用计骗过敌人与自己人的场面，例如：在一之谷之战中，平山季重和成田五郎二人曾尔虞我诈争抢头阵。开战前夜，久经沙场的平山季重为争先抢功，连夜出奔。结果却在途中遇上了同样出奔的成田五郎。成田五郎解释说，因为自己的马比平山季重的马更瘦弱，所以不是要先行一步，而是怕跟不上他。此外，成田五郎还表示，即使打了头阵，若无人证明也毫无意义，所以不如一起等等后面的部队。平山季重信以为真，于是便停下来休息，而成田五郎却趁机抢先赶路了。

从古代末期到中世，武士的战斗方式多基于一种务实、理性的思维方式，这种思维方式只趋向于实现“获胜”这一最终的目标。源赖朝在古代末期的内乱中获胜后，其政权的目的也从“胜利”转变成“治理”。随着目标的转变，武士那种务实、理性的思维方式也转而趋向于为“治理”服务。换言之，统治者的意识建立在武士的务实智慧之上，幕府的法律制度也诞生于武士的务实智慧之上。因此，从仪式化、形式化的战斗方式向务实化、理性化的战斗方式转变，由公家法向式目转变的过程，从历史角度看，其实多有类似之处。

第四节 | 东国社会的自我主张

东国与京畿地区

前述提及的北条泰时在制定式目之际所写的书信，可以很好地向我们展现东国人的自我主张。孕育了幕府的武士社会究竟有着怎样的特征，在研究该问题时，我们需要回溯东国当时的历史环境。“东国”一词所指代的范围，多少会随着历史时期的不同而有所变化，但从古代国家的行政区划来看，三河、尾张以东的诸国大致都可以划入东国范围。但是由于与畿内地区接壤的美浓和尾张自古以来就与朝廷方面联系紧密，它们甚至在壬申之乱中为天武天皇发动的政变提供了军事援助。所以，美浓、尾张两国所受之待遇也与他国不同，不可一概而论。在这些被划入“东国”的分国中，相模、武藏、安房、上总、下总、常陆、上野、下野一带大致对应我们今天所说的关东地区，它们又被称为“坂东八国”。接下来，笔者将以坂东八国为主要对象，进一步研究东国的历史。

东国自古便被称为“吾妻[1]”（东），在和歌中，流传下来与“吾妻”相关的枕词[2]便是“鸟鸣”。那么为什么是“鸟鸣”呢？有一种说法是，东方较早破晓，所以报晓的鸡鸣就演变成了枕词；另一种说法则基于京都人的文化偏见或歧视，他们认为东国人说话就好似鸟儿叽叽喳喳叫个不停般，完全不知所云。在这里倒是没有必要深究语源，不过到了近世，日本人常鄙夷欧洲人说话宛如“侏离鴃舌（说话宛如鸟鸣，听不明白在说什么）”。由此可见，“鸟鸣”这一枕词也很可能是出于类似的鄙夷情感。甚至在平安时代中期的京都，人们普遍认为东国长大之人的发音，听起来像卷着舌头，可以说这种看法也受到了上述偏见的影响。

1 吾妻，在日语中，“吾妻（あずま）”的发音与“东（あずま）”的发音相同。
2 枕词，一种日语修辞法，多用于和歌等韵文，与主题无关、冠于某词之前起导引作用的固定表达。

关于东国和京畿地区对立的背景，近年来，考古学、民族学的研究成果显示，京畿地区的国家是在弥生文化的基础上建成的大和国家，而东国所在的地域虽然之后也被纳入了大和国家的版图，但其文化依然深受绳纹文化的影响，两者的文化传统是不同的。因此，京畿地区与东国的对立，实质上还是两种不同文化之间的对立。

尽管京畿地区的贵族们一直鄙视东国人未开化、野蛮，但是另一方面，即便上溯至律令国家成立前，东国的军事实力也无疑相当强大。稻荷山古坟发现的公元 5 世纪下半叶的铁剑铭文也证明，东国豪族之所以能够代代作为“杖刀人首”侍奉大和朝廷的大王[1]，正是因为他们十分强壮彪悍。此外，大化改新之际，在苏我入鹿被暗杀后不到两个月的时间内，朝廷一共向东国派遣了八名国司，因为东国潜在的军事实力强大，朝廷必须趁早控制整个东国。

东国的豪族也可以通过为大和朝廷效力获得官职，或是在当地拥有与其他豪族竞争的优势，所以东国的豪族也纷纷积极支持大和朝廷的统治政策。此外，律令国家在东国征召军事力量的范围还扩大到了东国豪族之外的普通民众阶层。其中，最典型的便是设置“防人”。所谓的“防人”，即被派遣至对马、壹岐、筑紫等北九州沿海地区，用以防御外敌的士兵。这些士

---

1 相关内容详见本丛书中的《从大王到天皇》一卷。

兵远离家人与故土，从东国经长途跋涉汇集至难波，然后又从难波起航，被船舶运至各地。《万叶集》中的防人歌，便是防人悲惨境遇的真实写照，例如：

> 遵天皇之命，翻越岩滩，乘舟渡海，撇下双亲独留故乡。
>
> 旅途艰辛，亦可忍耐，然吾妻清瘦，携子留于家中，每每念及，不禁潸然。

防人歌多吟咏思乡之情及对亲人的思念之情，实质上表达的却是东国人对律令国家恣意支配民众的怨恨，以及防人背井离乡的哀叹。

此外，北方的虾夷为反抗律令国家的统治，英勇奋战，但律令国家派去的征伐军却并不来自西国，而是全部来自东国。例如，宝龟五年（774），陆奥的虾夷揭竿而起，袭击了桃生城，光仁天皇对坂东八国下令称，如若陆奥发来不利战报，则坂东八国必须照其等级，派遣五百至两千名不等的援兵。

在东国豪族之中，较早通过支援律令国家的征讨，提升了社会地位的有：镇压了藤原仲麻吕之乱且其后参与了东北地区远征、最终升任征讨副将军的入间宿祢广成，以及镇守副将军安倍猿岛朝臣墨绳等人。不过，他们得到的官位最高也不过从五位下或是外从五位下，基本上都是很小的职级。安倍猿岛朝臣墨绳在延历八年（789）因战败遭到问责，死罪虽免，但却被剥夺了官职，而当时担任征东大将军的纪古佐美却丝毫没有遭到问责。由此可见，东国豪族在朝廷眼中始终只是召之即来，挥之即去的走狗罢了。除了安倍猿岛朝臣墨绳和入间宿祢广成之外，上毛野、漆部等东国豪族也遭遇过相同的情况。

平安时代前期的宽平元年（889），桓武天皇的后代高望王来到上总定居并因其贵族血统受到优待，其子孙即所谓的“坂东八平氏”开始逐渐发展壮大。出身于坂东八平氏的一个分支的平将门，自行组织东国的军事力量于承平元年（931）至天庆三年（940）间，率众反叛律令国家。本丛书中的《武士的成长与院政》一卷将详述此次叛乱的内容，故笔者在此不做赘述。平将门之乱之所以能够被镇压，靠的是以下两个人的兵力：其一是平将门的同族平贞盛，他在常陆保有一定的势力；其二就是定居下野国的藤原氏一族的藤原秀乡。平将门之乱起于族内争斗，因而此次叛乱亦表明当时的律令国家并没有能够应对大规模武装斗争的常备军。

平定平将门之乱的两位功臣：平贞盛在叛乱后离开了东国，其后成为伊势平氏的始祖；藤原秀乡则留在东国，其子孙便是下野至北关东一带拥有较强势力的小山氏等实力派豪族。

源氏与镰仓的渊源

大约一百年后的长元元年（1028），平忠常之乱爆发。平忠常身为前上总介，原本在上总及下总都有一定的势力，但是由于平忠常既不愿听命于国司，过去又曾讨伐过安房守藤原惟忠，故他成了此次被讨伐的对象。鉴于此前任命的追讨使平直方并未成功完成任务，所以当时的甲斐守源赖信便被任命成了新的讨伐使。平忠常原本是源赖信的家臣，所以平忠常没有战斗就选择了投降。源赖信因此威名大振。此后，源氏以此事为契机，扩张其在东国的势力。再后来，到了源赖义、源义家的时代，东国的势力在奥州的前九年之役与后三年之役中选择追随了源氏，源氏与东国的关系也愈加紧密。如前所述，镰仓幕府的政权所在地——镰仓与源氏的渊源也始于源赖义的时代。

源氏与镰仓颇有渊源，最能象征这段渊源的人即为镰仓权五郎景政。正如镰仓权五郎景政的名字所示，镰仓权五郎景政是一名居住在相模国镰仓的武士，相传此人十分勇猛。据传言称，镰仓权五郎景政十六岁时便从军参加了后三年之役，由于作战十分勇猛，他的右眼甚至被敌军用箭射中，当时箭射穿了镰仓权五郎景政的头，差点射穿整个头盔。镰仓权五郎景政当即折断了箭，扔到一旁，随即拉弓射杀了敌人，然后退回自己的阵营，仰面朝天地躺了下来。此时，同样来自相模且相当有名的三浦平太郎为次，用穿着皮制浅口鞋的脚直接踩上了镰仓权五郎景政的脸，准备帮他拔下箭头，而镰仓权五郎景政却一面拔刀，一面用手抓住了三浦平太郎为次的护腿，欲自下而上刺向三浦平太郎为次。三浦平太郎为次顿时大惊，责问镰仓

御灵神社（镰仓坂之下） 镰仓权五郎景政死后，很多地方都把他奉为御灵神（御灵神社提供图片）

权五郎景政此举意欲何为。镰仓权五郎景政则表示自己很想被弓箭射中而死，但活着的时候，决不允许别人的脚踩上自己的脸。因此，镰仓权五郎景政要与三浦平太郎为次为敌，意欲战死此地。三浦平太郎为次听完此番话，一言不发，他屈膝用膝盖顶住了镰仓权五郎景政的脸，把箭拔了出来。看到这一幕，四周之人无不叹服镰仓权五郎景政的刚毅勇猛及武者之魂。

这一故事的来源，最早不可能上溯至镰仓初期之前，从时间上看，它应该发生在后三年之役后的一百多年。但这并不意味着这是一个编撰的故事。换一种更合理的思考方式，其出处或许来源于某些史实，这些史实通过居住在镰仓权五郎景政的故乡——以镰仓为中心的相模一带的其子孙代代相传。特别是镰仓权五郎景政的子孙——大庭氏，他们极有可能将该故事作为夸耀武士家族威势的佳话，使其代代流传。

据谱系图显示，勇武的镰仓权五郎景政所属的镰仓氏，也是定居关东的桓武平氏的一个分支，他们与三浦平太郎为次所属的三浦氏有着较近的血缘关系，而大庭、梶原等诸多姓氏都是其后代子孙。镰仓权五郎景政之所以享有盛名，并不只是因为其英勇无敌，更在于其死后成了御灵神，以相模为中心的各地区都会祭祀御灵神。其中，镰仓的御灵神社最为出名。据《吾妻镜》记载，因为先祖与镰仓有着不解的因缘，故源赖朝将幕府的大本营设在了镰仓，而镰仓权五郎景政也就因此变成了幕府的守护神。

东国势力的共识

纵观东国的历史，以夷制夷是律令国家的基本政策。在东国的历史上，有很多东国势力的核心人物，通过为律令国家的上述政策卖力而获得了社会地位的跃升。这些核心人物与古时不同，自平安时代中期以来，生于东国长于东国的京都贵族子孙并不少见，因而他们大都怀揣欲在京都出人头地的强烈愿望。然而，在此过程中，东国虽有足够的军事实力建立一个单一的政权，但其势力实际上不过是一盘散沙，他们根本没有一个能够指挥庞大军力的领导者，所以东国势力只能为京都的朝廷和贵族所分割和控制。而源赖朝最具革命性的地方，便是打破了这种东国只能被统治的局面，建立了东国自己的政权。统一东国后再建立独立于京都之外的政权这一大任可以说是历史给源赖朝和继承自他的镰仓幕府的一大课题。

正如第四章所提及的，承久之乱爆发之际，北条政子通过慷慨激昂的演讲令整个东国军队士气大振，一众武士一鼓作气杀到京都。这场演讲淋漓尽致地展现了东国人长期以来对律令国家的统治所产生的不满。正因如此，它才能如此牵动东国人的心。北条政子的演讲说出了东国人蕴藏在防人歌之中的心声，因而在之后广为流传。接下来，笔者将简述一下北条政子此次演说的要点。

据《承久记》记载，北条政子曾表示，过去的日本武士会带着随从、眷属做三年的大番，但就在三年任期结束时，这些武士精疲力竭，却还要戴着蓑笠赤脚徒步回乡。源赖朝见状心生怜悯，他下令将三年的任期缩短至六个月，并要求根据每位武士的特点来分配工作（古活字本）；此外，当时还有一种被召集到京都担任宫内大番的武士，他们不分晴雨地在庭院内收铺兽皮垫子，三年来思念家乡、心系妻儿。最终，是源实朝改变了这种状况（慈光寺本），这一系列的措施也使得东国迅速崛起。由此可见，不同出处的《承久记》有着完全不同的记载，其真伪一时难辨。不过，不同版本《承久记》所记录的朝廷对待东国武士的态度大致是相同的，不希望重返上述的时代，必定是东国武士能够达成的共识。

在被发配前，源赖朝十几年的少年时光是在京都度过的。此后直至去世，源赖朝又都生活在东国。可以说，源赖朝的人生受到了两种不同文化的熏陶。因而，源赖朝既受京都方面的影响，具有和歌之类的贵族素养，又受东国方面的影响，具有狩猎、武艺等的武士素养。正是因为源赖朝的这种人生经历，才让他能够更清晰地察觉到不同地域所带来的文化差异。

反观京都的贵族，他们对东国一无所知，甚至毫不关心。例如，藤原兼实的弟弟慈圆与源赖朝是同时代之人。在这一时代中，他们均是十分杰出且相当博学多才的人。但是，即便是这样的慈圆，他也根本不关心且不了解东国的情况。

据《拾玉集》第五卷的记载称，慈圆与源赖朝曾围绕和歌展开了如下的一番谈话。建久六年（1195）三月（《增镜》中的记载则为1190年年末），源赖朝为重建东大寺及举办供养活动一事，莅临京都。六月，源赖朝欲返镰仓时，慈圆吟咏了一首和歌：

> 东国有一勿来关，意为请君留都城。

听罢，源赖朝答曰：

> 京都近有逢坂关，意为将会再相会。然则勿来关之地，实与吾相距甚远。

慈圆吟咏的和歌意思是：东国有一个名为“勿来（即不要来之意）”的关口，该关口名是让源赖朝你留在京都，不要回东国。慈圆这首和歌的本意是劝源赖朝留在京都。而源赖朝回复给慈圆的和歌则意为：京都近处有一个逢坂关，该关口名暗示你我还会再相会，不过我希望你能明白，勿来关其实离我住的地方很远。这两首和歌竟然很巧妙地展现了东国人与京都人在地理观念上的差异，京都人认为镰仓与勿来（福岛县地名，以歌枕[1]著名）一概属于“东国”。有趣的是，在关东人看来，即便是在“东国”，也应该对“白河以东”有区别对待。由此可见，慈圆这样学富五车之人，对东国的了解也不过还停留在歌枕之中。

正因为源赖朝具有连慈圆等京都人都不具备的对不同地域文化差异的认识，他才能最终在东国范围内建立起属于自己的政权。实际上即便到了晚年，源赖朝也仍然拥有想要建立跨文化的全国性政权的心愿，只不过随着承久之乱与蒙古袭来两个事件的爆发，东西国之间的人文交流也愈发蓬勃，因而该心愿最终只能作为一个课题，被留至镰仓时代后期之后才能着手解决。

1 歌枕，写和歌时必不可少的和歌用语、枕词、名胜古迹等。

第六章

北条时赖登上历史舞台

第一节 | 后嵯峨天皇即位

借助天变

在制定了《御成败式目》后，幕府的统治基盘得以稳固，北条泰时也步入了晚年。但这时，人们开始对国家政治日后的走向略感不安。那些在承久之乱中一败涂地的京都贵族，这二十多年来在幕府的干涉下，失去了自主权。这令那些外强中干、高傲自负的贵族实在难以忍受，所以他们之中的有些人会暗自祷告，希望不吉利的征兆将会给幕府的统治带来动荡与不安。

后鸟羽院在承久之乱中败北的现实，使后堀河天皇获得了千载难逢的机会。贞永元年（1232）十月，在位十二年、时年二十一岁的后堀河天皇，将天皇之位让给了年仅两岁的四条天皇，《冈屋关白记》称“两岁接受禅让，本朝除六条院之外，尚无先例”。据说，两年前起接连不断发生的天灾异变，是后堀河天皇让位的直接原因。正如本书第四章所述，宽喜二年（1230）气候异常致使全国农业一蹶不振，大饥荒一直持续至次年，史称“宽喜大饥馑”。紧接着，宽喜四年（1232）八月，大风致使农作物没有收成。同年闰九月初，天空东南方有彗星出现，其色如白云，虽不可见包裹在其中的星体，但那应该就是彗星。由于彗星出没是不吉之征兆，于是天皇想方设法做了各种祷告，但这些祷告并无成效。后堀河天皇因此悄悄让位。那时有观点认为，为政者德行不好才会招致天灾，所以天皇必须要为天灾负责。

九条道家（出自《天子摄关御影》，宫内厅三之丸尚藏馆藏）

但事实上整件事背后，其实暗藏着九条流藤原氏的阴谋。四条天皇的母亲中宫竴子是九条道家之女，其母则是西园寺公经之女。所以，这件事不过是一场阴谋，即外戚九条家利用天象异常，意图东山再起的阴谋。

接下来，笔者将回溯一下九条家的历史。首先是摄政关白藤原兼实，他曾以源赖朝为靠山，但在建久七年（1196）的政变中落马，于是近卫基通代替藤原兼实继任摄政关白。然而没过几年，摄政关白的位置又转到了九条良经手中。只可惜好景不长，九条良经还没来得及焐热摄政关白之位便离开了人世，于是近卫家实又成了九条良经的继任者。九条良经之子九条道家，曾在其日记《玉蕊》中记述过自己迫切渴望获得摄政关白之位的心情，例如：建历二年（1212）二月七日，今晨梦见一宫中女官告知，余将两次荣登摄政关白之位，第一次在位时间共十一年，第二次则长达二十二年，如此美梦着实让我感激涕零；承久二年（1220）五月二十三日，由于今晨梦见一宫中女官唤我前去接任摄政关白之位，故醒来后诵经念佛，向八幡、春日、北野和三宝祷告。

在九条家与近卫家的摄政关白角逐大战中，1121年九条良经的外孙仲恭天皇即位，九条道家由此成为摄政关白。然而，在承久之乱后，仲恭天皇被废，九条道家不得不应幕府的要求让位给近卫家实。尽管九条道家因其子藤原赖经担任将军一职的缘故，看似与北条义时等幕府权贵有所来往，因而被外界视作亲幕派，但九条道家在承久之乱中，既没有支持后鸟羽院一方，亦未曾明确表示过反对，其立场可以说是相当微妙了。

假使镰仓方面在承久之乱中败北，九条道家亦不会有太大的损失，甚至这种情况恐怕对他更为有利。九条道家在顺德天皇让位给仲恭天皇后方才当上摄政关白，想必他本人其实也并不想改变这种状况，纵使儿子藤原赖经将来有望成为将军，但目前后鸟羽院所针对的对象也不过只是以北条义时为代表的北条氏，四岁的藤原赖经自然不需要承担任何的政治责任，更别说倘使能够打倒北条氏，儿子将来反而更有可能掌握实权。因此，九条道家选择从中观望可谓是一种上上之策。

九条道家这种暧昧不清的态度令幕府很是不满，最终较之因反对叛乱而遭后鸟羽院幽禁的西园寺公经和西园寺实氏，幕府方面给予九条道家的评价相对较低，这也致使摄政关白之位最终落入近卫家实手中。承久之乱后第七年的安贞二年（1228），九条道家再次当上关白，之后其子九条教实继任。嘉祯元年（1235），九条教实患病，九条道家再次出山，成为摄政。为了巩固自己的地位，九条道家急于让年幼的四条天皇即位，可幕府方面却不是十分赞同后堀河天皇让位给四条天皇一事，于是九条道家再三上书，终于得偿所愿。在世人看来，九条道家、九条教实父子与西园寺公经都获得了想要的政治权力。

天皇之位的空缺

其实早在彗星出现之前，九条道家已有所谋划，甚至还爆发了近卫家实意图反击的事件。贞永元年（1232）六月，九条道家抢取了北野朝日寺中的观音像，其理由为观音像腹中疑有诅咒之物，须交由佛像工匠打破后再做调查，并表示此不祥之物疑与近卫家实有关。此外，同年十一月，藤原定家宅邸的一棵橘树上被挂上了一个生绢制的小袋子，其中装有一张写着梵文的符，符内包裹着一尊不动明王的画像。发现此物之人认为此物一定非比寻常，于是将其交与僧人评断，结果发现这是诅咒之物。这或许意味着藤原定家可能已被卷入了当时京都朝廷暗斗的旋涡。

然而，尽管九条道家费尽心思才让四条天皇坐上了天皇之位，但四条天皇却在仁治三年（1242）因突发事故离世，年仅十二岁。据说，四条天皇是因为看到仆从跌倒，于是急忙前去查看情况，但是由于走廊上铺有滑石，结果自己也摔了个四脚朝天。尽管这样的事故听上去简直令人难以置信，但不可否认的是由于四条天皇的猝然离世，天皇之位一时竟不知该由何人来继承了。

此时，九条道家与其岳父西园寺公经意欲推举顺德天皇的皇子、仲恭天皇的异母弟——忠成王上位。为此，九条道家甚至还跑到祖父藤原兼实的坟前献上祷告文。另一方面，土御门天皇的母亲（承明门院）是源通亲的养女，而土御门天皇的皇子邦仁王的母亲是源通宗（源通亲之子）的女儿。因此，源通宗之弟、前内大臣土御门定通便多次上奏幕府，希望能让邦仁王继任天皇之位。由于上述两方面的势力互相对峙，僵持不下，所以天皇之位空缺了十一天。最终，北条泰时的决定对于大多数京都人而言简直出人意料，为了规避在承久之乱中与后鸟羽院保持相同步调的顺德家系，北条泰时选择了亲幕派的土御门天皇之子邦仁王承继天皇位，而这位邦仁王也就是后来的后嵯峨天皇。综合承久之乱战后的处理情况看，武士已经手握将天皇宝座交至何人手中的决定权。在等待这个决定的时候，甚至会出现天皇之位空缺的情况。可以说，这是一个能让京都的公卿们意识到朝廷已然走向衰亡的事件。对此，平经高曾在自己的日记《平户记》中愤慨道："皇位空缺数日，皆是关东所为。"

关于此时北条泰时的决断，据传还有一个这样的故事。四条天皇驾崩的消息快马加鞭传至北条泰时耳中时，北条泰时正

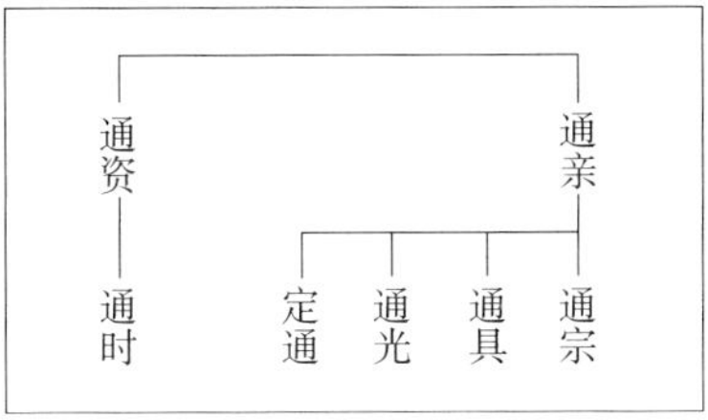

村上源氏谱系略图

在酒宴上畅饮。知悉该消息后，北条泰时一言不发便关上拉门，坐在位子上，三日三夜不寝不食，思虑不休。尽管北条泰时本人希望能让土御门天皇的皇子即位，但此事恐难独裁，于是北条泰时便前往鹤冈八幡宫求签，求签的结果一如所愿。于是，北条泰时派安达义景前去与朝廷商议此事。安达义景途中曾一度折返，他向北条泰时询问，如若京都方面已让顺德天皇的皇子即位，该作何打算？北条泰时答曰：“若果真如此，硬将其从皇位上拉下来即可。”可以说，该故事如实地表述了承久之乱后幕府与朝廷的“幕朝”权力关系。

另一方面，《平户记》也事无巨细地记述了京都人等待幕府决策的样子：经过日复一日的等待，正月十七日，京都的人终于等到了传递关东决定的信使，土御门天皇的皇子因与武士有亲缘关系而被选为新任天皇。至于此处所说之亲缘，即指土御门定通此人。土御门定通之妻是北条泰时、北条重时的姊妹。土御门定通私下派遣使者前往关东，就即位一事与幕府方面恳谈。正月十九日，在得知幕府欲让土御门天皇的皇子继任天皇一事后，平经高再次慨叹：“此事从一开始便是关东的计谋，真是世衰道微、人心不古！”据传闻称，邦仁王在祖母承明门院的庇护下，由已故的源通方抚养长大。此后，在承久之乱中，因作为土御门天皇的亲族，邦仁王负罪受罚。土御门定通方面希望邦仁王能承继天皇之位，并由自己来执政，于是他不断向各地派出信使，九日后，传来了幕府方面决意让邦仁王继任天皇之位的消息。

1242 年 1 月 20 日晚，在元服后，邦仁王搬入冷泉万里小路的四条大纳言隆亲宅邸。随侍左右的十位殿上人，定平以下，除一人外，其余皆为源姓之人，该比例在某种程度上反映出了皇位之争的结果。此外，在邦仁王即位成为后嵯峨天皇后不久的同年四月，朝廷举办了官职任命仪式，源显定被任命为权大纳言、源显亲被任命为权中纳言、源通行被任命为参议、源仲贞被任命为安艺守、源兼赖被任命为藏人、源雅家被任命为右近卫中将、源亲赖被任命为少将、源通成被任命为藏人头、源春光被授予正四位下、源则长被任命为左近将监，真可谓是一派“源氏党之繁昌”的盛况。

北条泰时之死与动荡的局势

后嵯峨天皇即位后不到半年时间，1242 年 5 月，北条泰时因病卧床，从其发病至离世期间，围绕北条泰时，整个镰仓的情势变得十分不明朗。据京都方面的记录称，其间的情况大致如下：4 月 27 日，北条泰时患病。5 月 5 日，北条泰时的病情似乎稍有好转，于是众人服侍其沐浴更衣。次日，病情再次恶化，故征得将军的同意后，北条泰时出家。其后，听闻北条泰时的病情又一度有所好转。5月14日，担任六波罗探题的北条时盛与北条重时从京都出发前往镰仓。在北条泰时出家时，曾有五十多名家臣随其一同出家。此后，其弟北条朝时也于5月10日晚出家。据传，兄弟二人素来往来甚少，故听闻此事后众人皆惊，人们认为北条朝时此时的行径可谓十分可疑。

在此过程中，有传闻称，有一个于5月20日将在关东发动战争的计划遭到泄露，朝廷周边变得一片哗然。此外，还有诸如将军御所的守卫都穿上了盔甲之类的小道消息，也陆续传入京都。5月28日，九条道家派出的使者在路途中遣人回报：幕府下令在所有关卡设置守备，纵使派人前去交涉了三日，使者一行人也依然未获放行，于是特此回报等待指示。5月29日傍晚，关东方面的使者前来拜访九条道家，说是因北条泰时患了痢疾，希望朝廷方面能派遣一位好的大夫。6月4日，将军的使者于前夜抵达九条道家处，宣称关东一切安泰，但后有消息流出，称该情况实属捏造。

如上所述，在那一时期漫山遍野都是有关北条泰时平安与否，以及关东方面政治情势不稳的传闻。终于，到了6月20日晚，从关东赶来的信使抵达六波罗报告称，北条泰时已于6月15日晚逝世。

由于北条泰时之子北条时氏英年早逝，于是北条时氏的长子北条经时承袭了北条泰时的执权一职。不过，据京都方面的史料记载观察，应该有一股以将军藤原赖经为主的势力曾暗潮涌动，这股势力反对北条经时承袭执权一职，所以北条泰时去世前后的情势才会有所动荡。对此，北条经时在袭职后，直接采取了明确表示“只有执权才可行使幕府裁判权”的措施，直言不讳地将限制将军权力的意图公布于天下。甚至其后，宽元二年（1244）四月，将军藤原赖经之子藤原赖嗣年仅六岁便举行元服仪式，同时接替了父亲的将军之职。

关于此次仓促的将军职更替一事，《吾妻镜》大致有如下记述：因大旱等天象异变接连发生，藤原赖经即刻决意欲将将军之位传与其子，由于五月与六月这两个月是藤原赖经的不吉之月，所以四月的藤原赖嗣的将军就任仪式就这么赶鸭子上架般地仓促成形了。不过，该故事并未在明面上被录入史书中，人们多认为藤原赖经是因为被卷入了围绕执权一职的争端，策划了某些阴谋活动，这才被迫退位。

不过，新上任的执权北条经时是否有能力担任该职位，此问题亦成为当时政局不稳的因素之一。仁治二年（1241）十一月，三浦一族与小山一族在镰仓若宫大路下马桥一带的酒宴上起了冲突。于是，北条经时派遣家臣身穿护具、携带武器去支援三浦一族。不过，北条泰时认为此种行为过于草率。于是，北条泰时命北条经时好好反省。而另一方面，面对同一件事，北条经时的弟弟北条时赖却表现得相当慎重，因而北条时赖获得了北条泰时的赞许。由此可见，兄弟两人的能力的确有很大的差别。

在执权一职引发的如此动荡不安的局势中，藤原赖经辞去了征夷大将军之职，并开始怀揣自己的目的独自行动。例如，在辞去将军之职后的六月，为了给已故的后鸟羽院做法事，藤原赖经将后鸟羽院的笔迹雕刻成木板模型，印制出一百部《妙法莲华经》以便供养。八月，藤原赖经开始在御所修行五坛法。到了决意返回京都的九月，藤原赖经又将此前为给后鸟羽院祈福而印制的《妙法莲华经》带至持佛堂念诵。

藤原赖经做这些事情的意义究竟何在？《吾妻镜》关于这点并无任何记述。不过，藤原赖经供养后鸟羽院，既有可能是为了防止后鸟羽院的怨灵作祟，也有可能是想借怨灵之力诅咒幕府的相关人士，以给他们带来灾难。后文我们也将提及，以执权北条氏一族为代表的镰仓幕府相关人士是在承久之乱中败北的后鸟羽院的最大怨敌。因此，想要击垮北条氏之人，都把借用后鸟羽院的怨灵之力视作一种打击北条氏甚为有效的手段。所以，这一时期藤原赖经的行动很有可能是想要诅咒北条氏。事实上，在北条经时死后，京都坊间也有传闻称是藤原赖经的诅咒杀死了北条经时。

1244 年 8 月，辞去将军之职的大殿藤原赖经决定于翌年之春返回京都。但不可思议的是，到了 12 月末，政所发生了火灾，藤原赖经的行李物品等全部付之一炬，原定于翌年 2 月出发返京的计划只得向后推延。

后鸟羽院的怨灵

北条经时自宽元三年（1245）五月末患黄疸以来，身体一直不好。北条经时这样的身体状况也为幕府的统治增加了几分不安定的因素。笔者已在前文中阐释过藤原赖经为后鸟羽院祈福的原因，如今就连幕府方面也认为，北条经时的病似乎确实是因后鸟羽院的怨灵作祟而起。据《吾妻镜》北条经时发病一周前的记述称，北条经时所管辖的武藏国所缴纳的年贡粮食都被堆放在一间仓库中，有一条小蛇在这间仓库中挣扎了五六日后死去，幕府方面对此特意进行了占卜与祈祷。尽管《吾妻镜》并未谈及该占卜的结果，但从详细记述了"北条经时所管辖的仓库"这点看，《吾妻镜》似乎也是在暗示，此事应与北条经时身上所发生的变故有关。正因如此，北条经时发病后，幕府方面才会在久远寿量院特地举办了七僧法会、法花五种妙行、金泥妙法莲华经五种行等供养法事，以悼念后鸟羽院的在天之灵。

京都方面则时时刻刻关注着关东方面混乱动荡的情况。《平户记》宽元三年（1245）五月末至六月间的相关记述，不断提及自关东而来的信使及传闻，其内容大致如下：

五月二十八日，听说了各种关东方面的传闻。

五月三十日，为了打探关东方面的情况，与某人相见。

六月一日，有人前来告知已知悉关东方面的情况，并详细告知了细节。

六月六日，关东的快马赶到六波罗，众人不知道发生了什么事，因而甚感奇怪。据说是要准备开战，这相当令人怀疑。

六月十八日，平经高前往九条道家处，与其商讨关东事宜，譬如北条经时病情加重，天皇欲让九条道家明年在关东办一些大事，望九条道家早做打算。

根据上述《平户记》的记述，我们不难推测在这一年的五月、六月间，幕府方面应该发生了一些不同寻常之事。但是，由于记述全部采用了“事”“重事”“此仪”等字眼，所以具体情况不明，着实让人倍感焦急。

此时，藤原赖经依旧身处镰仓。五月之后，其七岁儿子藤原赖嗣的迎亲吉时最终确定。七月，北条经时十六岁的妹妹桧皮姬成为将军正室，正式移住将军御所。显然这场政治婚姻是幕府为强化统治所走的一步棋。大约在这个时候，京都则流传着一个传言，说佐渡院（顺德天皇）给奈良一位大小姐的侍女下了一道神谕，告诉她七月上旬会发生一件大事。

随着时间的推移，七月五日，藤原赖经于久远寿量院出家。据《吾妻镜》记载，出家也算是藤原赖经一直以来的心愿，再加上这年春天恰有彗星异变，藤原赖经的病情也在不断加重，因此藤原赖经这才决意出家。鉴于其后也有政变动荡发生，恐怕幕府也想要除掉藤原赖经这一危险因素。另一方面，在这些事情发生之前的六月，藤原赖经就已经开始修习六字供、日曜供等密教特有的修法，似乎也是为了诅咒北条经时。

北条经时的病情在八月中旬曾一度转好，但取而代之的是，将军藤原赖嗣却突然发病。藤原赖嗣的病征是脖子肿大，由于担心这是邪气入体所致，藤原赖嗣还专门修习了阴阳道之法。同年九月四日，北条经时之妻（宇都宫泰纲之女）去世，年仅十五岁。此后，将军的病依然不见好转，而北条经时的病却复发了。到了十一月，藤原赖经决定翌年二月返回京都，与此同时也确定了随从的人选。

就这样，在惶惶不安之中，时间流转至第二年宽元四年（1246），藤原赖经原定重返京都的计划又因为一些原因不明的事情延期。到了二月，将军的正室桧皮姬患病，疑是邪气入侵所致，于是幕府做了很多祈福与祓[1]的法事，此时病魔仿佛交缠在执权的四周。三月二十三日，北条经时料想自己已时日不多，加之膝下两儿尚且年幼，于是他将执政权一职移交给了其弟北条时赖，北条时赖接受了委任。从执权位置上退下的北条经时于四月十九日出家，紧接着在闰四月一日去世，时年二十三岁，其遗骸被葬于佐佐目山山麓。

1 祓，指驱除灾祸、污秽与罪障。

第二节　流放将军藤原赖经与宝治合战

北条光时等人的阴谋

北条经时死后，前任将军藤原赖经与执权北条氏一度剑拔弩张。北条经时死后没多久，宽元四年（1246）闰四月十八日戌时，镰仓突然十分混乱，满街都是身着盔甲的武士。闰四月二十日，近国的御家人纷纷涌入镰仓，夸张地说恐有上千万人参与其中，这种混乱持续了数日。

五月二十二日，围绕秋田城介安达义景家中之事，甘绳周边爆发骚乱，影响范围巨大。五月二十四日，各十字路口已均有人把守。当狩野为佐想要过下马桥时，奉北条时赖之命严守此地的涩谷一族警告狩野为佐，如果加入北条时赖阵营则放他离去，但这也就意味着不可再投奔将军御所，故此双方发生争执，这场争执此后逐渐演变成大规模的骚动。午夜时分，众人身披铠甲、高扬旗帜奔向各自追随的阵营。追随将军之人奔向幕府，而追随北条时赖之人则汇聚在北条时赖身旁。翌日即五月二十五日，这种动荡的情势仍未发生任何改变，北条时赖的居所在警备上毫不松懈，其宅邸四周皆有身披盔甲的武士戍守。此时，藤原赖经的近侍但马前司藤原定员，自称是藤原赖经的使者来到时赖亭，但却被告知不可入殿，于是只好折返。

北条时赖（木像，建长寺藏）

在北条氏一门中属名越流的越后守北条光时，原本待在将军御所中，但那日清晨，因有家臣前来呼唤，所以北条光时早早便离开了将军御所且再也没有返回。据说，北条时赖听闻是名越一门的人纠集众人写下了讨伐自己的联名信，这封信是一篇起请文，旨在宣誓不会变心。于是，为解释其中缘由，北条光时出家，并向北条时赖献上了自己的发髻。北条光时表示，其弟北条时章、北条时长、北条时兼等，自始至终皆无叛变之心，因而这些人没怎么受到处罚。此外，由于藤原定员已经出家，且被交于安达义景看管，所以当时北条时赖身边的实力派，大概也就是北条政村、北条实时、安达义景和三浦泰村了。

六月一日，与北条光时一同出家的弟弟北条时幸自杀。六月七日，担任评定众的后藤基纲、狩野为佐、千叶秀胤，及评定众兼问注所执事三善康持，因参与了北条光时的阴谋而遭到罢免。继而六月十三日，出家后法号“莲智”的北条光时，被流放到了伊豆江间，其家庭和职位的大半财产被充公。另一方面，千叶秀胤则被流放到了上总国。据《保历间记》记载，北条光时叛变的原因是，北条光时在藤原赖经身边做近侍，自认记忆力十分惊人并以此为傲，加之自己是北条义时之孙，北条

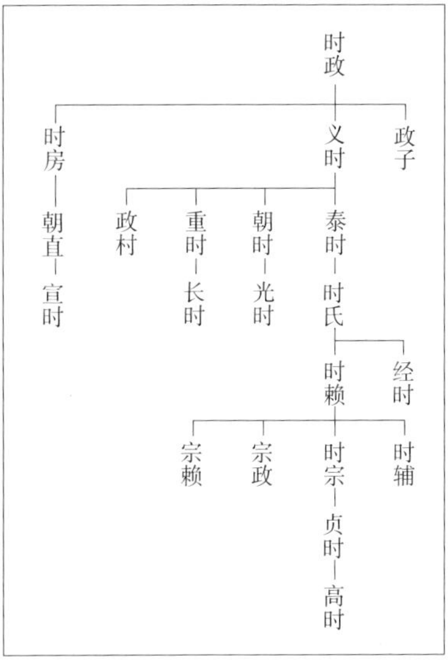

北条氏谱系略图

时赖不过是北条义时的曾孙，故而北条光时认为，执权一职应交由自己来担任。将军对此似乎也颇为赞同。

以上是镰仓方面的史料所见之状况，接下来，我们再来看看京都的公家一方这一年的记录作为参照。

根据近卫兼经的日记《冈屋关白记》，事件的经过如下：

六月九日，关东有事发生。藤原赖经暗中谋划，企图命武士讨伐北条时赖，甚至还对北条时赖施以诅咒，但其阴谋败露，并在关东引发了骚动。藤原赖经的亲信藤原定员被逮捕，在一番拷问后，藤原定员承认了罪行。据说在那之后，藤原赖经就遭到了幽禁。不过，因为那时使者无法轻易获取信息，所以京都方面的人并不清楚实情如何，但想必藤原赖经的父亲九条道家应该处于恐惧状态之中吧。六月十六日，近来全国骚乱四起，一众武士愤慨不已，据说下个月十一日，藤原赖经将从关东被流放至京都。听闻是因为藤原赖经与其父九条道家暗中合谋，欲讨伐已故北条泰时的儿子，才引发了此次全国性的混乱，藤原赖经与九条道家不仅拉拢了各路武士，还找来了僧侣举办诅咒仪式。北条经时之所以英年早逝，恐怕也是因为发现了这一阴谋，因此招来了大祸。以上便是京都方面的传闻，其内容难免会有不实之处，不可尽信。这些事莫不是天魔在作祟。

另外，同一时期权中纳言叶室定嗣的日记《叶黄记》记载有如下信息：

六月六日，关东的信使到来。藤原赖经的御所四周戒备森严，其近侍藤原定员遭到抓捕。北条光时出家并被流放伊豆国，其弟北条时幸自杀，千叶秀胤则被逼回其家乡上总国，其他投降之人皆被圈禁。以上大致便是北条时赖下达的处分。六月十日，世间混乱，谣言四起。今晨，九条道家身边似乎发生了令人担忧之事，上前问其情况，却回答说："一切安好。"这都是天狗在作祟吗？六月十五日，北条重时的使者安达泰盛昨日从关东赶来，说是藤原赖经将于下月十一日返回京都。尽管谣言依旧满天飞，但总算有一条确切的消息了。

尽管笔者无法保证上述二人所述之内容全都属实，但通过这些记述，我们多少还是能洞悉到一些镰仓当时的政治情况。

九条道家的恐惧之心

上述事件告一段落后的七月十一日，藤原赖经从镰仓出发踏上了归京之途。藤原赖经一行人于七月二十八日抵达东海道以西地区，自粟田口前往京都。同日寅时，藤原赖经在北条重时的若松别墅，歇息落脚。康元元年（1256）八月十一日，直至因患痢疾去世，藤原赖经再未重返政界。

前述所提及的两本公家方面的日记，都十分关心该事件对藤原赖经之父九条道家的影响。不过，其实最关心这件事的人，恐怕还是九条道家自己。在记述九条家历史的史料中，我们能看到一封九条道家于该年六月十日所写的愿文。在这篇愿文中，九条道家全盘否定了自己与此次事件的关系，其内容大致如下："我向两部界会的诸尊圣众梵天帝释、四大天王、镇守日本国中王城的诸大明神起誓，近来关东骚乱一事，赖经从未告知于我，其中缘由我亦一概不知，更未曾参与其中有所谋划，抑或同意任何决断。此外，赖经并未托我行诅咒经时之事，我亦从未做过或命人做过此类事情。如若我之所言皆为谎言，那么诸位神明明察秋毫，我愿遭受天谴惩罚。"

六月二十六日，九条道家写了一封同样的愿文，除上述内容外，从愿文的内容看，九条道家似乎有想法欲将后鸟羽院的皇子雅成亲王推上天皇之位。雅成亲王是顺德天皇的同母弟，在承久之乱中，雅成亲王因一度与后鸟羽院为伍，最终被流放至但马。除此之外，藤原氏的氏神所在的春日神社中，还收藏有一篇九条道家于七月十六日所写的长篇愿文。据愿文的记述显示，九条道家将誓文上奏给上皇的同时，亦向幕府传递了信息，或许这两篇六月的愿文正印证了某些问题。鉴于并无别的史料可供确认，因而我们无从知晓镰仓所发生之事到底与九条道家是否有所牵扯。不过，至少我们可以确定，九条道家十分在意且害怕幕府方面对他生疑，否则他也不会留下这么多篇愿文了。

上述一连串的骚乱，直接致使九条道家与其次子二条良实断绝了父子关系。二条良实原本就与父亲不睦，由于其母是西园寺公经之女，所以他才靠着外祖父的支持坐上了关白之位。但在宽元四年（1246），碍于九条道家的强烈要求，二条良实才被迫将关白之位让给了弟弟一条实经。后来，在名越光时事件与藤原赖经废职事件错综复杂的影响下，原本即对二条良实心存芥蒂的九条道家，开始怀疑二条良实是否欲同北条氏串通一气，谋害自己。于是，九条道家便同二条良实断绝了父子关系。建长三年（1251），北条时赖给二条良实送去亲笔书信，希望今后能够密切往来。由此可见，二条良实确与北条时赖等幕府相关人士有着非同寻常的关系，但仅凭于此，亦难断言二条良实确实曾与他人联手，意图构陷自己的父亲。事实上，该事件也从侧面反映出，九条道家当时正处在一种十分惊恐的状态之中。不过，与九条家分道扬镳的二条良实后来成了五摄家之一的二条家的始祖。从结果来看，二条家的壮大也的确削弱了九条家的力量，且不说这是不是幕府所下的一步棋，冥冥之中，只得感叹造化弄人啊！

伏笔

让我们再将视线转回幕府，为防止京都朝廷发生混乱，幕府方面采取了相应的防范措施。在藤原赖经返回京都一个多月后，带病的叶室定嗣受到了六波罗探题北条重时的召见。那时，北条重时给叶室定嗣看了北条时赖写给自己的书信，并向其说明了藤原赖经出家与返回京都的来龙去脉，北条重时表示藤原赖嗣安然无恙，阴谋的策划者均已遭到处罚，目前关东情势稳定。除此以外，北条重时还传达了一些有关叙位、官职任命的指示给叶室定嗣，请其代为上奏。

不知是否与叶室定嗣的上奏有关，还是因为九条道家自己的决心，正如他在愿文中所写的那样，同年九月四日，曾任职摄政的九条道家决定退隐西山。八月一日，此前随同藤原赖经返回京都的北条时定等人都已踏上归途，唯独三浦光村却在告别时，驻足于藤原赖经的御帘前潸然落泪，久久无法离开，大约是因为三浦光村曾在藤原赖经身旁陪伴了二十多年。据说，三浦光村此后还曾跟别人说，有朝一日希望能在镰仓迎接藤原赖经的到来。

三浦光村告别藤原赖经的态度，为此后三浦一族遭到剿灭埋下了伏笔。当然伏笔还不仅限于此，例如：八月，鹤冈照例举行放生会，藤原赖嗣莅临现场。在骑马射箭环节时，一位射手因病无法出场，于是经现场讨论，三浦家村被指定为替补射手，可三浦家村本人并不受命，其理由是自己已经很长时间没练习过骑马射箭的技艺了。于是，三浦家村的哥哥三浦泰村只得领命前去说服弟弟上场表演。但三浦家村这次又以没有马为由，意图再次拒绝，可三浦泰村却已经备好了马匹，于是三浦家村无路可退，只得领命登场，并精彩地完成了骑射任务，实在令人大为赞叹。如若我们重新审视此事就会发现，此事其实就是反抗新政权的三浦家村、为保护三浦一族而选择做和事佬的三浦泰村，以及故意试探三浦一族忠诚心的北条时赖，三方博弈的一个场面。

此时，至少从表面上看，北条时赖似乎并没有把三浦泰村看作十分危险之人，甚至在九月，北条时赖还特意找来三浦泰村商量施政之事。那时，北条时赖觉得自己一人辅佐将军，难免有些独断，因而欲把身在六波罗的北条重时招徕镰仓，共商大事。但三浦泰村却并不赞同此事。于是，此事最终也就不了了之了。

年末的时候，北条时赖收到了藤原赖经从京都寄来的书信，其内容具体如何，我们已无从得知。

同一时期，西园寺实氏也独自派遣使者前往关东，似乎是想同幕府方面有所沟通，作为沟通的结果，翌年宝治元年（1247）的正月，摄关之位从九条道家之子一条实经处传至近卫兼经手中。其实自从藤原赖经返回京都以来，围绕幕府如何看待九条道家的问题，坊间一直多有传闻，所以摄关易主之事倒也都在意料之中。但是，一条实经担任摄关仅仅一年，且发生变动之时正值正月，那时的京都处在一种“门户紧闭，只开北侧小门”的封闭状态，因此人们推断这次政治变动并非上皇本意，而是幕府方面的意愿。

另一方面，据《吾妻镜》记载，从刚过年的时候起，镰仓便总有一些不太平之事发生，例如：源赖朝的法华堂前发生了火灾；冬日听到了惊雷；大批飞蚁聚集在一起；天空飞过不明的发光物体；鹤冈八幡宫神殿的门出现了故障；北条时赖之妹（足利泰氏之妻）离世；由比滨沿岸爆发赤潮灾害；巨大流星划过天际；黄蝶成群乱舞，等等。总而言之，正月至三月间，不吉利之事接踵而至，可谓是一波未平一波又起。

在这样不太平的日子里，出家后一直居于高野山、法号“觉地”的安达景盛，来到了镰仓。一连几日，安达景盛都在与北条时赖商谈要事。除此之外，他也告诫儿子安达义景与孙子安达泰盛，三浦氏之人武艺超群，如若安达氏要与他们对抗，必须强化自身武装。

五月十三日，将军北条赖嗣的正室、北条时赖之妹即年仅十八岁的桧皮姬离世。与竹御所相同，桧皮姬肩负着融合将军血脉与北条氏血脉的重任。桧皮姬的离世令人隐约感到北条氏似乎受到了某种诅咒。除此以外，桧皮姬的死亡也使得藤原赖嗣的利用价值在北条氏眼中已大打折扣。

桧皮姬离世后不久，五月十八日，有一发光物体自西向东从天空飞过。在其光芒消失前，有人看到位于甘绳的安达义景宅邸出现了白旗。五月二十六日，在鹤冈八幡宫的鸟居前，不知是谁立了一块告示，告示上说：三浦泰村傲慢自大，不听命令，近期之内必遭诛伐，望谨言慎行。根据《吾妻镜》的记录，五月末至六月初期间，三浦氏一直在强化武装。相应地，北条时赖方面也呈现出一种召集御家人的姿态，其形势愈加紧张。

同一时间，返回京都后的前将军藤原赖经在关东鬼门的方向上修建了五大明王院，并在那里敬奉了灵力高强的僧侣与阴阳师。与此同时，藤原赖经还用各种方式拉拢谱代武士，似乎想要夺回政权。前文提及的三浦光村，因年少时与藤原赖经交往甚密，故而有传闻说三浦光村与藤原赖经有十分牢靠的承诺。另一方面，有迹象表明，三浦一族的首领三浦泰村则一直在向北条时赖求情，尝试通过这种办法阻止灾祸的降临。

宝治合战

六月五日，形势已一触即发。北条时赖派使者去找三浦泰村，告诉他自己无意灭掉三浦氏，三浦泰村也准备接受北条时赖的这一说法。而觉地则告诫安达义景和安达泰盛，如果继续维持这种和平状态，三浦氏的力量将不断增强，最终安达氏将无法与之抗衡。于是，安达义景和安达泰盛便在北条时赖收到三浦泰村的回复前率先举兵。以此为契机，双方的军队突然就进入了对战状态。

北条时赖一方先是派人在三浦泰村宅邸以南的一户人家放火，浓烟随着不时吹起的南风，全部吹进了三浦泰村的宅邸，三浦一党不堪忍受，只好全都奔进了源赖朝的法华堂，并固守其中。最初在永福寺安营扎寨的三浦光村也逃无可逃，所以他听从三浦泰村的建议——既已无处可逃，那至少要死在源赖朝的画像前，于是三浦光村也赶到法华堂同族人汇合。在与北条时赖赶来的军队大战三刻后，三浦氏的军队矢尽粮绝、疲惫不堪。最终，包括三浦泰村在内的五百余人全部自杀。后世称此为“宝治合战”或“三浦氏之乱”。

宝治合战结束后，北条时赖给身处六波罗的北条重时陆续派出信使，其中两封信告知朝廷具体情况，以及告知西国地头、御家人的情况，还有一封则以“一、关于谋反之辈”为题。

在镰仓的战斗结束后，北条时赖方面在清理那些支持三浦氏之人，如三浦泰村的妹夫、居于上总一宫宅邸的千叶秀胤及常陆的关政泰等人时，意外发现了一位僧人。这位僧人在三浦泰村等人闯入法华堂时，没来得及逃跑，于是便躲进天井，偷听了三浦泰村等人的对话。北条时赖方面对其进行了盘问，根据其供述，三浦光村似乎是整个家族的总管，那时三浦氏在讨论，如果趁着藤原赖经还是将军之时，听从九条道家的话，立即有所谋划，现在三浦泰村肯定已经是执权了。正因为三浦泰村没有当机立断，所以三浦氏才会沦落到今天的田地。此外，为了不让别人认出自己，三浦光村甚至切掉了自己的脸，喷溅而出的血液弄脏了源赖朝的画像。不仅如此，为了藏匿自杀后的尸体，三浦光村还差点点燃了整个法华堂，幸亏三浦泰村及时制止，法华堂才没有燃起熊熊大火。另一方面，三浦泰村则十分平静地回顾了三浦一族的种种功绩，并对被讨伐的现状感到遗憾与挫败。三浦泰村还表示，在讨伐之后，北条时赖一定也会抱有同样的心情，只是那时自己早已走在黄泉路上了，事到如今自己并不怨恨北条时赖。三浦泰村一边流泪，一边感慨。

六月十五日，三浦泰村的遗孀表示，开战前三浦泰村交给了她一封北条时赖写给三浦泰村的书信，因为三浦泰村说此信十分重要不可遗失，于是她一直随身携带，如今特意返还。另一方面，六月二十四日，北条时赖收到了一封三浦光村自述策划阴谋的书信。据此来看，三浦氏内部应该已经存在着某种矛盾，即以三浦泰村为首的稳健派与以三浦光村为首的激进派之间呈现出了一种相互对立的倾向。尤其是三浦光村，即便在其还被称为驹若丸的时代，他便已是杀死源实朝的公晓的弟子，因而其内心难免有一种强烈的反权威倾向。

自从北条经时承袭执权一职以来，将军亲信的势力与北条得宗（北条氏嫡系）家的势力之间的对立趋势日益严重，而宝治合战可以被视为是一种对这两股势力的总清算。就结果而言，通过宝治合战，将军亲信的势力被一扫而空。

第三节 | 北条时赖的政治与皇族将军

谋反事件

宝治元年(1247)七月十七日，北条重时从六波罗返回镰仓，居于北条经时的宅邸。七月二十七日，北条重时被任命为将军家的别当及幕府的连署。

每年八月一日的八朔节原是武家礼仪中互相赠送礼物的日子，但这一年的八月一日，幕府却下令，除北条时赖与北条重时之外，所有人禁止向将军家赠送任何礼物。该措施意在防止执权与连署等权力中枢以外的人与将军保持过于特别的关系。

另一方面，八月十四日，为了安抚三浦氏的在天之灵，幕府在相模国的一宫供上了神马、宝剑等物品。幕府方面之所以供奉这些物品，最直接的原因便是，不久之前有报告称，此地有几棵杉树不明原因地燃烧起来。由于三浦氏是相模国的一大豪族，因而有人解释说，这是一宫的神明因三浦氏遭到剿灭倍感愤怒所致。此次负责供奉的人，是北条时赖身边的三浦氏遗族——佐原时连。按照古代的惯例，必须挑选与怨灵血脉相连之人负责祭祀，才能安抚怨灵，使其安息。到了八月二十日，幕府下达命令驱逐所有居住在镰仓街头的浪人，这大概是想要除掉那些具有潜在危险的人吧。

此后，宝治合战的后续处理告一段落。十二月二十九日，论功行赏之事被排上了日程。

作为幕府创立以来的功臣，三浦氏的实力并不输于北条氏，因而三浦氏遭到剿灭后，一连串的后续事件便被牵扯而出。宝治合战结束四年多后的建长三年（1251）十二月，自月初起镰仓便笼罩着一种诡异的气氛，各种谣言、传闻四起，整装待发的武士随处可见，幕府与北条时赖的宅邸也加强了警备。到了月末的十二月二十六日，骚乱终于爆发了。这日未时，据说通过诹访兵卫入道莲佛的详细询问，了行法师、矢作左卫门尉及长久连等人被判定为有明显的谋逆之心，于是武藤景赖等人便活捉了他们。随后，越来越多的御家人竞相聚集至镰仓，整个镰仓变得愈发混乱。

据《北条九代记》记载，前将军藤原赖经返回京都后，暗中拉拢了各方武士意图造反，这些被拉拢的武士也都对此表示了支持，他们还欲与三浦一族商议此事，但时机不对，就在这些武士等待时机变化之时，事情败露，所有人尽数被抓。二十七日，这些参与谋反之人的处置得以确定，因此事聚到京都的御家人只得来到北条时赖面前，在向北条时赖极尽礼数地表达敬意后，才各自散去。《北条九代记》关于此次谋反事件细节的记述其实多有不明之处，但无论如何我们大致可以确定的是，此次谋反事件与藤原赖经流放事件及宝治合战都有一定的关联。不过，这样一来，与九条道家、藤原赖经皆有血缘关系的现任将军——藤原赖嗣难免变得疑心重重。

据《吾妻镜》记载，建长四年（1252）正月七日，子时至丑时，人们身披甲胄、高扬旗帜奔赴幕府与北条重时的宅邸。但该事件的前因后果究竟如何？《吾妻镜》却并未多言。不过，在翌日即正月八日条中，《吾妻镜》却写道："将要继承下任将军之位的上皇大皇子宗尊亲王，在仙洞御所元服。"由此可见，正月七日所爆发的事件应该与废除藤原赖嗣一事有关。

二月二十日，二阶堂行方和武藤景赖以使节身份赶赴京都，并以北条时赖与北条重时的名义，向后嵯峨院递交了请求书，希望后嵯峨院能将大皇子或三皇子（后来的龟山天皇）送入镰仓，以取代藤原赖嗣成为新任将军，该请求书由北条时赖亲笔书写，北条重时联名签署，旁人皆不知该请求书的具体内容。至于幕府想废掉藤原赖嗣的理由，大致如下：藤原赖嗣文武不精，不务正业只好玩乐，毫无将军之威严，更不关心民众死活，如果任其自由发展，国家必将动荡不堪。事实上，自从藤原赖经遭到罢免，幕府方面就在与包括九条道家在内的京都各方势力不断周旋，而废除藤原赖嗣，正是为了给这种周旋画上一个句号。

宗尊继任将军一职

藤原赖嗣被罢免后不久的二月二十一日，九条道家去世，享年六十岁。事实上这期间，九条道家因藤原赖经一事遭遇重创，加之三浦氏灭亡后，九条道家又被怀疑与三浦光村暗中勾结。因而此时，九条道家与幕府之间的关系，可以说是到达了冰点。而另一方面，西园寺实氏与幕府的关系则日益紧密起来。那时，西园寺家的实力已经从清华家[1]的层级中脱颖而出，几乎凌驾于摄关家之上，可谓如日中天。相较之下，九条道家在京都的势力却日渐式微。最终，九条道家在失意之中离世。尽管发生了藤原赖经一事与宝治合战，但由于其时，九条道家仍是将军藤原赖嗣的祖父，所以幕府方面也并未对九条道家施以什么特别的处置。然而，由于九条道家去世前不久，了行法师等人才于镰仓被抓并有所招供，所以其中关联令人生疑，有人甚至认为九条道家死于幕府暗中操控的谋杀。

三月五日，镰仓方面收到京都方面的来信，信中称二阶堂行方和武藤景赖在上皇面前讨论了将军继承人人选的问题，上皇询问六波罗幕府方面究竟希望由大皇子还是三皇子继承将军之位。最终，北条时赖和北条重时等人经商量决定让大皇子继任将军。而后，此决定被即刻回报京都方面。紧接着翌日，藤原泰经启程前往京都传达命令，他让在六波罗的北条长时及其他在京都的实力派御家人打点好皇子前往镰仓的行程，并确定好随行人员。三月十九日，宗尊亲王乘八叶之车[2]从仙洞御所

1 清华家，公家的门第之一，位居摄关家之下，大臣家之上。此出身者可兼任大臣、大将，升至太政大臣。
2 八叶之车，一种牛车。

出发，途经六波罗前往镰仓。翌日，宗尊亲王沿着东海道一路向镰仓进发。四月一日，宗尊亲王一行人抵达固濑宿。在这里，他们和从镰仓出发迎接的队伍汇合。随后，队伍整装待发再次踏上旅程，一行人沿着稻村崎经由由比滨的鸟居，再经下下马桥、中下马桥、小町口，最终抵达北条时赖的宅邸。

另一方面，被罢免的藤原赖嗣终日忧郁不振。三月二十一日，藤原赖嗣从镰仓的御所搬至位于佐介的越后守盛时家中。而后，四月三日，藤原赖嗣带着妻子返回京都。尽管这两次出行的日子都被阴阳师认为甚不吉利，但其行程仍旧照计划执行，由此可见幕府态度之强硬。其后，在拆除旧将军御所、建造新将军御所时，北条时赖同样无视了阴阳道的禁忌，果断做出了决定。

四月五日傍晚，六波罗派来信使表示，由宗尊承袭将军之位一事已正式确定。在宗尊抵达镰仓后，除重建将军御所外，幕府还专门从北条一门及御家人中抽调人手，设立了格子番，使其成为将军御所内的番众。此后的正嘉元年（1257），幕府又效仿院御所设置了厢番，其番头从公卿、殿上人中选拔而出，而番众则从出身名门的御家人中选拔。综上所述，幕府可以说在各方面都对宗尊表现出了敬意。

其后的文应元年（1260）二月五日，近卫兼经之女来到镰仓，被北条时赖收为养女。三月二十一日，此女成为宗尊的正室。从某种程度上说，这也算是贯彻了“北条氏出身的女性嫁给将军”的母系相承的原则。

另一方面，因藤原赖经谋反之事的前车之鉴，北条氏开始进一步限制将军权力的发展，使其逐渐趋于形式化。如建长四年（1252）四月，在鹤冈临时祭上原本照例应由将军向神明供奉祭品、完成参拜，但幕府将其改为由专人负责供奉、参拜。幕府方面给出的理由是，亲王出行不便，不宜亲自参拜。该措施使得将军成了名义上的镰仓祭祀负责人。可以说，不仅在政治方面，在宗教方面将军的权力也遭到了架空。

不过由于御家人尽忠的对象始终都是“将军”其人，所以将军难免会拥有超出北条氏限制范畴的权力。宗尊之所以被迎至镰仓，正是因为那时幕府需要其取代藤原氏将军的位子。而文永三年（1266），当宗尊被查出有谋反之嫌后，幕府便罢黜了宗尊的将军之位，随即宗尊便被遣返京都。而与此同时，此前在藤原赖经一案中受到处分的北条（名越）光时的弟弟北条（名越）教时，又企图举兵谋反。这些登场人物之所以会在历史中不断上演重复的戏码，正是因为幕府体制的本质使然，即没有“将军”这一人格中心，幕府将不复存在。

新设“引付”

北条时赖担任执权期间不仅爆发了宝治合战，同时还有将军更替等令人目不暇接的状况发生。在此期间，有如下几项政策值得我们关注：

其中之一便是“引付”的设立。建长元年（1249），为处理御家人之间或本所、领家与御家人之间的诉讼，北条时赖设置了“引付”用以辅助评定众裁决诉讼问题。引付最初被分为一番至三番，其头人（长官）是北条政村、北条朝直、北条资时，而引付众则由二阶堂行方、二阶堂行泰、二阶堂行纲、大曾根长泰、武藤景赖等人担任。北条时赖设立“引付”这一审判准备机构的目标正是为了能够快速、公正地处理诉讼案件，这展现出北条时赖对御家人阶层利益的重视。

但是，该机构的设立却在另一方面滋生了此后被称为“得宗专制”的北条得宗的专制政治体制。之所以会出现这样的结果，首先是因为评定众的构成人员大多都是北条一门之人，且北条氏占评定众的人数比例有日渐增加的趋势，而在新设置的引付众中，北条氏之人也在逐渐增多，加之引付头人均由评定众中北条一门的实力派来担任，所以最终才出现了“得宗专制”的现象。除此之外，北条时赖担任执权之后，特别是宝治合战之后，北条一门独霸守护之职的倾向也愈发显著。

另外，从制度层面看，原本决定幕府最高意志的执权、连署，外加评定众“评定会议”的权限，也逐渐趋于形式化，成了一具空壳。而北条得宗私邸里召开的会议却逐渐具备了某种实质性的权力。建长年间北条时赖在私邸中召开的秘密会议即是这种会议之肇始。当只不过是北条得宗家私人佣人御内人之首的内管领被任命为幕府侍所的次官（所司）之后，北条氏在实质上也掌控了侍所。此外，同样是在建长年间，负责镰仓市内行政的地奉行也开始由御内人担任。简而言之，随着将军职权的形式化，以北条得宗为中心，幕府权力的私有化现象越来越严重，而这种现象最初发端于北条时赖当政期间。

同样也在北条时赖当政期间，幕府与朝廷之间也发生了新的变化。

这种新的变化，即以藤原赖经为中心的将军近侍势力与执权势力的冲突开始变得愈发激化。宽元四年（1246）正月，后嵯峨天皇让位给后深草天皇，开始实行院政。与此相对地，随着藤原赖经的遣返，北条时赖方面的事态稍有好转。同年八月，北条时赖派遣使节前往京都向后嵯峨院汇报局势的进展，并提前告知京都方面，幕府将会实行德政，并更换新的关东申次。同年十月，幕府将关东申次由九条道家替换为西园寺实氏，并再次提出将实行德政。对此后嵯峨院开始实行新的制度，即院评定制。作为院政的最高决议机构，其评定众有西园寺实氏、土御门定通、德大寺实基、吉田为经、叶室定嗣五人组成。

对于后嵯峨院政时期开始的评定制，佐藤进一先生更关注评定内容中的领地裁决一项。尽管幕府的裁决制度原本只适用于御家人阶层与武士阶层彼此之间的诉讼，抑或御家人阶层、武士阶层同庄园领主阶层之间的诉讼，但是由于朝廷的诉讼制度并不完善，加之适用范围之外的阶层也开始有越来越多的诉讼需求，于是在该时间节点上，幕府方面开始敦促朝廷方面出台具体的对应措施，因而朝廷导入了院评定制。此外，与之同时实行的，还有武士不再代替朝廷检非违使维持京都治安的篝屋废止政策。佐藤先生认为，篝屋废止政策和新实行的院评定制具有相同意义。这些政策表明，幕府与朝廷之间的统治范围仍然划有严格的分界线。

第四节　北条氏与怨灵

根深蒂固的怨灵思想

前述内容已多少涉及了部分镰仓幕府与怨灵的故事。接下来，笔者将在本节进一步解读镰仓时期前半幕府与怨灵信仰之间的联系。

在幕府的开创者源赖朝的时代，世间普遍盛行一种传言，即在保元之乱中战败而亡的崇德上皇与藤原赖长等人的怨灵作祟，最终导致治承寿永之乱爆发。《玉叶》《吉记》《百炼抄》

等记录类书籍及《平家物语》《保元物语》等军记物语类书籍，皆不乏对此类怨灵故事的记载。不仅限于后白河院等京都朝廷方面的人士，正如《吾妻镜》所记载的，源赖朝也倾力于镇抚崇德上皇的怨灵。如果说怨灵只向生前有仇之人作祟，那么源赖朝等幕府方面的人士最为惧怕的，恐怕还是治承寿永之乱中溺死于西海的安德天皇等平家人的怨灵、在奥州被杀害的源义经和奥州藤原氏的怨灵。

正如本书第七章内容所述，幕府的祭祀中心——鹤冈八幡宫，即具有镇抚怨灵的功效，其镇抚的主要对象是平家相关人士的怨灵。与此相对的，永福寺则建于奥州合战之后，源赖朝将藤原泰衡的陆奥、出羽两国纳入其知行国范畴之时，所以源赖朝于文治五年（1189）建立永福寺的目的是镇抚源义经、藤原泰衡的怨灵，以使关东长治久安。所以，永福寺坛场的装饰风格皆模仿平泉中尊寺而造。

上述这些为镇抚怨灵所做的各种举措本身，即表现出当时之人都有着根深蒂固的怨灵信仰。特别是当源氏或北条氏遭遇不测时，人们多多少少会认为那是怨灵作祟的结果。

正如前述所言，据《保历间记》记载，正治元年（1199）正月十三日源赖朝离世一事，大概也是志田义广、源义经、源行家、安德天皇等人的怨灵出现在海上作祟的结果。想必源氏或者北条氏最惧怕这种传闻了。

而承久之乱又为这种怨灵信仰添置了一些新的内容。三位上皇遭到流放、天皇被废，这些前所未有之事告终后，距承久之乱结束约二十年的延应元年（1239）二月二十二日，承久之乱的主谋后鸟羽院在流放地隐岐离世。后鸟羽院的谥号最初为隐岐院，很快又被改成了显德院。该谥号想来是在模仿崇德院。恐怕那时候后鸟羽院的怨灵已使人感到了恐惧。加之承久之乱以来，朝廷的贵族因被幕府夺去了实权，难免心生怨恨，所以后鸟羽院死后，只要政局出现动荡或有不祥之事发生，人们马上便会联想到，这一定是后鸟羽院的怨灵在向北条氏作祟所致。

后鸟羽院的怨灵作祟

《平户记》中有关后鸟羽院怨灵的记载尤多。以下引用几例。首先，介绍一下后鸟羽院死后第二年，也即仁治元年（1240）正月出现的有关北条时房之死的传闻：

那时，六波罗收到幕府方面传来的消息称，北条时房突然离世。北条时房平日不曾患病，虽然身体偶有不适，但也不太严重，所以家中之人并无太多提防。谁曾料想正月二十四日戌时，北条时房却突然离世了。北条时房是北条义时之弟，自承久之乱以来，兄弟二人可以说已经做了二十多年幕府政治的左膀右臂。现如今北条时房突然离世，实在令人感到可疑。于是，人们谈论说，去年年末同北条氏一道主导幕府政治的三浦义村才突然离世，今年北条时房又上演了相同的悲剧，这多半都是显德院作祟的结果。加之，北条时房的家臣曾在去年年末梦见死去的显德院及其护持僧长严僧正前来捉拿北条时房，后来北条时房果真亡故了。这样的事情难免不使人产生联想。自此之后，关东的运势也日渐衰落。

接下来是同年二月二十二日有关幕府衰亡一事的猜测。这日恰是后鸟羽院的忌日，供养仪式结束后，刚参加完仪式的大藏卿菅原为长在闲聊中提到了怨灵一事：

昨夜，菅原为长收到关东的亲戚发来的消息，说镰仓发生了诡异的事件，令人联想到似乎有天魔在镰仓作乱。例如，由于一连几个晚上皆有纵火事件发生，于是幕府在每个十字路口都安排了一名守卫值守，后来一名杀人犯遭到抓捕并被捆绑起来，但是到了早上，木桩和绑绳依旧在原处，杀人犯却不见了。除此之外，火灾接二连三地发生，甚至有场大火一直燃烧了四天，六波罗似乎也有天魔降临。

平经高在记录这些事件时，似乎十分兴奋，他认为自承久之乱后起，武家掌控天下二十载，这些异象恐是武家灭亡之兆。其后，《平户记》又将天狗、天魔的出现与后鸟羽院的怨灵两相结合，数次将其解读为幕府衰亡之兆。其中，僧正觉教所讲述的，高野奥院见到某位德高望重的高僧的梦境就宛若传说一般：

高僧攀登至山顶，发现山顶上有许多身份高贵之人，不知此处是何人住所？此时恰逢一贵人前来拜谒。于是，高僧问仆人："来者何人？"仆人答曰："此人乃是贺茂大明神，伊势太神宫唤其前来，是想派他作为使者前往尼野大明神处。"随后，伊势太神宫披露，显德院向其诉说，自己因遭遇不测而奔赴远方实乃前世的宿报，但由于无法再见到故乡京都，心中满是怨恨，所以才想用干旱、疾病、饥饿等天灾来毁灭人间。显德院希望得到神明的宽恕。伊势太神宫觉得其言之有理，于是便差遣贺茂大明神前去转告尼野大明神。高僧本想等待贺茂大明神回来后，询问他尼野大明神的回复，但因受到责备，还未听到答复，高僧便被轰了出来。

在如此前后文脉的逻辑之下，前文提到过的北条泰时之死，应该不能被视为正常的老死。据《平户记》记载，北条泰时临终之际意识混乱，全身如火焰般发烫，无人可近其身。在长时间的痛苦煎熬中，北条泰时终于撒手人寰。僧侣们有传言称，将军送往奈良的信中曾写道，因显德院显灵，所以才有怪事发生。北条泰时死前的模样与《平家物语》对平清盛临终之际"热死"的描述几乎一模一样。北条泰时离世不久后的六月，九条道家告诉平经高，后鸟羽院的谥号已改为显德院。由此可见，北条泰时之死在那时已被认为是与后鸟羽院的怨灵作祟有关。北条氏即便曾在承久之乱中获胜，其后更是实力大增，甚至强大到可以自由决定天皇的人选，但是对于那些看不见摸不着的怨灵，除了祈祷镇魂外，北条氏几乎束手无策。

后鸟羽院的遗书

后鸟羽院之所以被认为是作祟的怨灵，主要原因之一是他本人的遗书。后鸟羽院于嘉祯三年（1237）八月二十五日写下的遗书被收录在《水无濑神宫文书》中，其内容大致如下：

吾是在《妙法莲华经》的指引下，试图超脱生死境界之人。万一被此世的妄念吸引而成为魔物，势必会为世间带来灾厄吧。吾辈子孙若有千万分之一的幸运坐拥天下，那定是吾倾尽全力所致。正因为吾将吾之善根功德全部施以恶道，如此难事才能得以成真。不过，如此一来，吾身将不再拥有善根，吾亦将在恶道愈陷愈深。如若吾辈子孙能够治世，较之求神拜佛，祈求吾之冥福是为正道。后白河法皇曾对吾说过此番话，但吾并未深想。若是有人拜吾所赐成为治理天下的天皇，请务必为吾乞求冥福，否则休怪吾从中作祟。

在有关崇德上皇的传说中，已经出现了将佛道之中所积累的善根之力，反用于魔道的想法。仍抱有重返京都之期望的崇德上皇，在被流放至赞岐后离世，他曾用血写下五部大乘经，其用意并不是为了来生转世抑或治世安民，而是为了毁灭天下。与此类似的内容在延庆本、长门本《平家物语》和《源平盛衰记》等军记物语及《吉记》中均有所记载。此外，倾力于供养崇德上皇怨灵的后白河院之所以会将这些想法告诉后鸟羽院，正表明后鸟羽院的想法与崇德上皇十分接近。《明月记》曾写

后鸟羽院的遗书 嘉祯三年八月二十五日的遗书中可见“灾祸”“作祟”等词语，后鸟羽院已不再期望能重返京都，大抵心中多有怨念吧（水无濑神宫藏，京都国立博物馆提供图片）

到文历二年即嘉祯元年（1235）春，九条道家与九条教实原本希望能让后鸟羽院与顺德院（土御门院此时已亡故）返回京都，可北条泰时却来信说，家臣们一致表示反对，于是此事最终只能不了了之。如此看来，后鸟羽院的遗书中饱含其返京无望的怨恨，就这一点而言，将其与崇德上皇相提并论是十分恰当的。

怨灵招致短命

尽管人们认为北条氏之死皆因怨灵作祟而起，但北条时房却活到了六十六岁，三浦义村与北条泰时也都活过了六十岁，只不过从北条泰时再往后看，在自然死亡的条件下，即便考虑到当时的卫生条件等情况，北条氏的男性后代似乎也都短命，这难免让人联想到怨灵作祟的情境。笔者在第309页列出了北条氏男性去世年龄一览表。竹御所与桧皮姬两位对北条氏有重要政治意义的女性，其死亡时的年龄仅为三十二岁和十八岁，综合表中北条氏男性后代的去世年龄情况分析，隐约之中难免让人觉得有一种超自然的力量从中作梗。

北条时赖的乳名是“戒寿”，北条时赖之后的北条氏男性通常也会选择一些比较吉利的字，如“宝”“福”“松”等，融合“寿”字取乳名，如北条时赖之子宝寿（北条时辅）、正寿（北条时宗）、福寿（北条宗政），以及幸寿（北条贞时）、成寿（北条高时）、万寿（北条邦时）、全寿或龟寿（北条时行）、菊寿或兼寿（北条泰家之子）、金寿（北条泰家之子）、松寿（北条友时），等等。可以说，北条氏起乳名的特征表现出了北条氏对怨灵的恐惧，以及希望后代子嗣能够长寿的心愿。

北条泰时离世数年后，1245年至1247年期间，北条氏开始愈发重视镇抚怨灵的行为。其间，镰仓常有口角之争与打架斗殴之事爆发。此外，北条经时夫妇也相继离世，将军正室桧皮姬更是卧病在床。桧皮姬究竟患上了什么病？对此，《吾妻镜》也只有“身体不适”这般简单的描述。总而言之，如此事态总让人觉得是有怨灵之类的超自然力量在制约北条氏的发展。自桧皮姬发病以来，幕府为祈祷其康健举办了各样的法事。此外，由于宽元四年（1246）发生的北条（名越）光时阴谋事件也被人们认为是后鸟羽院的怨念所致，于是宝治元年（1247）四月，幕府在鹤冈八幡宫西北方向的山麓上建造了今宫，以祭祀后鸟羽院、顺德院及后鸟羽院的护持僧长严，并将上野片山庄划入今宫领地。今宫即今日之鹤冈新宫。然而，所有努力似乎都是竹篮打水一场空，宝治元年五月十三日，年仅十八岁的桧皮姬也去世了。

时氏	二十八岁
经时	二十三岁
时赖	三十七岁
宗政	二十九岁
宗赖	二十岁至二十五岁之间？
时宗	三十四岁
贞时	四十一岁
兼时	三十二岁

北条氏男性去世年龄一览表

桧皮姬死后第二年即宝治二年（1248）的二月，永福寺的殿堂得到修缮。自文治五年（1189）创建以来，永福寺已经历了六十年的风风雨雨，房舍整体已破败不堪。宽元二年（1244）永福寺虽得到过小范围的修缮，但其后便无人再行维护之事了。而永福寺之所以会在宝治二年（1248）二月得到修缮，则是因为第二年（1249）是己酉年，那时距离永福寺建寺整好一个甲子，加之北条时赖梦见神明托梦让他重振永福寺，于是幕府才会对永福寺有所修缮。

其后的宝治二年（1248）十二月，幕府下令地头必须在神社、寺院的领地严格按照规章、先例行事，且在收到伊势神宫等重要神社领地的庄官递交的报告后，必须即刻呈送。这些新规并非单纯出于一种对神佛的敬重之情，包括当时为驱邪在时赖亭举行读《大般若经》的活动在内，一切的一切皆是幕府应对怨灵作祟的策略。

北条家历代之墓（神奈川县立金泽文库提供图片）

到了建长四年（1252）正月，长严的幽灵附身在一名十三岁少女的身上，降神谕自称是后鸟羽院的使者，自关东前来住在时赖亭，因隆弁法印在时赖亭念经而遭到驱逐，现要前往京都的后鸟羽院御所报告，来年再前来降神谕。因此，幕府方面为了祈祷关东安泰，于二月十二日在时赖亭举办了如意轮法的法事活动。而后，建长六年（1254）四月，幕府为以北条时赖两个儿子之名作为寺号的圣福寺的镇守神殿举行了上梁仪式。据《吾妻镜》记载称，幕府此举的目的是，祈求幕府长治久安，以及北条时赖的两个儿子能够延年益寿。圣福寺建在与镰仓守护神镰仓权五郎景政颇有渊源的相模国大庭御厨境内，由与御灵信仰有关的鹤冈若宫别当僧正担任大劝进一职，想来这也是镇抚怨灵措施中的一环吧。

北条氏上述这些镇抚怨灵的措施，其实与古代末期镇抚崇德上皇与藤原赖长怨灵的措施如出一辙，只不过古代末期以前的怨灵通常带来的是疾病、战乱、饥荒等对社会产生大范围影响的灾难，而镰仓的怨灵则更多只是在迫害自己的政治对手。换言之，镰仓的怨灵更倾向于个人性质的复仇。这其实是受到了宗教精神变化的影响，因为那时社会经历了大动荡的时期，且人们的宗教信仰总体上也比古代社会的宗教信仰更具有个人主义的特点。

第七章

新时代的气息

第一节 | 都市镰仓

以鹤冈八幡宫为中心

第一章至第六章主要按照时代的变迁探讨了镰仓前期的历史，即便不一定能严密地限定到某一时期，但是在谈及该时代的历史特征时，某些社会现象是我们所无法忽视的。因而，本章将选取幕府大本营镰仓如何成为都市、该时代女性的地位及镰仓佛教的性质这几个角度做概括性论述，并以此结束全书内容。

治承四年（1180）十月，源赖朝从安房国回到武藏国后，听取了千叶常胤的建议，将相模国的镰仓定为大本营。十月六日，源赖朝入驻镰仓，暂先借住百姓家。十月九日，原位于山内的知家事兼道的宅邸被改建在大仓乡，打造新邸的工事动工。北条政子也择吉日，在稻濑川短暂逗留后，于十一日进入镰仓。大约两个月后，大仓新邸完工，举行了乔迁仪式。大仓的赖朝亭也被称为“御所”，由于之后源氏三代将军均在此掌权，所以此处也被称作“大仓幕府”。至此，镰仓向着政治都市迈出了第一步。

我们将以《镰仓市史》为首，再依据石井进、大三轮龙彦、河野真知郎、马渊和雄等人的研究，以及镰仓考古学研究所的调查等资料，综合文献史料与出土文物两方面的成果，概略性地讲述镰仓的历史。

位于镰仓东北方向的鹤冈八幡宫自然是这座城市的中心。《吾妻镜》中说道，源赖朝在到镰仓后不久便决定在小林乡的北山建造宫庙“祭拜祖先”，并于 1180 年 10 月 12 日从由比乡搬至鹤冈。最开始神社的大殿并没有现在这么精致，只是很粗糙地建造了社殿，直到养和元年（1181）七月三日，才开始在如今鹤冈八幡宫本宫的位置建造社殿，八月十五日举行迁宫仪式，源赖朝也出席了这一活动。翌年（养和二年即寿永元年）三月，从八幡宫大殿直通由比浦的若宫大路开通。在源赖朝的亲自指挥下，这条路由北条时政以下的御家人搬运土石修造而成，其目的是祈祷怀孕的北条政子安产。四月，神社前大约三万平方米、名为弦卷田的土地被挖作池塘，大约从这时起八幡宫的方形区划便大致形成了。

清和源氏的祖先源赖义在前九年之役讨伐安倍贞任后，于康平六年（1063）秋季秘密向京都的石清水八幡宫请神，并在由比乡建造了鹤冈最初的神社。在此基础上，源赖义的嫡子源义家又于永保元年（1081）对其加以修缮。然而《吾妻镜》中并无关于鹤冈最初神社的明确记载，对于建久二年（1191）鹤冈的神社发生火灾后重建一事，《吾妻镜》仅仅记述道：“鹤冈若宫之地，宝殿本为从八幡宫请神供奉而造。”按字面意思理解，以前的鹤冈神社与八幡宫有着不同的神格，这是因为以前鹤冈神社的神格本是若宫。

鹤冈八幡宫的复原模型

虽在此不再赘述，但笔者在整理相关史料后得出下述结论：①1063年，源赖义于由比乡建造了一座宫殿（今下若宫）；②源赖朝于1180年10月将此宫殿迁至小林乡北山（今鹤冈新宫若宫）；③1191年4月，在已有若宫的基础上首次将神从八幡宫（今上宫）迎接至此。笔者将上述记载解读为，源赖义最初迎接的便是石清水的若宫，而1191年所迎来的则是石清水的本宫。笔者这么说的根据是，当初源赖义之所以特地向新宫请神，正是因为希望借此求得前九年之役死者的安息，而拥有防止怨灵作祟祭祀性质的若宫信仰则恰巧符合这一需求。后来源赖朝将其迁至鹤冈，也是为了能让保元、平治时期以来死于动乱之人获得安息。这样一来，我们便不难理解，为何前述二者具有相同的神格了。至于鹤冈神社在创建时便已设有僧职这一点，更能体现其神宫寺的性质特点，由此可以想见，人们会在这里举行佛教的安魂仪式。此外，死后容易化为怨灵作祟的战败者子孙，也大都会被选为鹤冈神社的供奉僧，例如平家的末裔或是曾我兄弟的亲戚等。该情况亦从侧面说明，鹤冈神社的确拥有镇抚怨灵的性质。

鹤冈八幡宫 以源氏的氏神构成了镰仓幕府的中心，源实朝在这里被公晓暗杀（鹤冈八幡宫提供图片）

八幡宫始建时，大庭景能以俗人身份被任命为俗别当，负责掌管鹤冈的相关事务。大庭景能之所以能担当此职，正是因为大庭一族原本即是镰仓一带的土著武士集团。前文已介绍过，平直方因感动于源赖信、源赖义父子平定平忠常之乱的勇武，而将源赖义收为女婿，清和源氏与镰仓的缘分亦由此开始。此后，源义朝侵入伊势神宫领地内的大庭御厨，以此为契机，御厨当地的庄官大庭一族便归顺了清和源氏。源义朝移居京都后，其长子源义平统治了整个镰仓。由于源义朝死于平治之乱，而源义平因策划暗杀平清盛一事，也于永历元年（1160）被杀，所以在源赖朝入主镰仓前，镰仓已无源氏一族的踪影。而在这段没有源氏的空白期中，据说正是大庭氏掌管了整个镰仓。大庭氏是镰仓权五郎景政的后裔，而镰仓权五郎景政又是御灵信仰中重要的祭祀对象之一，加之鹤冈的神社具有御灵祭祀的性质，因此由大庭氏担当鹤冈的俗别当一职也是情理之中的事情。

源赖朝入住镰仓之后，都市镰仓便有了现在的构造：从由比滨至材木座海岸一带，向平原部的东北山脉方向延伸，直至最深处鹤冈八幡宫的位置。从鹤冈出发直通海边的若宫大路是城市的中轴线。其实，源赖朝时期的镰仓街道比后世窄得多，据近年来的考古调查发现，那时街道最南端的位置是当时的海滨大鸟居（从八幡宫大殿向南约 1.15 公里）。但是后来，由于人口的增加，海滨附近也逐渐发展成了居住区。

源赖朝之前

那么，源赖朝入主镰仓之前，镰仓是什么样子的呢？根据文献记载称，镰仓的历史始于《古事记》的时代。《古事记》中记载倭建命和山代之玖玖麻毛理比卖的孩子足镜别王的后裔有着“镰仓之别”的豪族名，不过遗憾的是，关于“镰仓之别”，除此之外便再无其他详细的记录了。再往后，镰仓再次出现在能明确年代的史料中，已经是天平七年（735）的《相模国封户租交易账》(《正仓院文书》) 中记载的“从四位下高田王食封，镰仓郡镰仓乡三十户”一句，以及《万叶集》第二十卷中作于天平胜宝七年（755）的这首东国防人歌了：

今日我于难波港整装待发，可母亲却已不能看到我的英姿。

其作者为“镰仓郡上丁丸子连多麿”。再有就是第十四卷中吟咏镰仓山的一首：

你既说镰仓山上繁茂的薪木名曰等待[1]，我又为何于此为情所困？

如上述这般，《万叶集》一共收录了三首有镰仓这一地名出现的防人歌。由此可见，镰仓这一地名在律令国家出现以前就已存在了。据说，镰仓这一地名起源于中臣镰足在参拜鹿岛神社时得到的托梦，在梦中中臣镰足将多年使用的镰刀埋在了此地，不过这种说法听来未免有些牵强。从语源的角度来说，吉田东伍先生认为，镰仓（Kamakura）一词起源于“灶谷”（当时“谷”的发音为kura），也就是说，因为此处的地势与灶很像，由此得名。镰仓的地形特征是南方面朝大海，

1 在日语中，“松（まつ）”与“等待（まつ）”同音。

北、西、东三面环山形成天然要塞，确实地如其名。贞应二年（1223）的《海道记》这样写道："东南角一道港口买卖的商人熙熙攘攘，北、西、东三面，高高低低的山脉宛若屏风浑然天成。"再例如14世纪中叶的《梅松论》则说道："镰仓之南为海，三面环山。"可以说，这些描述都捕捉到了镰仓的地理特征。

《不问自语》的作者后深草院二条曾于正应二年（1289）到访镰仓，她的"越过化妆坂的高山向镰仓望去，所见与立于东山眺望京都有所不同，层层峦峦，宛若被笼罩一般，一片侘寂"常被引用，其实描写的也是镰仓为山所包围，人烟阜盛的景象。尽管地势如此，但这并不意味着镰仓就是一个十分封闭的地方。镰仓南面临海，依靠海路，近有伊豆、房总，远可联系东北、九州，陆路方面也与当时东海道的路网相连，交通实则相当便利。

正是因为这样的地势条件，加之平直方及其后继的清和源氏皆曾在此设立大本营的历史，有观点便认为，镰仓是11世纪中期相模国实质的中心。若果真如此，那么《吾妻镜》形容源赖朝到来以前的镰仓"此地较为偏远，除了渔夫和老翁，少有因为卜居于此之人"的描述，反倒是夸大了源赖朝到来后镰仓的都市化进程，其实镰仓早在源赖朝到来以前就已经具备了都市的性质。

镰仓的道路情况，较之源赖朝到来之前，并无太大的变化，两条东西向的道路和三条南北向的道路自古以来就是镰仓的主干道。首先，第一条东西向的道路相当于现在的国道134号线（湘南道路），它是一条沿海的道路。在平安时期，这条路从相模国府出发，经由稻村崎，最终抵达沼滨（今逗子市），而沼滨也因源义朝当初在此修建别邸而闻名。另一条从镰仓北端的山脚下出发，从山内延伸到鹤冈八幡宫附近，再经由朝比奈抵达六浦的道路，与上述穿越镰仓南端的道路相对。这条从北端山脚出发的道路，在平安末期便已能越过朝比奈山岭抵达六浦，后世开凿的朝比奈山路，也只不过是再次修整了此路。据推测，过去此路曾因建造鹤冈八幡宫而遭截断，此路原从当时的东海道方向出发，进入山内，越过化妆坂，继而直抵相当于源义朝宅邸遗址的寿福寺，然后一直通往大仓方向，最终抵达六浦。

镰仓的主干道便是这两条东西向的道路，以及与其交叉的三条南北向的道路。由这些道路勾勒出的镰仓的整体构造，在源赖朝入主前便已近乎成形。而其构造的萌芽期则可上溯至弥生时代。按照马渊和雄先生的说法，在镰仓四周，东南有八云神社（祇园天王社），东北有荏柄大神社，西南有坂下御灵神社，西北则有佐助稻荷神社等诸神社守护着镰仓。至于每座神社的建造年代，八云神社建于永保年间（1081—1084），荏柄天神社建于长治元年（1104），而坂下御灵神社与佐助稻荷神社的建造年代则尚不明确。不过可以确定的是，这几座神社在源赖朝入主镰仓前便已经存在。包括这些神社在内，据推测平安末期此地共有近二十座寺院、神社，所以镰仓并不像《吾妻镜》所记载的，只是一个贫瘠的山村。

从大仓到若宫大路

北条政子去世数月后，源赖朝时期修建的大仓幕府便被迁移至别处。嘉禄元年（1225）十月，幕府迁移的问题引发了讨论，北条泰时和北条时房等人立即实地考察了宇都宫辻子和若宫大路等候选地。尽管由于众说纷纭，且阴阳师的占卜结果亦无法达成一致，导致在最终决定搬迁地点时，耗费了不少的时间，但十月的月末人们还是举办了地镇祭，且新的幕府也于十二月落成，面向宇都宫辻子。随后没过多久，将军藤原赖经也搬迁至此处。据《吾妻镜》记载，宇都宫辻子的新幕府，南北长为六十一丈，东西宽达二百五十六丈五尺。不过由于东西方向的数据实则存在五十六丈五尺的错误，所以新幕府的规模大约也就是比平安京的内郭略小一点而已。此次搬迁意味着幕府的政治中心从大仓转移到了若宫大路。

在幕府搬迁期间，北条泰时和北条时房考察了市内并测量了镰仓的房屋面积，当时他们导入了京都、奈良使用的丈尺制作为测量单位。一丈大约是 3.03 米，而一尺大约是一丈的十分之一。虽然同是以这两个单位为基准丈量市区的区划，但测量镰仓时所用的丈，据推测在数值上与京都、奈良所使用的“丈”略有不同。镰仓的一丈比京都、奈良的一丈多了十分之一，约为 3.3 米。不过至于该推测是否属实，目前我们暂不可知。总而言之，按上述丈尺制的测量方式推算，镰仓市内的街道东西宽一百七十五丈，南北长三百丈。此外，与丈尺制一同被导入的还有计算房屋面积的基本单位，即以房屋正面的宽度五丈 × 进深十丈为一户主。

除此之外，“保”还被规定成了市政单位。文献中“保”一词最早出现在文历二年即嘉祯元年（1235）幕府下达的命令中。在该命令中，幕府不许裹着头巾的僧人在镰仓市内四处游荡，更不许念佛者吃鱼吃肉或是与女性共进酒宴，幕府让“保”的奉行人严格执行此命令。据推测，“保”这一制度与户主制度应该实施在同一时期。

在北条泰时担任执权的时代，幕府搬迁至新址，土地规划亦得以实施，镰仓在都市构造和行政制度上皆趋于完备。至于连接镰仓与外界的道路，仁治元年（1240），由鹤冈八幡宫的一侧向北，修筑、整修了通往山内的小袋坂（巨福吕坂）；翌年即仁治二年（1241）又修筑了一条向东越过滑川谷源流、直通六浦津的六浦道。

在现在材木座海岸饭岛崎周边建起的和贺江岛，是劝进僧往阿弥陀佛在得到北条泰时的许可后，于贞永元年（1232）施工建造，并于次年正式完工的人工岛。镰仓海岸平浅，大船出入此地多有不便，但和贺江岛的落成让这种情况得到了一定的改善。此后，和贺江津作为能装卸米、木材，以及中国舶来品的大港口欣欣向荣，材木座之名也由此得来。建长六年（1254）四月，幕府向问注所和政所下令禁止五艘以上的唐船同时靠港停泊。据此，我们可以推测，那时镰仓港口应该时有五艘以上的唐船停靠，这也从侧面反映出镰仓港口的繁荣。文永元年（1264）四月，尽管幕府下令禁止在东国卖酒，但仍有大批酒走海路从筑紫被贩运至镰仓。镰仓时代后期至末期，由比滨附近到处都是存放商品的仓库。除此以外，镰仓遗迹也曾出土过大量的中国陶瓷和常滑烧大瓮，由此可见镰仓当时是何等的兴盛繁荣。

关于镰仓那时的人口，我们并未掌握十分明确的线索，因此只能依据资料进行推测。河野真知郎先生按照神社、寺院的领地，武家人的住地，商人家等区域的划分，计算14世纪前半的人口：神社、寺院领地大约有15000人，武家人住地则有17500—29000人，而商人家则有31600—56900人，总计64100—100900人。尽管从数据上看，浮动范围较大，但也得不出更精确的数据。石田进先生则以《吾妻镜》记载的建长四年（1252）九月幕府禁止镰仓市内贩酒，调查百姓家中酒壶的数量为37274个进行推算，如果一户人家约有三四个酒壶，那么大约就有一万户人家，如果每户人家大约有五口人，则庶民的人口约有五万人。当然，这一组数据同样不够精确。除此以外，也有以《镰仓年代记里书》中记载的永仁元年（1293）四月镰仓大地震中的死亡人数23024人为依据，推测当时镰仓的人口应该在此之上的方法。

第二节　从法律看女性地位

女强人们

本书的第三章中曾介绍过，源赖朝的妻子北条政子的权力有时甚至在源赖朝之上。这不单单是因为北条政子是一位不走寻常路的女强人，还象征着这个时代的女性对男性拥有权力。接下来，我们将探讨当时女性的地位问题。

尽管并无一个具体的评判标准去衡量女性地位的高低，史料之中也尽是概括性的记述，但若单从镰仓时代前期看，女性的确有着和男性同等的活跃表现，有时甚至能对自己丈夫的去向产生决定性的影响。

例如治承寿永之乱中，巴御前曾跟随木曾义仲一同作战，可谓巾帼不让须眉。巴御前是木曾义仲的乳父中原兼远的亲戚，后来她又成了木曾义仲的妾。《平家物语》形容巴御前是一位“肤白貌美，长发及腰”的女性，上了战场却可“以一当千”。此外，建仁元年（1201）城长茂挑起叛乱，越后国的板额举兵呼应。这位板额正是城长茂之妹，亦是一位男人都须让她三分的武者。当时，她与侄子城资盛在鸟坂城与幕府军激战，惨败后被押往镰仓。最终，甲斐源氏的浅利义远救了板额，娶她为妻。

除了上述两位亲自上战场的女性，还有女性在战争中为犹豫追随哪一方的丈夫做了决断。

前文已经介绍过，在承久之乱中，京都方面曾想拉拢三浦胤义，三浦胤义之妻原本是源赖家的妾，她曾遭到北条氏的迫害，那时源赖家被杀，其子荣实也惨遭毒手。此事实乃三浦胤义之妻的心头大恨，所以三浦胤义表示愿助京都方面一臂之力。或许这样的理由在我们现代人看来着实有些荒谬，但这件事至少表明，三浦胤义之妻有着能够左右丈夫抉择的权力。

再者，便是《吾妻镜》记载的宝治合战中毛利季光（入道西阿）之妻即三浦泰村之妹的故事。开战在即，毛利季光之妻身穿套着褐色帷子的白小袖，仅带着一名侍女，突然出现在兄长三浦泰村位于西御门的住处。她此次前来，既是为了给兄长打气，同时也是为了告诉兄长，自己的丈夫毛利入道一定会和兄长统一战线，纵使毛利入道有二心，自己也会说服他助兄长一臂之力。翌日，毛利季光身着铠甲正准备前往御所参拜，却被妻子拦下。其妻拽着毛利季光铠甲的袖子说："抛弃三浦泰村，转而帮助北条时赖，实非武士所为，且违背我们一直以来的约定，此等行为必当为后人耻笑。"于是，毛利季光转而加入了三浦泰村一方。同样是在宝治合战时期，还有一个人也和毛利季光一样，娶了三浦泰村之妹为妻，此人便是关政泰。关政泰曾一度想要离开镰仓返回常陆国，但在途中听闻三浦泰村被追讨一事，考虑到妻子是三浦泰村的妹妹，自己也免不了承担连带责任，于是便连夜返回镰仓加入了三浦泰村一方。

在镰仓时期的战争中，像毛利季光和关政泰这样，协助妻子娘家而非父系亲戚的例子不在少数。在比企氏之乱中，比企能员的女婿笠原亲景、中山为重以及糟屋有季等人也是因此缘故才加入了比企氏一方。除此之外，在和田之乱中，横山时兼的女婿波多野三郎、横山时重的女婿涩谷高重等人，也曾加入和田氏一方。

笔者已在前文中指出北条氏与将军之间的关系依靠母系来联结，但事实上这种母系联结并不仅限于北条氏，这种现象在当时应该说是十分普遍的。

围绕着领地的女性权利

接下来，通过《御成败式目》等幕府法及被称为裁许状的镰仓幕府判决文书，笔者将对镰仓时期女性的地位问题做进一步分析。幕府法原本旨在解决围绕地头和御家人所产生的领地继承、争夺等问题，而不在于解决人际关系所引发的各种争端。不过，在涉及继承所带来的领地变动问题时，则必须要调查当事人的人际关系，然后才能判定领地真正的所有者。作为调查结果，判决文书上也会留下关于人际关系的记录，可以反映当时的社会情况。

那么，女性从父母处获得的领地，以及婚后从丈夫手中得来的领地，其固有权利是否可以获得认可呢？对此，我们需要分别考虑从父母处获得及从丈夫处获得这两种不同的情况。

按照式目规定，父母把领地转让给女儿后，若是女儿有违抗父母之行为，则父母随时可以将领地收回。仅看此规定，式目的出台似乎削弱了女性固有的财产权。但是，该规定以公家法等条款为基础制定，原本的法律规定在父母将领地转让给女儿后，无论发生什么都不可以再将领地收回，这一点也从侧面说明女子的所有权有时甚至超越了男子。但另一方面，这种法律也有其弊端，曾有女儿仗着这条规定，在得到领地后不再孝顺父母，还有某些父母因害怕日后产生纠纷，而故意不将土地转让给女儿。因此，可以说式目出台之后，女子的固有财产权变得和男子相同了。

实际上，从不孝女手中收回领地之事在当时并不稀奇。延应元年（1239）十一月五日的关东裁许状中，记录了小鹿岛公员和伊豆守赖定因领地问题发生争执之事。此二人分别是小鹿岛公业的儿子和女婿。该事件的起因是小鹿岛公业曾将领地转让给自己的二女儿，即赖定之妻药上，而药上直至临终之际都未曾对父母尽孝，所以幕府判决该领地收回并将其转让给小鹿岛公员。

除了上述这种围绕亲子关系所产生的纠纷外，还有因配偶过世或离异而出现的“再婚”问题，由于产生了新的夫妻关系，前妻之子和继母之间容易发生此类争端。

另一方面，女性婚前所有的财产在婚后仍属女性的固有财产，其丈夫是无权处置的。特别是领地以外的财产，如果夫妻之间有了孩子，丈夫可以拥有处置权。若是没有孩子，丈夫则无权处置该财产，需将其归还妻子的娘家。然而，若是婚后女性从丈夫处获得了领地，其相关权利则需分“配偶去世”或“两人离异”这两种情况分别予以讨论了。

如若女性遭遇丧偶的情况，其丈夫在生前转让给妻子的领地，或是在遗言中转让的领地将依然可归妻子所有，只不过这种权利也有其限制。若是女性丧偶后再婚，则其从前夫处获得的领地，或归前夫之子所有，或交由他人（多是幕府）处理。换言之，站在女性的视角，该规定实则考虑了非自己亲生的丈夫之子，即丈夫与前妻或妾的孩子等也可成为继承人的情况。

丧偶后继承了丈夫领地的女性，再婚时便会丧失领地的继承权，该规定对于妻子以外的继承人而言，可谓是大好的机会，因此该女性是否已经再婚，便成了此类事件诉讼的争论点。宽元二年（1244）的关东裁许状中，记录了肥前国御家人益田通广与山代固出家为尼的遗孀之间的争端的判决结果。这起诉讼最大的争论点是，益田通广认为山代固的遗孀已经再婚，而她则对此表示否认。最终，此案以幕府认为没有足够的证据证明该遗孀已经再婚而告终。其实在此之前，山代固之女源氏（益田通广的母亲）对山代固出家为尼的遗孀（推测是源氏的继母）亦提起过诉讼，而上述案件正是此次诉讼的后续案件。该案件的争论点在于遗孀是否再婚，因为如果遗孀不再拥有领地的所有权，山代固之女源氏便有了继承的可能性。

正是在这样的情况下，有人便开始寻找一种两全其美的办法，这种办法既能再婚，又不至于丧失领地的所有权。于是，一种新的方法便应运而生，即丧偶的一方尽管年纪尚轻且健康无恙，却谎称患病，然后再将领地转让给自己的孩子或亲人，以获取将军对土地归属的认可，然后再婚。但是，由于这种做法实在是太不成体统了，所以幕府法便规定，若非重病告危，否则将不承认这种转让。此外，妻子在生前因丈夫转让而获得的领地，若是妻子先于丈夫而去，则领地将归丈夫自由处置。

再者，妻子从丈夫处获得财产后，如若两人决定离婚，式目规定，因妻子的重大过错造成二人离婚的，妻子须归还所得领地；因丈夫拈花惹草导致离婚且妻子一方没有过错的，则妻子从丈夫处获得的领地仍归妻子所有。不过后来，式目又对该项规定进行了补充，即在原有条款的基础上添加了限定条件：若女性在离婚后同其他男性再婚，那么其从前夫处所得领地将被没收。

另一方面，在文永元年（1264）宫城广成出家为尼的遗孀与那须资长的诉讼案件中，关东的裁许状写道：婚后丈夫从妻子处所获之财产将不再返还妻子。幕府法原本并无明文规定妻子给予丈夫的财产将无法收回，而只是列出了丈夫须返还妻子的具体情况。所以，该裁许状应该是在裁决人判断此案与幕府法所列情况不符的情况下，给出的裁决结果。

“秘密仪式”与家内统治

在有关女性的法规中，还有一条关于私通的规定。式目规定，御家人与他人之妻发生性关系属于犯罪，无论是强奸，抑或通奸，其一半领地都将遭到没收，并被施以停职处分。若该御家人没有领地，则将遭到流放。此外，女方亦将遭受同样的处罚。单从内容上抽象地看，这只是单纯的伦理道德方面的规定。但是，在御家人社会实际的争讼中，它却多与领地及财产去向相关。正因如此，这样的事情往往会趋于复杂。

接下来，笔者将介绍一个很典型的例子，即伊豫国的河野通时与其死去的弟弟河野通继之子河野通义，争夺伊豫国石井乡的归属一事。据文永九年（1272）十二月二十六日的关东裁许状显示，河野通时与河野通义因领地归属问题，转而控诉彼此与女性之间存在不正当关系，甚至牵扯出了双方同河野通继之父敬莲的继室及小妾的关系。具体而言，河野通义状告河野通时因与其继母私通而被父亲断绝了父子关系，河野通时对此予以驳斥。另一方面，河野通时则提出河野通义之父河野通继与河野的继室及小妾也均有私通之嫌，在河野通义表示否定后，河野通时又说河野通义同敬莲的继室也有私通。不过幕府对于这些辩词倒是一概皆未深究。在这个时代，继承问题已不限于单偶婚小家庭的亲子或兄弟之间了，它有时候甚至会牵扯到祖父祖母、伯父伯母、叔父叔母或是继母与小妾，乃至其孩子的权益。这意味着把握双方的人际关系在诉讼中已变得尤为重要，诉讼已不仅是互相揭短的比拼了。

让我们再回到此前提到过的丧偶与离异的问题。如前所述，只有在没有再婚的情况下，妻子才能继续保有从前夫处获得的领地，但是那时并没有可以被用来判断两个人是否结婚的官方证明。况且，原本也没有判断是否再婚的明确基准，因此再婚与否问题所引发的诉讼层出不穷。对此，幕府在式目制定后不久的延应元年（1239），明确了改嫁（再婚）的基准：当女性在新的丈夫家“处置领地并处理家中杂事”，即表明该女性已再婚。在此种情况下，虽与法规有所抵触，但该女性若是

“秘密举行了成婚仪式”，则纵使有传闻称该女性已再婚，幕府也不会给予处分。

然而，这条规定却在实际应用中起了反作用，社会上很快便出现了一种风潮：纵使女性与新的男人有了关系，只要不处置领地不处理家中杂事，不为人所知，也就无所谓了。于是，在弘安九年（1286）式目增加了“关于寡妇改嫁”的新规定：女性即便不处置领地、不处理家中杂事，只要被查出有不忠于亡夫的行为，就将按式目规定定罪。

在这里，幕府判定再婚的基准是女性是否处置领地以及是否处理家中杂事。姑且抛开杂事不谈，由于当时处置领地对于一个家庭而言十分重要，既然幕府法明确规定该项事务需交由妻子来打理，即证明在该时代执掌家中事务的的确是女性。

在武士和御家人的阶层中，上述问题较为常见。平安时代之后，武士需要进京赴任，或是从事在镰仓幕府服兵役等需要长期离乡的军事性工作。承久之乱期间，北条政子的那场著名的演讲即着重强调了源赖朝（或源实朝）将大番役的期限从三年调整至六个月为武士带来恩惠一事。且不论其中数据是否正确，实际上不仅是在治承寿永之乱期间，甚至在镰仓幕府成立之后的很长一段时间内，御家人也都仍然必须承担镰仓或京都的警卫工作。正是在这种男性长期不着家的情况下，除了大户人家会专门雇佣打理事务的管理人，其他的小户人家则大都只能依靠女性来代替男性管理领地、操持家中一切杂事，这在当时司空见惯。北条政子之所以会对家内之事态度坚决，大概也是因为经常主持家政吧。

丈夫或父亲由于军事行动或为了侍奉君主，长期不在家中，这种情况不仅使得家中事务由女性主宰，还使得男性对女性的约束力有所下降。《曾我物语》就曾多次提及，那时常有与男女之间被称为“不义”的不正当关系相关的传闻流出。就当时的社会条件而言，这种现象并不令人惊奇，毕竟北条政子和伊东祐亲之女都是在其父前往京都任职期间才与源赖朝走到一起的。加之有些家庭甚至是继母而非生母在家主事，这无疑也会增添女儿对家庭的反感，如此一来自然会出现北条政子这样的情况。

在距离京都及镰仓较远的边境地区，青壮年男子因军务傍身长年不在家的情况一直存在。特别是在东国，男性被迫远赴他乡服役的现象，自古代国家设置防人以来已有很长的历史。

当然，这种情况不仅限于东国。部分都城人由于赴任或是流放等原因不得不移居地方，他们到了当地，大受欢迎，最后甚至成了豪族女婿。自古以来，这类例子便已屡见不鲜。这种情况还促成了贵种流离谭[1]这种文学类型诞生。这是因为在招揽这些贵族子弟的豪族看来，贵族出身的女婿或多或少确实可以提

1 贵种流离谭，“贵种”指拥有高贵血统的人，“流离”指因故离开家乡流落异地，“贵种流离谭”即指出身高贵者因流落他乡，并遭遇种种艰难试炼的一类故事。

升自己的家门地位。所以，这些家庭似乎也把女儿看得比儿子更为重要，因此我们不能一概而论地认为，武家一直重男轻女。

综上所述，在这个时代女性因掌管家中事务且能与贵族子弟缔结姻缘而受到重视。因此，在此基础上，我们再来审视北条政子和西阿之妻等东国女强人活跃于世的例子，便会发现她们在这样的时代和社会中并非鹤立鸡群般的存在。

男性地位的上升与自由的余地

前文主要围绕女性的财产权问题展开了论述，其间并未发现特别不利于女性的情况。不过随着时间的推移，镰仓时代的法律多了一些针对女性领地财产的限制条件。

例如，式目中本规定因膝下无子而收养养子的女性，可以将领地转让给养子，而宝治二年（1248）式目又增加了一条规定，即如若其丈夫不承认该养子，则领地将无法转让。

延应二年（1240），幕府法规定，在向女性转让领地时，关东的御家人若是招了殿上人为女婿，则其领地将不能转让给其女。而后的文永四年（1267），幕府法在此基础之上，又增加了一条“成为寡妇后依然坚守贞操则可获得转让”的规定。不过，非御家人之女及白拍子等身份卑微的女性，则不被允许从其丈夫处获得领地。到了弘安七年（1284），幕府法又再次新增规定：为了防止御家人的领地通过女性转移至京都贵族手中，拥有关东领地的寡妇和女儿将不得滞留京都，如有违反则其领地将全数充公。

在御家人家中，随着男性逐渐主导领地所有权，与之相对的，女性掌控领地所有权的情况则变得越来越少，这种趋势尤见于一家之中的嫡子身上，以及一族之中的总领身上。

当然了，致使上述现象出现的原因有很多。站在御家人社会的角度看，武士阶层在掌握政权后，地位得到了提升，甚至可与京都的贵族平起平坐，加之父系嫡传的思想在御家人阶层中成为定式，如此一来，为确保家主之位传男不传女，御家人便不得不维持总领制度。另一方面，蒙古袭来事件后，幕府需要更多的人参军，这致使御家人当时无法继续扩大其所有的领地，因为领地是有限的，由于幕府要应对军事危机，所以幕府不可能将领地的所有权分散到与军职无关的女性或是贵族阶层等武士以外的阶层手中，毕竟这样做会使得领地的军事利用率有所下降。

总而言之，当时的幕府需要确保军事力量充足，所以幕府必须尽可能保证参与军事活动的阶层有稳定的经济基础。为此，幕府才削弱了女性的财产权。这种做法不仅削弱了女性在家中的统治权，也使得丈夫在家中的决定权愈加稳固。

尽管在武家社会中，女性的地位确实有所下降，但这并不代表所有的女性都陷于同样的境遇。正中二年（1325）镇西的裁许状就呈现了这样一位自由女性的形象。

判决书中写到安心院公泰的前妻所生之子安心院公时，要与同父异母的弟弟安心院公宣争夺丰前国安心院内的上松井村。公时称上松井村是母亲惟宗氏在离婚时从丈夫公泰处所获，而后才转让至自己手中。而且，公泰在弘长三年（1263）所写的转让书中提到，有碍于父母之命，公泰才与惟宗氏离婚，此次离婚并非因为夫妻缘尽。因此，公时主张，离婚时母亲一方并无过错，所以转让的领地有效。

但是公宣方面则指出，公时的母亲趁着公泰去镰仓赴任期间与一个名叫越中法师的阴阳师私通，此事闹得人尽皆知，于是公时的母亲被驱逐出了领地。公宣还拿出了两封文书，其中一封由公泰于永仁六年（1298）写下。这封文书提到因为公时行为不端，公泰欲与其断绝父子关系，后虽经人劝阻不了了之，但是日后如若公时做出反抗自己兄弟的行为，公泰则将即刻与其断绝父子关系。另一封则是公泰于弘安八年（1285）写下的转让书，这封转让书写道，尽管公时的母亲自幼便有大恩于公泰，但是由于后来发生了一些不像话的事，所以公泰决定将多年前转让给公时的上松井收回，并将其转让给公宣。

根据裁许状的内容，我们大致可以推测出以下情况。

1250年前后，安心院公泰只身前往镰仓赴任，其父母与妻子留守故乡。公泰之妻惟宗氏乳名善哉，惟宗家因某些原因有恩于公泰家，因此二人结为夫妻。惟宗氏在公泰赴任期间与一个名叫越中法师的阴阳师私通，此事一度甚嚣尘上，但是刚回到家乡的公泰却并不信以为真，不过由于父母的责备，公泰与惟宗氏于1263年无奈选择了离婚。而后，公泰与公宣的母亲再婚。此后，公泰开始认为前妻与他人私通之事似乎属实。于是1285年，公泰决定收回先前由惟宗氏转让给公时的上松井，转而将该领地所有权转让给公宣。其后的1298年，因公时行为不端，加上公时之母惟宗氏的原因，公泰本想与公时断绝父子关系，但经人劝阻，放弃了这一想法。

其前妻惟宗氏方面，据诉讼公文记载，惟宗氏在与公泰离婚后，又与丰前国的鹰并弥太郎入道西信和吉松九郎公真等人有了关系。鹰并氏大概来自安心院近旁今天的高并。尽管惟宗氏因不忠贞而遭到驱逐，但她却在前夫所居之地的附近又同别的男人发生了新的关系。不过，当时惟宗氏的行为并没有引发什么大的问题。由此可知，至少在镰仓时期，幕府对武家女性在忠贞方面意外地并无过于强制性的要求。幕府也判决过诸多涉及私通的案件，但当事人均未因此受到迫害，这似乎也可以从侧面印证上述观点。在该时代社会的某一角落，女性还是可以像惟宗氏这样，有不受法律和道德束缚、自由奔放生活的余地。

第三节 | 新佛教的兴起

末法时代

最后我们来讨论一下镰仓时代前期一种重要的社会现象，即佛教的新动向。从院政时期开始，民间宗教人士与巫师活动频繁，现有宗教出现异端教义，与大陆佛教展开交流，成为宗教史上的潮流。在古代向中世转变的时期，随之而来的社会剧变使得人们的生活受到了根本性的威胁，所以人们祈求能从不安中得到救赎，这样的愿望衍生出了上述现象。

古代佛教世界中的末法思想，是这种宗教潮流产生的前提。其内容是将释迦牟尼过世后的时间分为三个时代，即教、行、证共存的正法时代，只有教与行的像法时代以及仅有教的、没有行与证末法时代。这种思想源于佛教信徒的危机意识，他们认为从释迦牟尼在世的时代起，随着时间的流逝人们将会越来越难以得到解脱。佛法本身并没有发生变化，那么如果解脱变得困难，则是因为信仰佛教之人自身发生了变化，问题的焦点便在于如何宣传教义以顺应信仰佛教之人的变化。

话虽如此，可是对于释迦牟尼去世的时间以及正法、像法和末法三个时代的持续时长众说纷纭，并没有一个确定的答案，人们甚至对正法、像法和末法三个时代的开始年份也说法不一。从宏观来看，如果说末法思想是佛教信徒对佛教衰退所产生的一种危机意识的表现，那么每个信徒认为的衰退时间则各有不同，他们危机意识中的紧迫感自然也就会有强弱之分。

例如，景戒在其8世纪末9世纪初所著的故事集《日本灵异记》中写道："时代一分为三，其一为正法时代五百年，其二乃像法时代一千年，其三是末法时代一万年。自佛祖涅槃以来，到丁卯年的延历六年，已经过了一千七百二十二年。已过正法、像法时代，进入末法时代。"也就是说，景戒认为延历六年（787），世界进入末法时代。《春记》代表了平安时代较为普遍的末法思想，其中永承七年（1052）八月二十八日条记载道："长谷寺已被烧毁殆尽……未曾想在末法之年竟有此事，着实令人恐惧。"仅上述两种说法对末法时代的判断就存在着近三个世纪的差距。

《春记》虽然提及长谷寺烧毁事件，但是据此便认为这是末法意识的现实性体现，实在难以服众，毕竟末法意识在当时是否存在现实性根据，这一点其实本就无从判断。末法思想是佛教世界中的共识，但如若想要用其诠释现实世界的危机状况，并使其为大众所接纳，那么就需要让整个社会和佛教界一样感受到危机。只不过想要让社会确实地拥有这种危机感，则还得等到12世纪中期，即保元平治之乱后，治承寿永之乱开始时的那种乱世才可以。

即便全社会都对末法时代的到来达成了共识，但每个人对“末法”的理解其实也不尽相同。换言之，人们的观点大致可以分为两种：一种认为即便进入了末法时代，但前人传下来的救赎法依然有效；另一种认为旧时代的救赎法已无任何作用，当下需要的是想出新的解决法。简而言之，前者代表了旧佛教的观点，而后者则代表了新佛教的见解。

提到镰仓时代的佛教，“镰仓新佛教”一词便会跃入人们的脑海。镰仓新佛教大致指的便是净土宗、净土真宗、日莲宗、临济宗、曹洞宗等各宗。但这并不代表各宗占据了镰仓时代佛教界的主要地位。佛教界的中心依然是此前渗入贵族阶层和朝廷、一时繁荣无比的比叡山延历寺与兴福寺等位于京都、奈良等地的大型旧佛教寺院。被总称为镰仓新佛教的各宗，则受到了这些旧佛教寺院的弹压与迫害，几乎被逐出了畿内地区。自然，镰仓新佛教在佛教界中的势力并不足以取代旧佛教。

尽管如此，从社会学层面上说，镰仓新佛教依然有着旧佛教所不具备的革新性特点，笔者将这些特点的共同点大胆概括如下：

①新宗教不再服务于国家或团体性祭祀，而是更偏向于对个人的救赎。与旧佛教相比，其信徒更多地来自社会底层，并且相较于京都及其附近地区，新佛教在地方更有优势。

②其意向看似旨在来世，但正是有来世的保证，就结果而

言，信徒们才能更专注于现世的作为，所以其旨可以说实在现世。

③修行方法得到简化，修行只需咏唱阿弥陀佛的佛号或是南无妙法莲华经的题目即可，而不用像旧佛教那样，需要信徒修建寺庙、举办法会、捐赠钱物、抄写经典。因为免除了这些负担，所以一般的平民百姓也能够入教。

④除临济宗等部分宗派外，大多数的新佛教不依赖于政治权贵，因此也就不像旧佛教那样，需要通过自己的庄园来经营寺庙，以及供给僧侣们的衣食住行。新佛教的专业宗教人士大都只靠信徒的布施来维持生活。

法然提出的“称名念佛”

最能代表新佛教的人，便是净土宗的法然。法然认为末法时代已不能够通过贵族社会中常见的那种建寺庙、供佛祖、捐领地的传统来得到救赎了，获得救赎的唯一方法就是专注于念佛。

法然以前的其他宗派同样重视念佛。只不过在其他宗派中，念佛只是救赎的方法之一。也就是说，念佛只被视为是与学习佛教教义、修行、抄写经典、建造寺塔和捐赠领地等并列的救赎方法。而法然则认为，念佛且只有称名念佛才是获得救赎的唯一方法。尽管看起来只是不同的宗派选择重视不同的方法，但在此时排斥其他宗派、唯我独尊的教义理论却已经开始出现。从这种意义上说，日本史上首次出现了性质上不够宽容的宗教。

与其他的救赎方法相比，称名念佛最为简单，即便是既无佛教知识也无修行经验之人，也能轻松完成。法然将其称为唯一的救赎方法，这让身处社会底层的人也能够感受救赎的光芒。在法然最根本的认识中，无论庶民、武士抑或贵族，在寻求救赎这一点上，大家都是平等的。

法然于长承二年（1133）出生，是美作国稻冈庄地方官漆间时国的儿子。其父漆间时国由于得罪了稻冈庄预所的代理领主明石定明，于永治元年（1141）惨遭夜袭杀害。据《法然上人行状绘图》记载，漆间时国临终前对法然说："不要怨恨，更不要为我报仇，要出家追求往生极乐之道。"后来法然遵照父亲的遗言，到了舅舅观觉所在的天台宗菩提寺，开启了自己的僧侣生涯。天养二年（1145），法然转至比叡山修行学习，法号源空。此后的久安六年（1150），源空拜西塔黑谷的叡空为师，改法号为法然房。

保元元年（1156），法然告别了师父叡空，在嵯峨的清凉寺斋戒祈祷七日后前往南都，向法相宗、三论宗、华严宗等宗派广泛学习。法然渐渐不满足于当时的僧侣们那种对于荣华富贵的追求，开始专心摸索能够真正通向极乐往生的道路。最能体现该时期佛教界与世俗界的结合的一点是，天台座主、兴福寺别当以及三会讲师这类佛教教团核心人物的出身阶层。按照田村圆澄先生的说法，正历元年（990）以前，在此类人物中，庶民出身者的数量占据绝对优势，兴福寺别当十二人、讲师七十八人皆为庶民出身。而正历元年（990）年以后，下层贵族的占比显著增加，有四成座主、别当以及讲师为下层贵族出身。总而言之，当时佛教界的地位可以替代世俗的地位，抑或补充世俗的地位，而法然对这种风气则表现出了批判的态度。

法然来到比叡山后，毫不懈怠地钻研佛教经典。除治承寿永之乱木曾义仲进入京都的那天以外，法然每天都在研究学问，那些从国外传入的佛教经典和传记他也都一册不漏地看完了。据说最吸引他的，便是源信所著的《往生要集》，正是这本书写的通过念佛就能达到极乐往生的教导深深地影响了他。但是，源信书中所说的念佛是指在心中努力描绘阿弥陀佛与极乐净土样貌的观想念佛，即便有修行积累的僧人或是贵族能够依照这种方式做，但这种方式并不能让所有人都到达极乐往生。后来法然吸收了中国善导的称名念佛教义，提出只要咏唱“南无阿弥陀佛”的名号，便可以被阿弥陀迎入极乐净土。承安五年（1175），法然离开了比叡山，在东山吉水构筑居社，开始了布教活动。这便是净土宗的起源。

文治二年（1186）法然举办的大原谈义使其名声大噪。当时法然面对三百余名各宗僧侣发表了慷慨激昂的讲演，他宣讲了末法时代唯有称名念佛才能获得救赎的教义。文治五年

(1189)，关白藤原兼实成为法然的信徒。据说藤原兼实皈依的契机是因为他时常患病，而法然所著的《选择本愿念佛集》回应了藤原兼实的诉求，法然将自己的教义系统性地记入其中。

法然与善导的对面图（局部） 法然遵循了中国的善导提出的称名念佛的教义

法然的信仰核心有两点：一是即便没有想要顿悟的菩提心，只要坚持念佛也能得到救赎；二是称名念佛乃唯一能获得救赎的途径。上述两点从根本上威胁到了专业佛教人士的地位，因此遭到了旧佛教方面的强烈反对。

元久元年（1204），延历寺的僧众要求天台座主真性禁止专修念佛。而此时法然则为自己的弟子们制定了七条制诫。到了第二年，这次换作兴福寺的僧众向后鸟羽上皇要求禁止专修念佛。佛教界对专修念佛的抗议愈演愈烈。后来在建永元年（1206）爆出了一桩丑闻，据说后鸟羽上皇身边的两位女官松虫和铃虫出席了法然弟子住莲和安乐举办的念佛会，并与法然的弟子们发生了关系。于是后鸟羽上皇一怒之下判了住莲和安乐死罪，法然则遭到流放。

承元元年（1207），法然被迫改回俗名源元彦，并被流放至赞岐国。他在流放期间住在九条家的领地内，但具体何处已不得而知。同年年末，法然虽得获赦免，但仍不被许可返回京都。在摄津生活了四年后，法然于建历元年（1211）年末返回京都并定居在大谷。不幸的是转年初他便患病并于正月二十五日离世。法然临终前于病榻上写下《一枚起请文》记录其教义的核心："为往生极乐，唯称念南无阿弥陀佛而无疑，思决定往生而称念之外，无别事也……欲信念佛之人……勿现智者之相，唯一向念佛"。

法然的各类弟子

法然期望所有人都能够得到救赎，因而其弟子遍布各个社会阶层，其中不乏出身卑微或职业卑贱之人，这也是他为旧佛教排斥的一个原因。那么接下来，笔者就介绍一下《法然上人行状绘图》中所出现的远江国久野的作佛房、阴阳师阿波介以及强盗天野四郎吧。

作佛房是一名山僧，他曾反复四十八次跨越大峰前往熊野进行参拜。每次在熊野本宫的证诚权现殿前，作佛房都会祈愿不执着于现世的因果报应，寻求超脱之道。直至第四十八次，他听闻京都有一位名叫法然房的得道高僧能教授超脱之道。于是，作佛房前往京都拜见法然。在接受了法然念佛往生之教后，作佛房成了专修念佛的行者，后来他回到远江以卖布料为生。作佛房的境遇十分孤独，周围没有念佛的同伴，更没有可以依靠的指导者，从他的生计来看，他也并不出自富裕阶层。

阿波介是一个在法然身边侍奉的信徒，他提出应当手持两串一百零八颗的念珠念佛，这种念佛方式得到了法然的赞赏。天野四郎则在河内国以杀人夺财为生，上了年纪之后，他选择出家并皈依法然，其法号为“教阿弥陀佛”。

法然的弟子除了山僧、阴阳师以及强盗之外，还有前文已提到过的藤原兼实，以及于建永元年（1206）出家的内大臣藤原实宗等高级公卿。可以说，法然弟子的阶层是多种多样的。法然弟子中最瞩目的，当属武士阶层的东国御家人，其中比较出名的有在领地纷争中失利，从诉讼场合遁走，随后选择出家的熊谷直实（莲生房），以及大胡隆义、津户为守、薗田成家等人。

大胡隆义是上野国秀乡流藤原氏末裔的御家人，他在京都期间曾去吉水听过法然传教，于是便对念佛产生了强烈信仰，后来其子大胡实秀也皈依了法然。

津户为守是武藏国的一名御家人，自十八岁参加石桥山合战以来一直都在源赖朝身边做事。建久六年（1195），为东大寺再建供养之事，津户为守随源赖朝前往京都。在京都法然的禅房内，津户为守忏悔了自己在战争中犯下的罪业，并接受了法然念佛往生之教，成了一名专修念佛的行者，法号尊愿。在返回故乡后，津户为守招揽了法然的门徒净胜房和唯愿房等人以求指导。此后，津户为守穷尽一生传播念佛之道。而津户为守与谷保天满宫神官家的关系也值得关注。

薗田成家是上野国山田郡出身的御家人。身为武士，骑马射箭，自然少不了犯下杀生的罪业。正治二年（1200）秋，薗田成家在赶赴京都任大番一职的途中，偶遇法然并受其指导，于是二十八岁的薗田成家毅然出家，决定追随法然。五年后，薗田成家返回上野国，与家人随从二十余人同信念佛。为了教化，他甚至在须永御厨内设置了禅房。附近的山中有很多鹿，为了防止鹿糟蹋农作物，人们在田地周围设置了篱笆，而薗田成家却可怜动物，于是他专门开辟了三町沃土，为动物提供食物。

这些东国的武士几乎都在机缘巧合下去了京都，接触了法然的教义后，成了他的信徒，这说明这些武士在东国很少有机会能够接触新的救赎理论，同时也证明法然的宗派十分开放，能够接受偶然前来的东国武士。作为法然的弟子，东国武士成了先驱式的人物，而宗教界的革新势力正需要这种新的支持者。正因如此，宗教界的革新势力在逃离京都时，大都选择了前往东国。

由于源赖朝政权的建立，对那些曾在京都落魄隐居或遭迫害的人而言，曾经是东夷之地的东国无疑是一块崭新的应许之地、自由之地。虽然当时的镰仓幕府并未积极鼓励人们专修念佛，不过从法然写给北条政子的《进镰仓二品比丘尼御返事》来看，相较于容易为旧佛教左右的京都朝廷，镰仓幕府对专修念佛的态度是善意的。在亲鸾的时代，如法然弟子所见，净土佛教与东国的融合现象变得更加明朗起来。

亲鸾 被称为镜之御影的亲鸾画像（西本愿寺藏）

亲鸾的信仰

承安三年（1173），开创了净土真宗的亲鸾，在名为日野有范的下级贵族家出生。不过，有人质疑日野有范是否真实存在，也有人认为日野有范是因为参与了以仁王的起义，为逃避问责，这才选择出家。因此，关于亲鸾的出身，目前尚有较多的疑点。但无论如何，亲鸾的世俗地位应该不怎么高。

治承五年即养和元年（1181），九岁的亲鸾出家并来到比叡山。据说此时亲鸾的戒师是慈圆，但目前该观点尚且存疑。并没有详细的史料记录亲鸾在比叡山的生活，那时亲鸾似乎只不过是延历寺常行堂中一个普通的下级僧罢了。亲鸾的家庭在世俗社会中没什么地位，这也就意味着即便做了和尚，亲鸾的前途依然渺茫。加之亲鸾对于性有所烦恼，这促使他在此后的人生中，只想潜心寻求极乐往生之道。

某天亲鸾在京都六角堂斋戒祈祷时，发生了一件不一般的事。救世观音竟然出现在他面前，并告诉他，他将因前世因缘和某一女子结婚，该女子将会是观音的化身美颜如玉，今后二人将相伴一生，生活富足，而观音会在亲鸾临终前指引他前往极乐净土。在得到让其娶妻并在家修行的神谕后，为进一步确认观音所言，亲鸾于建仁元年（1201）前往东山吉水皈依法然，专修念佛。

此后，法然成了亲鸾至高无上的师父。《叹异抄》写道："即使我发现自己被法然上人所欺骗，因念佛而坠入地狱，亦无遗憾。"元久元年（1204），亲鸾在法然所著的七条戒律中以僧绰空署名。翌年，法然允许他抄写《选择本愿念佛集》，可见法然对亲鸾的信赖之深。

惠信尼是陪伴亲鸾一生的伴侣。她先于亲鸾成为法然的弟子，也因同门而与亲鸾结成连理。此女乃三善为则之女，与亲鸾一样出身于下级贵族家庭。

前文提到，承元元年（1207）住莲和安乐被判死罪，而法然及其弟子亲鸾、行空、幸西等人则被流放。在这场承元年间的法难中，亲鸾被流放到了越后国府。在流放时，亲鸾被迫还俗，改用俗名藤井善信。在这段流放越后的生活中，亲鸾自称愚秃亲鸾，并决意要在这非僧非俗的境遇中活下去。

建历元年（1211），亲鸾得到赦免，不过他仍留在越后。建保二年（1214），亲鸾带着惠信尼和两个孩子前往东国，他们途经上野，最终在常陆落脚定居。此后，亲鸾一直住在常陆的笠间，致力于布教，直至贞永元年（1232）才返回京都。

在东国期间，亲鸾在各地成立了很多门徒组织，如常陆东南部的鹿岛门徒、下总西北部的横曾根门徒、下野东南部的高田门徒以及陆奥南部的大网门徒等。《叹异抄》中比较有名的唯圆，正是常陆河和田的弟子。亲鸾亲自教导的弟子，有很大一部分都在东国，常陆、下总、下野和陆奥四国的亲授弟子就占到八成。

今井雅晴先生对亲鸾的东国弟子颇有研究，他的研究显示亲鸾东国弟子的增加，有赖于东国的武士阶层。例如，以导信为中心的出羽国长井的门徒与常陆国鹿岛的门徒存在关联，他们的关系建立在统治出羽、常陆两国的武士所拥有的关系之上。那时，长井庄是大江广元之子长井时广的领地，而长井时广又与宇都宫赖纲之子宇都宫泰纲关系亲密，长井时广的妹妹还是宇都宫泰纲的小妾。而宇都宫泰纲的堂兄弟笠间时朝是笠间的领主，宇都宫赖纲的弟弟稻田赖重则是亲鸾居住过的常陆稻田的领主。或许正是领主之间的交流，才使得亲鸾的门徒广泛分布在相隔甚远的地点。

亲鸾认为世人皆为凡夫，凡夫至死也不可能抛开欲望、愤怒与嫉妒。凡夫虽不能凭一己之力在这个充满烦恼的世界中顿悟，但只要坚信阿弥陀佛想要拯救众生的誓愿，来世便可往生阿弥陀佛之净土。“无须待到临终时，也不必祈祷（佛祖）前来迎接，只需坚定信仰，便可得往生之道。”总之，一切都取决于人们是否对阿弥陀佛有坚定的信仰。正因如此，在亲鸾看来，与其说念佛是一种获得救赎的手段，倒不如说念佛是确信自己会得到救赎后，对佛祖表示感谢的一种方法。

然而在亲鸾的后半生，这种让人确信自己必会得到救赎的思想却带来了令人意想不到的恶果。一些弟子认为既然自己肯定能得到救赎，那么无论做什么也都无所谓，这些人开始对生活抱持一种放浪的态度，甚至还出现了一些肯定这种态度的异端学说。最终，亲鸾在这种与儿子、弟子的痛苦纠葛中，于弘长二年（1262）十一月末圆寂，享年九十岁。

荣西和道元与比叡山的迫害

在镰仓其他新佛教的祖师中，年龄仅次于法然的，便是临济宗的开山祖师荣西。荣西生于备中吉备津宫的神官贺阳氏，十四岁时上比叡山，此后便一直在比叡山和伯耆大山等地修行。仁安三年（1168）四月，为了完成多年以来的心愿，荣西从博多乘船渡宋。在宋朝，荣西结识了此后重建东大寺的俊乘房重源。同年九月，荣西返回日本，并期待能够再次渡宋，但却遭到了当时大宰府大贰平赖盛的阻止，于是荣西便留在筑前。平家灭亡后，荣西于文治三年（1187）再次渡宋。荣西在天台山万年寺等地学习了临济禅后，于建久二年（1191）归国。

三年后，荣西开始在京都传播禅宗的教义，却因比叡山的僧众向朝廷抗议而遭禁止。连比荣西更早开始传播禅宗的大日能忍等人，也都遭到弹压。为了回应比叡山等对禅的批判，荣西写下《兴禅护国论》一书。正治元年（1199），荣西移居镰仓，并得到了北条政子及源赖家等人的支持。由于做过源赖朝一周年忌及永福寺多宝塔落成庆典等供养活动的主持，所以在源赖家的援助下，荣西于建仁二年（1202）在京都的东山建造了建仁寺。建永元年（1206），荣西接替俊乘房重源担任东大寺的大劝进，后于建保元年（1213）升任权僧正。

荣西 临济宗的开山祖师（寿福寺藏，镰仓国宝馆提供图片）

在日本禅宗中，与临济宗齐名的便是曹洞宗。曹洞宗的开山鼻祖是道元。道元于正治二年（1200）出生于山城木幡的名门贵族家庭，其父是内大臣源通亲，其母是摄政太政大臣藤原基房之女。道元幼时，其父母便已亡故。建历二年（1212），道元在叔父良显法眼的引荐下，进入比叡山般若谷的千光房，翌年剃发出家，法号佛法房道元。道元并不满足于在比叡山学习天台宗的教义，于是他便向园城寺的公胤以及建仁寺的佛树房明全等人请教。贞应二年（1223），道元还曾随同明全一道远渡宋朝。

道元 曹洞宗的开山祖师（宝庆寺藏）

道元到了宋朝，先是在天童寺学习临济各派的教义，而后游历了径山、天台山、大梅山等地，最终又回到天童寺深入修行，后得顿悟。安贞元年（1227），归国后的道元认为，在建仁寺中坐禅才是佛法的真髓，于是他写下《普劝坐禅仪》，以此劝说世人学习坐禅。不幸的是，他与曾经的荣西一样，遭到了比叡山的迫害。宽喜二年（1230），道元被逐出了建仁寺。道元在移居深草后，开始撰写《正法眼藏》，明确对其他宗派的批判。之后他修建了一座寺庙作为道场，整顿了布教体制。由于曾经为比叡山敌视的大日能忍的门人，大都加入到道元门下，所以道元再次遭到了比叡山的迫害。终于，比叡山方面向朝廷告发了道元。然而祸不单行，因圆尔在月轮山庄新建了东福寺，并决定修行临济禅，道元受到的迫害加重。后来在越前国门人的帮助下，道元在宽元元年（1243）转移至越前国，翌年进入大佛寺（后来的永平寺）。宝治元年（1247），道元受北条时赖招揽，前往镰仓，不过最终还是返回了越前。

法然、亲鸾、荣西以及道元四人的境遇相似，他们都曾受到以比叡山为中心的旧佛教的迫害，这也使得亲鸾、荣西和道元，不得不开拓布教的新天地。而日莲与他们不同，日莲诞生在接纳新佛教的东国。

日莲 日莲曾激烈地抨击净土宗和禅宗，并与之对立（净光院藏）

激进的日莲

日莲于贞应元年（1222）出生于安房国的东条。他一直以“贱民之子”“渔民之子”等词自称，不过不知这是否属实。在日莲十几岁时，日本正处于佛法兴盛的年代。但不知为何安德天皇在逃亡中坠海而亡，三上皇也在承久之乱后遭到流放，且佛祖明明只有释迦牟尼一人，但佛教却分出了那么多的宗派。为了寻求这些问题的答案，日莲在天福元年（1233）前往距离家乡较近的天台山清澄寺，随后跟随清澄寺的寺主道善房修行。日莲十六岁时剃发出家，法号莲长。延应元年（1239），为学习各宗真髓以便研究真正的佛法，莲长前往镰仓游学。他花了四年的时间在镰仓学习净土宗和禅宗，并且可能还学习了真言宗和天台宗。学成之后，莲长曾一度返回清澄山，而后于仁治三年（1242）又前往比叡山修行。在比叡山跟随俊范学习天台学期间，莲长一直住在东塔无动寺谷，而后为了更好地研究各宗，他又将园城寺、高野山、四天王寺以及京都的各寺庙都游历了一遍。

在比较、研究了各派之后，莲长回到了比叡山。此时的莲长认为，《妙法莲华经》才是真正的佛法教义，其主旨已凝聚在“（南无）妙法莲华经”这一题目之中，所以只需吟咏此标题，即可成佛。回到清澄寺的莲长基于这种信念，于建长五年（1253）开始法华信仰的布教。但是，莲长这种反净土教的教义遭到了周围净土教徒的排斥，在受到净土教信徒地头东条景信的压迫后，莲长离开了清澄寺，动身前往镰仓。据推测，莲长正是在此时将法号改成了日莲。

抵达镰仓后，日莲在名越的松叶谷搭了一间草庵，并在此专心诵读《妙法莲华经》。在此期间，日昭、日朗舅甥二人拜入其门下。后来，日莲开始在镰仓街道一角的小町广场上每日坚持说法。其言辞中充满了对净土宗和禅宗的猛烈抨击，这虽然给他带来了不少唾骂甚至攻击，但也有人愿意听他教化，最终皈依。截至建长八年即康元元年（1256），皈依日莲门下的信徒有下总的富木胤继、太田乘明、曾谷教真和安房的工藤吉隆，以及北条（名越）光时的家臣四条赖基、甲斐的波木井实长等人，其弟子多为以御家人阶层为中心的武士。由此可见，东国这片佛教新天地的特点。

13 世纪 50 年代后半的日本天灾不断，因雷雨和长时间降雨等引起的山体塌方、耕地毁坏、麻疹蔓延、京都火灾、镰仓地震、各地饥荒……面对这种事态，日莲声称，天灾不断皆因人们信仰净土教，若人们不皈依正确的法华信仰，那么日后“自界叛逆难（内乱）”和“他国侵逼难（来自他国的侵略）”将会发生。日莲于正元二年即文应元年（1260）撰写了《立正安国论》，并将其交给前执权北条时赖。那些自日莲街头说法以来就受到他强烈抨击的念佛之人，开始对日莲的信徒施以迫害。1260 年 8 月，这些人仗着执权北条长时之父北条重时是念佛宗的信徒，纵火烧毁了日莲在松叶谷搭建的草庵，更企图杀害日莲。日莲好不容易躲过此劫难，但并未屈服，再次开始街头说法。那些念佛之人向幕府状告日莲的说法触犯了幕府法律，日莲于文应二年即弘长元年（1261）五月，被流放至伊豆的伊东。

两年后，日莲获得赦免，便又开始在安房、上总、下总等地布教。文永五年（1268），大蒙古国送来国书要求日本臣服。六年后，蒙古军来袭，印证了日莲所说的“他国侵逼难”。这虽然坚定了日莲与其信徒的信仰，甚至还为日莲带来了更多的信徒，但是由于他们的言论过于尖锐且加剧了与周围的对立之势，日莲与其信徒又一次遭到了幕府的压迫。文永八年（1271），由于日莲攻击极乐寺的忍性（1217—1303），忍性一方状告日莲正在蓄兵企图谋反，致使日莲被流放至佐渡。其实，日莲当时本应在镰仓的龙之口被斩首，但就在斩首前，日莲奇迹般地获得了赦免。但日莲留在镰仓的弟子却受到了种种弹压，日莲的教团因此蒙受了沉重的打击。

文永十一年（1274），当时的执权北条时宗原本就对日莲的处罚十分消极，他决意赦免日莲，日莲得以重返镰仓。但是，此时幕府和遍布镰仓的各宗对日莲的态度却依然如旧，于是日莲只得于年内离开镰仓，去了甲斐国。在附近的地头波木井实长的援助下，日莲将身延山作为自己的大本营。身延山天气酷寒，在这里度过了九年的日莲，身体每况愈下。于是，日莲于弘安五年（1282）以疗养之名下山，同年十月十三日在武藏池上与世长辞。

尽管人们普遍认为镰仓新佛教的代表即为上述的法然、亲鸾、荣西、道元和日莲等人，但其实真言律宗的叡尊（1201—1290）与忍性（1217—1303）师徒二人，以及时宗的一遍（1239—1289）等人也是镰仓时期佛教界的重要人物。

叡尊在高野山和醍醐寺学习了真言宗，而后振兴了早已荒废的奈良西大寺。值得一提的是，他还投身于救济贱民和病人的慈善事业，并且呼吁人们杜绝杀生。忍性是叡尊的弟子，他于建长四年（1252）来到关东，在得到北条氏的援助后，广泛传播西大寺系律宗。文永四年（1267），他成为镰仓极乐寺的始祖，并以此为大本营设置了病房、汤药房、医院等医疗设施，全身心投入医疗事业，直至乾元二年即嘉元元年（1303）圆寂。

一遍本是伊豫河野氏出身，其母之死成为其出家的契机。而后，一遍在九州修行。其父去世时，一遍曾一度还俗，但是后来他再次出家。一遍提出无论信仰与否，不分男女贵贱，不论念佛次数的多与少，人人皆可获得往生之道，并为宣传佛法一直奔波于旅途之中。《一遍上人绘传》描绘了他游走诸国时的情形。

虽然由于篇幅关系不能在此做过多介绍，但是除了上面介绍的这些人物以外，曾多次提到的藤原兼实之弟天台座主慈圆、重建了东大寺大佛的俊乘房重源、法相宗的贞庆，以及华严宗的明惠等人也都是镰仓时期杰出的佛教人物。

结束语

最后，简单介绍一下本书取名之缘由吧[1]。

本书主要的研究对象——镰仓幕府，是历史上首个有组织地反对以京都的天皇、上皇为中心的政治制度的政权。但是，天皇与上皇并非因古代末期的内乱才突然丧失了官方政治的主体机能。俗语有言："冰冻三尺非一日之寒。"这种情况在很早以前便已有所发展，它是一个渐进的过程，而内乱只不过是这种过程的一个结果。

从这层意义上说，早在镰仓幕府诞生以前，便已产生了一种模糊但普遍的观念，即需要一个新的政治主体来取代京都朝廷，并且这种观念随着时间的流逝而逐渐深入人心。

正是因为这种观念盛行，平清盛才得以掌握政权。只不过平清盛没能以一种具有说服力的形式，将这种具有普遍性的观念表现出来。因此，平清盛的抗议只能算是传统朝廷秩序框架内的一种异常升迁，或是对后白河院个人的反抗。

但是，源赖朝则有所不同。源赖朝通过建立镰仓幕府，用一种有目共睹的政治形式，将这种普遍的观念表达了出来。而这正是源赖朝的天才所在，同时也是笔者之所以在本书中特别突出地去介绍源赖朝这个人的原因。

本书中关于个人与时代、社会的关系，以及思想之效用的阐述，如果借用阿尔弗雷德·诺尔司·怀特海《观念的冒险》

1 这里指本书原版书名『頼朝の天下草創』，直译为《源赖朝的天下草创》。

之书名来说，那么本书也算是笔者自身“观念的冒险”的一次尝试了。

纵观全书，从艺术、文学领域至政治、经济领域，笔者有很多内容都未能尽述。此外，较之整本书的篇幅而言，本书之叙述也更加偏重政治过程等特定方面的话题。抛开笔者个人能力有限的问题暂且不谈，哪怕只有微不足道的一点，如果读者能够体会到本书算是笔者前段所述“观念的冒险”的产物，那么在某种程度上，笔者的意图已然达成。

附　录

公历	年号	天皇	院	将军	日本	世界
1185	寿永四年 文治元年	安德 后鸟羽	后白河		一月，源义经为追讨平氏赶赴西国。文觉向神护寺僧徒展示四十五条起请文。 二月，源义经在屋岛大破平氏。 三月，源义经在坛浦消灭平氏。 五月，源赖朝禁止源义经踏入镰仓。 八月，东大寺举行大佛开眼供养仪式。 十月，源义经、源行家得到追讨源赖朝的宣旨。 十一月，源义经、源行家离开京都，源赖朝得到讨伐源义经、源行家的院宣。 十二月，源义经同党的公卿官职遭罢免，藤原兼实担任内览，新设议奏公卿。	
1186	文治二年				三月，藤原兼实任摄政、氏长者。 五月，源行家于和泉被杀。 闰七月，源赖朝命人把源义经之子丢弃在由比滨。朝廷设置记录所（文治记录所）。源义经抵达陆奥国的藤原秀衡处。	
1187	文治三年				三月，荣西再次渡海前往宋朝。 五月，藤原兼实向法皇上奏公卿等人的十七封秘密意见书。	

续表

公历	年号	天皇	院	将军	日本	世界
					九月，藤原俊成进献撰述《千载和歌集》。	
					十月，藤原秀衡离世。	
					十二月，新制七条颁布。	
1188	文治四年				一月，重建兴福寺的正殿、南圆堂。	
1189	文治五年				闰四月，藤原泰衡攻灭源义经。	
					五月，北条时政在伊豆北条建立愿成就院。	
					七月，源赖朝为讨伐藤原泰衡，离开镰仓。	
					九月，藤原泰衡被属下所杀。	
					十二月，藤原兼实成为太政大臣。为给源义经、藤原泰衡祈求冥福，源赖朝建永福寺。	
1190	建久元年				一月，藤原兼实之女任子入宫。	
					十月，源赖朝从镰仓出发前往京都。东大寺举行上梁仪式。	
					十一月，源赖朝参见后白河院、后鸟羽天皇，并被任命为权大纳言、右近卫大将。作为日本国总追捕使，源赖朝还设置了诸国守护。	
					十二月，源赖朝辞去权大纳言、右近卫大将之职，返回镰仓。	
1191	建久二年				一月，源赖朝开设前右大将家政所。	

续表

公历	年号	天皇	院	将军	日本	世界
					三月，朝廷陆续颁布十七条、三十六条新制（建久新制）。 六月，高阶荣子（丹后局）晋从二位。 七月，荣西传播临济宗。 闰十二月，后白河院患病，下令安抚崇德上皇、安德天皇及藤原赖长的怨灵。	
1192	建久三年			源赖朝	三月，后白河院驾崩。 七月，源赖朝成为征夷大将军。 八月，源赖朝开设将军家政所。 十二月，朝廷下令禁止渡来钱流通。	
1193	建久四年				五月，曾我兄弟为报父仇，讨伐工藤祐经。 八月，源赖朝将弟弟源范赖流放至伊豆，并将其杀害。 在此之前，快庆建造播磨净土寺的阿弥陀三尊像。	
1194	建久五年				三月，幕府禁止守护人争夺国衙领地。 七月，朝廷禁止禅宗布教。 八月，幕府讨伐安田义定。	
1195	建久六年				三月，源赖朝出席重建东大寺的供养仪式，并为女儿大姬入宫有所筹划。	

续表

公历	年号	天皇	院	将军	日本	世界
1196	建久七年				五月，源赖朝入宫参谒，并与藤原兼实议政。 十一月，重源将宋版《一切经》献给醍醐寺。 七月，定庆建造兴福寺东正殿的维摩居士像。 十一月，藤原兼实的关白、氏长者之职遭罢免，其族人也被排斥。近卫基通成为关白、氏长者。	南宋禁止伪学，朱熹被削官（庆元党禁）。在朝鲜，武臣崔氏掌权。
1197	建久八年				四月,幕府命九州各国制作大田文(建九大田文)。	
1198	建久九年	土御门	后鸟羽		一月，后鸟羽院开始实行院政。源通亲任后鸟羽院别当，手握朝廷实权。 三月，法然著《选择本愿念佛集》。 十月，在结束相模川桥的供养后，源赖朝于归途中落马。 此年，荣西著《兴禅护国论》。	
1199	正治元年				一月，源赖朝离世。源赖家继任家督。 二月，中原政经等人谋划袭击源通亲（三左卫门之变）。 四月，幕府禁止源赖家亲自参与诉讼裁决，而代之以北条时政等十三位宿老实行合议制。俊芿渡宋学习戒律。	

续表

公历	年号	天皇	院	将军	日本	世界
					六月，源通亲就任内大臣兼右近卫大将。 八月，重建东大寺南大门。 十二月，梶原景时被逐出镰仓。	
1200	正治二年				一月，梶原景时被杀。 十二月，源赖家计划没收治承以来超过五百町大小的土地。	南宋朱熹离世。
1201	建仁元年				一月至四月，越后城氏在京都、越后造反，遭到幕府讨伐。 五月，藤原俊成著《古来风体抄》。 七月，设立和歌所。 十一月，后鸟羽院下令编纂《新古今和歌集》。 十二月，快庆建造东大寺僧形八幡神像。	
1202	建仁二年			源赖家	七月，源赖家成为征夷大将军。 闰十月，幕府禁止守护的越权行为。 此年，荣西建立建仁寺。	
1203	建仁三年			源实朝	五月，源赖朝之弟阿野全成遭到讨伐。 八月，幕府决定将源赖家的家业分给其子一幡及其弟千幡（源实朝）。	

续表

公历	年号	天皇	院	将军	日本	世界
					九月，北条时政、北条政子讨伐比企能员，一幡被杀（比企氏之乱）。源实朝继任将军之职，源赖家被幽禁在伊豆的修禅寺中。 十月，运庆、快庆等人建造东大寺南大门的金刚力士像。 十一月，东大寺总供养仪式举行。	
1204	元久元年				二月至四月，平贺朝雅平定伊贺、伊势两地的平氏叛乱（三日平氏之乱）。 七月，源赖家被暗杀。 十一月，法然制定七条制诫，企图回避比睿山等的责难。	
1205	元久二年				三月，藤原定家等人进献撰述《新古今和歌集》。 六月，北条时政讨伐畠山重忠父子。 闰七月，北条时政与继室牧氏密谋拥立平贺朝雅为将军，失败（牧氏之变）。北条时政退隐伊豆，北条义时成为执权。 十月，兴福寺奏请禁止念佛。	
1206	建永元年				一月，幕府决定除大罪之外，不予没收源赖朝恩赐的土地。	宋金开战。成吉思汗即位。

续表

公历	年号	天皇	院	将军	日本	世界
					十一月，高弁创立高山寺。	
1207	承元元年				二月，朝廷禁止专修念佛，法然、亲鸾遭到流放。 六月，藤原兼子晋从二位。和泉、纪伊两国被撤销守护一职，这被认为是后鸟羽院的计谋。 八月，坂上明基进献撰述《裁判至要抄》。	
1208	承元二年				一月，幕府的问注所失火，文库内的文书等物品全被焚毁。 十二月，兴福寺北圆堂完工，运庆制作的无著像、世亲像被安置其中。	宋金议和。
1209	承元三年				八月，藤原定家修改源实朝所作之和歌，赠其《咏歌口传》一卷。 十一月，幕府就诸国守护人玩忽职守造成盗贼团伙肆虐的情况展开商议。	西夏夏襄宗李安全向蒙古投降。
1210	承元四年	顺德			三月，幕府制作武藏国田文。 八月，为振兴寺院、神社，幕府开展实地考察活动。	
1211	建历元年				三月，俊芿从南宋归国。 十二月，幕府命令骏河、武藏、越后诸国制作大田文。	
1212	建历二年				三月，朝廷制定二十一条新制（建历新制）。	

续表

公历	年号	天皇	院	将军	日本	世界
					鸭长明著《方丈记》。 十月，幕府向东国诸国派遣奉行人，受理庶民的诉讼案件。	
1213	建保元年				五月，和田义盛举兵，战败而亡（和田合战）。 北条义时兼任侍所别当。 十一月，藤原定家赠源实朝《万叶集》一卷。	蒙古攻占金朝的河北及河东。
1214	建保二年				四月，延历寺僧众暴动，园城寺正殿等均遭烧毁。 十一月，拥立源赖家之子的和田义盛余党遭到抓捕。 十二月，幕府规定御家人申请官爵需通过家督举荐。 源实朝的《金槐和歌集》大致成书于此年后。	金宣宗迁都汴京。
1215	建保三年				三月，园城寺僧众焚毁延历寺的领地东坂本。 七月，幕府规定镰仓的经商者人数， 《古事谈》大致成书于此年前。	
1216	建保四年				二月，后鸟羽上皇完成《百首和歌》。 九月，北条义时希望大江广元劝谏源实朝推掉大将的任命。	

续表

公历	年号	天皇	院	将军	日本	世界
					十一月，源实朝计划渡海前往宋朝，遂命宋人陈和卿造船。	
1217	建保五年				六月，源赖家之子公晓成为鹤冈八幡宫别当。	大宰府之人漂渡至金朝。西辽灭亡。
1218	建保六年				二月，北条政子前往京都，与藤原兼子会面。	
					七月，北条泰时任侍所别当，三浦义时任侍所所司。	
					十一月，北条政子晋从二位。	
					十二月，源实朝就任右大臣。	
					建宝年间《宇治拾遗物语》成书。	
1219	承久元年				一月，源实朝被公晓暗杀。	成吉思汗开始西征。
					二月，阿野全成之子阿野时元在骏河举兵，战败而亡。	
					闰二月，北条政子向后鸟羽院请求迎皇子就任将军。	
					三月，后鸟羽院要求撤销摄津国长江、仓桥两庄的地头职务，幕府方面予以拒绝。	
					四月，《续古事谈》完成。该时期，《北野天神缘起绘卷》完成。	

续表

公历	年号	天皇	院	将军	日本	世界
					六月，在西园寺公经的奔走之下，九条道家之子三寅（藤原赖经）前往镰仓。 七月，后鸟羽院讨伐大内守护源赖茂。	
1220	承久二年				十二月，法印尊长任出羽羽黑山总长吏。 该时期，慈圆著《愚管抄》。	红袄军抗金起义爆发。
1221	承久三年	仲恭 后堀河	后高仓		四月，九条道家成为摄政。顺德天皇完成《禁秘抄》。藤原信实绘后鸟羽上皇像完工。 五月，后鸟羽院讨伐京都守护伊贺光季，颁布追讨北条义时的院宣（承久之乱爆发）。 六月，幕府方面军大胜京都方面军，幕府方面军进入京都。此后，北条泰时、北条时房常驻六波罗（六波罗探题之始）。 七月，京都方面的朝臣、武士等遭处罚，后鸟羽院和顺德院分别被流放至隐岐和佐渡。 八月，京都方面公卿、武士的领地被幕府没收，这些领地成为幕府的赏赐品。 闰十月，幕府将土御门院流放至土佐。	
1222	贞应元年				四月，幕府规定承久之乱后守护、新地头的职责。	

续表

公历	年号	天皇	院	将军	日本	世界
					五月，幕府命令六波罗弹劾西国守护、地头的暴行。	
1223	贞应二年				二月，道元渡宋。 五月，土御门院移居阿波。 六月，根据幕府奏请，制定新补律法。 此年，幕府命令制作各国大田文。 此年，高野山山味院建成。	
1224	元仁元年				六月，北条泰时、北条时房自京都返回镰仓，分别就任执权、连署之职。 七月至闰七月，北条义时的继室伊贺氏等人，预谋罢黜藤原赖经，拥立一条实雅为将军。镰仓爆发骚乱（伊贺氏之变）。北条政子镇压骚乱，一条实雅被遣返京都，伊贺光宗被没收财产、撤销官职。北条泰时首次设置家令。 八月，伊贺氏、伊贺光宗遭流放。	
1225	嘉禄元年				七月，北条政子离世。 十月，幕府御所迁至宇都宫辻子。朝廷制定三十六条新制。十二月，幕府设定评定众，制定镰仓大番制度。	李全之乱爆发。越南陈朝兴起。

续表

公历	年号	天皇	院	将军	日本	世界
1226	嘉禄二年			藤原赖经	一月，藤原赖经成为将军。 二月，定庆建造鞍马寺圣观音像。 八月，太政官文殿失火，文书等物品被焚毁。 藤原定家著《僻案抄》。 此年镇西之民侵犯高丽沿岸。	
1227	安贞元年				闰三月，幕府命令诸国守护、地头须按贞应二年的规定履行相应职责。 五月，针对对马岛人侵犯高丽一事，高丽发来通牒。 六月，法印尊长被六波罗逮捕后自杀。 此年，武藏建造板碑（初见）。 此年秋，道远归国，撰写《普劝坐禅仪》。	
1228	安贞二年				二月，净业归国，带回《大藏经》。 十一月，六波罗禁止高野山僧众武装。	
1229	宽喜元年				四月，湛庆建造地藏十轮院的阿弥陀像。 八月，在觉智（安达景盛）的要求下，为了给源实朝祈求冥福，幕府向高野山禅定元捐赠河内赞良庄。	窝阔太登基即位为大汗。
1230	宽喜二年				六月，朝廷规定一贯文相当于一石。	

续表

公历	年号	天皇	院	将军	日本	世界
					六月至七月，诸国气候寒冷异常。 八月，暴风雨来袭，此年粮食歉收。 九月，朝廷禁止各国新设庄园。	
1231	宽喜三年				四月，幕府依据贞应二年的宣旨，制定新补率法。 五月，幕府规定各国守护、地头及庄园领主、御所的权限（宽喜新制）。 此年诸国大饥荒，饥荒持续至翌年（宽喜大饥馑）。	蒙古开始进攻高丽。 耶律楚材任中书令。
1232	贞永元年	四条	后堀河		四月，幕府制定了七条新补地头的职责。 七月，幕府评定众十一人为使政道不失偏颇，联署起请文。 八月，往阿弥陀佛在镰仓修筑和贺江岛。幕府制定《御成式败目》(《贞永式目》)。 闰九月，幕府规定西国公领地间的边界诉讼由国司负责裁决，西国庄园领主间的边界诉讼由朝廷负责裁决。 十月，藤原定家编纂《新敕撰和歌集》。	高丽迁都江华岛。
1233	天福元年				四月，幕府下调宽喜二年大风灾害之前的出举借贷利息。	蒙古实行户口调查，制作《癸巳年籍》。

续表

公历	年号	天皇	院	将军	日本	世界
1234	文历元年				五月，幕府规定西国御家人的领地。 七月，北条泰时接收奉行人的起请文。 此年，幕府制定京都大番役制度，播磨净土寺重源上人像建成。	联蒙灭金。
1235	嘉祯元年				闰六月，经集体商议后，幕府对平定的退座、起请文做出相关规定。 十二月，兴福寺僧众因庄园用水问题，与石清水八幡宫产生纠纷，引发暴乱。 此年，弁圆远渡宋朝。	
1236	嘉祯二年				七月，幕府于若宫大路建造新御所。 十月，因兴福寺僧众再度引发骚乱，幕府在大和设置守护，没收僧众的知行庄园，设置地头。 十一月，幕府为平定南都，停止设置守护、地头。	蒙古初次发行交钞（纸币）。
1237	嘉祯三年				六月，幕府对神社、寺院、国司、领家的诉讼不根据《御成式败目》进行裁决。 八月，将军定于翌年前往京都。	蒙古的拔都率领军队进攻东北罗斯。
1238	历仁元年				二月，将军藤原赖经前往京都就任检非违使别当。 三月，净光募集善款，在镰仓深泽修建大佛。	素可泰王朝兴起。

续表

公历	年号	天皇	院	将军	日本	世界
					六月，幕府在京都设置篝屋，负责强化京都的警备。 十二月，针对御家人遗孀转让领地的问题，幕府制定了规章。	
1239	延应元年				一月，幕府禁止流通白河关以东的钱币。 四月，幕府制定在京都审理、裁决的法规。 九月，幕府禁止地头将山僧、高利贷者任命为代官，并针对御家人遗孀再嫁问题制定规章。	
1240	仁治元年				一月，出现彗星，幕府命寺院、神社祈祷，朝廷实施德政。 二月，幕府制定镰仓市内的禁令。 三月，幕府禁止家臣任官职。 五月，幕府针对领地的买卖、转让问题，制定规章。 六月，幕府针对下人的诉讼、和解等问题，制定规章。 十一月，幕府设篝屋，强化镰仓的警备，并命令京都整顿篝屋。	

续表

公历	年号	天皇	院	将军	日本	世界
1241	仁治二年				三月，幕府针对诸人诉讼，制定规章。 七月，弁圆归国。 十月，幕府计划开垦武藏野。	蒙古进攻波兰、匈牙利。
1242	仁治三年		后嵯峨		一月，朝廷向幕府征询皇嗣方面的意见。幕府迫使顺德院之子退位，立土御门院之子即位。丰后守护大友氏制定《新御成败状》二十八条。 六月，北条泰时离世。 该时期，《东关纪行》成书。	
1243	宽元元年				二月，幕府规定诸人诉讼时，须交由奉行人解决，如情况是非分明，则无须对簿公堂。此外，幕府禁止御家人争抢尚未被判没收的土地。 四月，幕府针对越境的下人，制定规章。 此年，九条道家建立东福寺，弁圆任住持。	蒙古的拔都建立钦察汗国。
1244	宽元二年			藤原赖嗣	三月，对放弃诉讼之人，北条经时采取庭中禀告的形式。 三月至四月，清水坂与奈良坂的贱民爆发争执。 七月，道远创立大佛寺（永平寺）。 十二月，幕府政所被焚毁。	

续表

公历	年号	天皇	院	将军	日本	世界
1245	宽元三年				二月，幕府制定涉及养子、饥荒养助、人身买卖等方面的法律。 四月，幕府制定镰仓市内的五条禁令。 五月，幕府制定多人诉讼的规章，针对不服从六波罗传唤的守护、地头，设立惩处条款。	
1246	宽元四年	后深草	后嵯峨		一月，嵯峨院开始实行院政。 三月，北条经时将执权一职转交给北条时赖。 五月，北条（名越）光时等人意图拥立藤原赖经，罢黜北条时赖，镰仓发生骚乱（宫骚动）。 六月，北条（名越）光时等人受到处置。 七月，幕府将藤原赖经送回京都。仙觉著《万叶新点》。 八月，北条时赖要求朝廷施行德政，通知九条道家将更换关东申次一职。 十一月，开始实行院评定制。 十二月，幕府命守护没收藏匿恶党者之人的领地。 此年，兰溪道隆东渡日本。	蒙古的贵由继任大汗。蒙古军队入征京湖江淮州县。罗马教皇使节柏朗嘉宾抵达哈拉和林，觐见贵由。
1247	宝治元年				三月，北条时赖灭三浦泰村、三浦光村及其一族，杀死千叶秀胤等人（宝治合战）。	

续表

公历	年号	天皇	院	将军	日本	世界
					八月，北条时赖邀请道元赴镰仓。 十月，法隆寺《三经义疏》出版。该时期，《随身庭骑绘卷》完成。 十一月，幕府停止受理主从之间的诉讼。 十二月，幕府将京都大番役任职时间缩短为三个月。	
1248	宝治二年				七月，幕府决定受理不服本所裁决的御家人诉讼。 十二月，摄政近卫兼经就将职位转让给其弟近卫兼平一事，向幕府征询了意见，幕府表示挽留。	
1249	建长元年				六月，幕府命西国制定大田文。 十二月，幕府设置引付众。	
1250	建长二年				三月，幕府禁止向豪门寄沙汰（中世诉讼中，诉讼当事人请有权势之人，或在诉讼中具有特别有利地位之人，有偿成为形式上的当事人。）。幕府命令六波罗镇压山僧以及大和的恶党，并将镰仓的游民送返田舍。 四月，幕府规定庶民的诉讼需要提交地主、地头的举状。	

续表

公历	年号	天皇	院	将军	日本	世界
1251	建长三年				十月，藤原为家进献撰述《续后撰和歌集》。 十二月，幕府在镰仓市内规划出商业区域。了行法师等因叛逆之嫌遭抓捕。	蒙古的蒙哥继任大汗。《高丽版大藏经》再雕本完成。
1252	建长四年			宗尊亲王	二月，幕府奏请罢黜将军藤原赖嗣，迎接宗尊亲王。 四月，宗尊亲王前往镰仓，藤原赖嗣被送回京都。 十月，幕府禁止买卖酒，每家至多只许酿造一壶。 此年，《十训抄》完成。	
1253	建长五年				三月，《高山寺缘起》完成。 七月，朝廷制定新制。 九月，幕府在七月朝廷新制的基础之上制定了关东新制。 十月，幕府规定本新地头的职责，并规定薪柴等的价格及木材的丈量标准。高野版《三教指归》出版。 此年，北条时赖创建建长寺。	蒙古的旭烈兀率兵远征伊朗。蒙古攻灭大理。泛泰民族正式南迁。
1254	建长六年				一月，莲华王院千手观音像建成。 四月，幕府限制最多只可停泊五艘宋朝船只。	圣方济各会士卢布鲁克等前往哈拉和林觐见蒙古蒙哥汗。

续表

公历	年号	天皇	院	将军	日本	世界
					十月，朝廷命令六波罗禁止武士暴行、人身买卖。幕府制定镰仓市内的禁令，并撤销薪柴等的价格限制。橘成季著《古今和歌集》。	
1255	建长七年				三月，针对难以结案的诉讼，幕府制定规章。 八月，针对镰仓范围内的抵押品处理问题，幕府制定规章。 十一月，北条时赖将执权之位让给北条长时后出家。 十二月，幕府改定六波罗诉讼条目。	
1257	正嘉元年				三月，园城寺僧众因未获得建立戒坛的敕许而强行上告。 十二月，幕府模仿朝廷设置厢番、格子番，由幕府御家人轮流担任。	
1258	正嘉二年				三月，幕府确定将军将于翌年前往京都。幕府禁止庶民逃脱劳役。 五月，因延历寺众僧强行上告，朝廷收回园城寺开设戒坛的宣旨。 八月，大暴风雨导致诸国粮食歉收。 九月，幕府命令守护镇压各国盗贼团伙。	蒙古军第一次南下攻打越南，以失败告终。 蒙古征服高丽，设置双城总管府。旭烈兀灭阿拔斯王朝后，建立伊利汗国。高丽崔氏灭亡。

续表

公历	年号	天皇	院	将军	日本	世界
1259	正元元年	亀山			二月，幕府禁止地头在山野河海扰民，并命其保护浪人。 四月，朝廷命转读《最胜经》以驱除五畿七道的病疫饥荒。 六月，幕府大幅让步承认六波罗拥有西国杂务裁判权。 此年，各国饥荒、疫病持续（正嘉大饥馑）。	高丽太子朝觐蒙古。
1260	文应元年				一月，朝廷允许园城寺三摩耶戒坛，但因遭到延历寺僧众强行上告而撤销。 六月，幕府命六波罗审理并判决诉讼。 七月，日莲著《立正安国论》，并将其进献给北条时赖。 十二月，幕府规定诸国御家人应履行义务，前往京都任职。 此年，宋僧兀庵普宁东渡日本。	蒙古的忽必烈（元世祖）继承大汗之位，其弟阿里不哥不服，起兵反抗。蒙古向南宋宣战。马穆鲁克王朝击败留守在叙利亚的蒙古军。蒙古发行中统元宝交钞。
1261	弘长元年				二月，幕府制定六十一条关东新制，并禁止地头将义务转嫁给百姓。 三月，幕府下令镇压各国盗贼、恶党。	

续表

公历	年号	天皇	院	将军	日本	世界
					五月，朝廷制定二十一条新制。幕府流放日莲至伊豆。 六月，已故三浦泰村之弟三浦良贤企图谋反，镰仓发生骚乱。 十二月，幕府禁止名主、百姓买卖公田。 此年，忍性在镰仓创立极乐寺。	
1262	弘长二年				二月，西大寺叡尊来到镰仓，与忍性一起活动。 五月，幕府对六波罗下达了整治召人、恶党、寄沙汰等的命令。	李璮之乱爆发。阿合马掌理财政。蒙古在安南设置达鲁花赤。

参考文献

（为方便读者检索，本书对原书参考文献各条目均予保留，作者名、书名、论文名、刊物名及出版社名等均按原文照录。）

全书相关

石井進『鎌倉幕府』（「日本の歴史」第七巻、中央公論社、一九六五年）
大山喬平『鎌倉幕府』（「日本の歴史」第九巻、中央公論社、一九七四年）
五味文彦『鎌倉と京』（「大系　日本の歴史」第五巻、小学館、一九八八年）
入間田宣夫『武者の世に』（「日本の歴史」第七巻、集英社、一九九一年）
『貴族政治と武士』（「日本歴史大系　普及版 3」、山川出版社、一九九五年）
『武家政権の形成』（「日本歴史大系　普及版 4」、山川出版社、一九九六年）
『岩波講座日本歴史』中世 1 ～ 4（岩波書店、一九六二～六三年）
『岩波講座日本歴史』中世 1 ～ 4（岩波書店、一九七五～七六年）
『岩波講座日本通史』中世 1 ～ 4（岩波書店、一九九三～九四年）
歴史学研究会・日本史研究会編『講座日本史』2・3（東京大学出版会、一九七〇年）
歴史学研究会・日本史研究会編『講座日本歴史』3・4（東京大学出版会、

一九八四～八五年）
北爪真佐夫・黒川高明編『鎌倉政権』（「論集日本歴史4」、有精堂出版、一九七六年）
『石母田正著作集』第五・八・九巻（岩波書店、一九八八～八九年）
佐藤進一『日本の中世国家』（岩波書店、一九八三年）
佐藤進一『日本中世史論集』（岩波書店、一九九〇年）
石井進『日本中世国家史の研究』（岩波書店、一九七〇年）
網野善彦『日本中世の非農業民と天皇』（岩波書店、一九八四年）
網野善彦『日本中世土地制度史の研究』（塙書房、一九九一年）
大山喬平『日本中世農村史の研究』（岩波書店、一九七八年）
黒田俊雄『日本中世の国家と宗教』（岩波書店、一九七五年）

政治史、法制史、经济史

田中稔『鎌倉幕府御家人制度の研究』（吉川弘文館、一九九一年）
上横手雅敬『日本中世政治史研究』（塙書房、一九七〇年）
上横手雅敬『鎌倉時代政治史研究』（吉川弘文館、一九九一年）
安田元久『地頭及び地頭領主制の研究』（山川出版社、一九六一年）
義江彰夫『鎌倉幕府地頭職成立史の研究』（東京大学出版会、一九七八年）
関幸彦『研究史　地頭』（吉川弘文館、一九八三年）
奥富敬之『鎌倉北条氏の基礎的研究』（吉川弘文館、一九八〇年）
奥富敬之『鎌倉北条氏一族』（新人物往来社、一九八三年）
本郷恵子『中世公家政権の研究』（東京大学出版会、一九九八年）
佐藤進一『鎌倉幕府訴訟制度の研究』（岩波書店、一九九三年）
笠松宏至『日本中世法史論』（東京大学出版会、一九七九年）
笠松宏至『法と言葉の中世史』（平凡社、一九八四年）

山本幸司『頼朝の精神史』(講談社、一九九八年)
勝山清次『中世年貢制成立史の研究』(塙書房、一九九五年)
『講座日本荘園史』全十巻(吉川弘文館、一八九九年～二〇〇五年)

武士论

福田豊彦『平将門の乱』(岩波書店、一九八一年)
福田豊彦『中世成立期の軍制と内乱』(吉川弘文館、一九九五年)
石井進『中世武士団』(「日本の歴史」第一二巻、小学館、一九七四年)
石井進『鎌倉武士の実像』(平凡社、一九八七年)
高橋昌明『武士の成立武士像の創出』(東京大学出版会、一九九九年)
野口実『中世東国武士団の研究』(高科書店、一九九四年)
川合康『源平合戦の虚像を剝ぐ』(講談社、一九九六年)
近藤好和『弓矢と刀剣』(吉川弘文館、一九九七年)

都市镰仓

石井進・大三輪龍彦編『武士の都　鎌倉』(「よみがえる中世」第三巻、平凡社、一九八九年)
網野善彦・石井進編『都市鎌倉と坂東の海に暮らす』(「中世の風景を読む」第二巻、新人物往来社、一九九四年)
河野真知郎『中世都市鎌倉——遺跡が語る武士の都』(講談社、一九九五年)

佛教史、女性史及其他

田村圓澄『日本仏教思想史研究　浄土教篇』(平楽寺書店、一九五九年)
平雅行『日本中世の社会と仏教』(塙書房、一九九二年)

佐々木馨『中世仏教と鎌倉幕府』(吉川弘文館、一九九七年)

佐々木馨『執権時頼と廻国伝説』(吉川弘文館、一九九七年)

速水侑編『院政期の仏教』(吉川弘文館、一九九八年)

馬淵和雄『鎌倉大仏の中世史』(新人物往来社、一九九八年)

今井雅晴『親鸞と東国門徒』(吉川弘文館、一九九九年)

松尾剛次『鎌倉新仏教の誕生』(講談社、一九九五年)

田端泰子『日本中世の社会と女性』(吉川弘文館、一九九八年)

原島礼二『古代東国の風景』(吉川弘文館、一九九三年)

小林清治・大石直正編『中世奥羽の世界』(東京大学出版会、一九七八年)

大石直正『奥州藤原氏の時代』(吉川弘文館、二〇〇一年)

人物传

安田元久『源義家』、渡辺保『源義経』、高橋富雄『奥州藤原氏四代』、渡辺保『北条政子』、安田元久『北条義時』、上横手雅敬『北条泰時』、橋本義彦『源通親』、多賀宗隼『慈円』、田村圓澄『法然』、赤松俊秀『親鸞』、多賀宗隼『栄西』、大野達之助『日蓮』(いずれも吉川弘文館〈人物叢書〉)

安田元久『源頼朝』(吉川弘文館、一九八六年)

出版说明

“讲谈社·日本的历史”是日本讲谈社出版的日本通史系列丛书，由日本史学家网野善彦领衔撰写，邀请各领域的一流学者，讲述日本从旧石器时代到平成年间的历史，共二十六卷。

在日本出版界，各大出版社都曾在不同时期出版过日本通史系列。“讲谈社·日本的历史”问世前，中央公论社于 1965 年至 1967 年出版的“日本的历史”系列二十六卷本，是日本通史系列丛书中的权威作品。对于这些日本通史读物，文艺评论家三浦雅士曾指出，若以时间为基轴阅读，即可窥见历史观随时代迁移呈现出的变化。中央公论社的“日本的历史”代表着战后二三十年的研究结晶，“讲谈社·日本的历史”呈现的则是直至当代的研究动向，在承袭前人的基础之上，还有新时代独有的创新之处，兼具权威性与前沿性。

整体而言，该丛书呈现了日本历史发展的主要脉络，也涉及各个时期的学术性问题和专题性问题。考虑到完全引进的工程量与中国市场的实际情况以及中国读者的阅读偏好，此次出版的中文版主要选择呈现历史脉络的卷册，剔除了部分学术性或专题性较强的卷册。选取的十卷本既呈现了日本学者从内部看待自身的独特切入点，涉及的内容亦包罗万象，读者可从中获得对特定时代的全景式了解。

因编者和译者能力有限，本书难免出现各种错误，敬请广大读者提出指正。

图书在版编目（CIP）数据

源赖朝与幕府初创：镰仓时代 /（日）山本幸司著；
杨朝桂译. -- 上海：文汇出版社，2021.5
（讲谈社·日本的历史）
ISBN 978-7-5496-3447-7

Ⅰ.①源… Ⅱ.①山… ②杨… Ⅲ.①日本－中世纪
史－镰仓时代 Ⅳ.① K313.31

中国版本图书馆 CIP 数据核字 (2021) 第 030652 号

源赖朝与幕府初创：镰仓时代

作　　者／〔日〕山本幸司
译　　者／杨朝桂
责任编辑／苏　菲
特邀编辑／林俐姮　刘　早
装帧设计／尚燕平
内文制作／张　典
出　　版／文匯出版社
上海市威海路 755 号
（邮政编码 200041）
发　　行／新经典发行有限公司
电　　话／010-68423599　邮　　箱／editor@readinglife.com
印刷装订／山东韵杰文化科技有限公司
版　　次／2021 年 5 月第 1 版
印　　次／2021 年 5 月第 1 次印刷
开　　本／787×1092　1/32
字　　数／247 千
印　　张／13

ISBN 978-7-5496-3447-7
定　　价／78.00 元

版权登记图字 09-2021-0099